O DEVEDOR CONTUMAZ NO DIREITO TRIBUTÁRIO

PREMISSAS TEÓRICAS, CONCEITO E REGIME JURÍDICO

JÚLIA SILVA ARAÚJO CARNEIRO

Betina Treiger Grupenmacher
Prefácio

O DEVEDOR CONTUMAZ NO DIREITO TRIBUTÁRIO
PREMISSAS TEÓRICAS, CONCEITO E REGIME JURÍDICO

Belo Horizonte

FÓRUM
CONHECIMENTO JURÍDICO

2021

© 2021 Editora Fórum Ltda.

É proibida a reprodução total ou parcial desta obra, por qualquer meio eletrônico, inclusive por processos xerográficos, sem autorização expressa do Editor.

Conselho Editorial

Adilson Abreu Dallari
Alécia Paolucci Nogueira Bicalho
Alexandre Coutinho Pagliarini
André Ramos Tavares
Carlos Ayres Britto
Carlos Mário da Silva Velloso
Cármen Lúcia Antunes Rocha
Cesar Augusto Guimarães Pereira
Clovis Beznos
Cristiana Fortini
Dinorá Adelaide Musetti Grotti
Diogo de Figueiredo Moreira Neto (*in memoriam*)
Egon Bockmann Moreira
Emerson Gabardo
Fabrício Motta
Fernando Rossi
Flávio Henrique Unes Pereira
Floriano de Azevedo Marques Neto
Gustavo Justino de Oliveira
Inês Virgínia Prado Soares
Jorge Ulisses Jacoby Fernandes
Juarez Freitas
Luciano Ferraz
Lúcio Delfino
Marcia Carla Pereira Ribeiro
Márcio Cammarosano
Marcos Ehrhardt Jr.
Maria Sylvia Zanella Di Pietro
Ney José de Freitas
Oswaldo Othon de Pontes Saraiva Filho
Paulo Modesto
Romeu Felipe Bacellar Filho
Sérgio Guerra
Walber de Moura Agra

FÓRUM
CONHECIMENTO JURÍDICO

Luís Cláudio Rodrigues Ferreira
Presidente e Editor

Coordenação editorial: Leonardo Eustáquio Siqueira Araújo
Aline Sobreira de Oliveira

Av. Afonso Pena, 2770 – 15º andar – Savassi – CEP 30130-012
Belo Horizonte – Minas Gerais – Tel.: (31) 2121.4900 / 2121.4949
www.editoraforum.com.br – editoraforum@editoraforum.com.br

Técnica. Empenho. Zelo. Esses foram alguns dos cuidados aplicados na edição desta obra. No entanto, podem ocorrer erros de impressão, digitação ou mesmo restar alguma dúvida conceitual. Caso se constate algo assim, solicitamos a gentileza de nos comunicar através do *e-mail* editorial@editoraforum.com.br para que possamos esclarecer, no que couber. A sua contribuição é muito importante para mantermos a excelência editorial. A Editora Fórum agradece a sua contribuição.

Dados Internacionais de Catalogação na Publicação (CIP) de acordo com a AACR2

C289d	Carneiro, Júlia Silva Araújo
	O devedor contumaz no direito tributário: premissas teóricas, conceito e regime jurídico/ Júlia Silva Araújo Carneiro.– Belo Horizonte : Fórum, 2021.
	232p.; 14,5x21,5cm
	ISBN: 978-65-5518-193-7
	1. Direito Tributário. 2. Direito Público. 3. Direito Econômico. I. Título.
	CDD 341.39
	CDU 351.72

Elaborado por Daniela Lopes Duarte - CRB-6/3500

Informação bibliográfica deste livro, conforme a NBR 6023:2018 da Associação Brasileira de Normas Técnicas (ABNT):

CARNEIRO, Júlia Silva Araújo. *O devedor contumaz no direito tributário:* premissas teóricas, conceito e regime jurídico. Belo Horizonte: Fórum, 2021. 232p. ISBN 978-65-5518-193-7.

AGRADECIMENTOS

Este trabalho reflete, com alguns ajustes, dissertação apresentada perante a FGV/SP para obtenção do título de Mestre em Direito Tributário, examinada por banca composta pelos Profs. Paulo Cesar Conrado (orientador), Betina Treiger Grupenmacher (UFPR), André Mendes Moreira (UFMG) e Tathiane dos Santos Piscitelli (FGV/SP).

Agradeço ao meu orientador, Prof. Paulo Cesar Conrado, as lições proferidas, a gentileza e a disponibilidade, bem como o permanente auxílio no amadurecimento deste trabalho.

Agradeço à Profa. Juliana Furtado Costa Araujo (FGV/SP) as críticas e sugestões de aperfeiçoamento do texto na banca de qualificação, que em muito contribuíram para a conclusão deste trabalho.

Agradeço aos Profs. Betina Treiger Grupenmacher, André Mendes Moreira e Tathiane dos Santos Piscitelli, que muito me honraram com sua presença na banca examinadora da dissertação e com suas reflexões sobre o texto avaliado. Ao Prof. André Mendes Moreira, agradeço ainda o incentivo à publicação deste texto, e à Profa. Betina Treiger Grupenmacher, a gentileza de redigir o prefácio, que muito me honrou.

Ao Prof. José Marcos Domingues de Oliveira (UERJ), agradeço o constante aprendizado e a amizade.

À Procuradoria Geral do Estado do Rio de Janeiro, agradeço a oportunidade de vivenciar experiências que em muito me auxiliaram a escrever este texto e o contínuo incentivo à qualificação acadêmica e profissional dos Procuradores do Estado.

Agradeço, por fim, às pessoas mais importantes da minha vida: à minha mãe, Andrea Mello, o amor incondicional, e ao meu namorado, Guilherme Sokal, a compreensão e paciência com que me acolheu no período de elaboração deste trabalho e o irrestrito amor.

SUMÁRIO

PREFÁCIO
Betina Treiger Grupenmacher 11

CAPÍTULO 1
INTRODUÇÃO 13

CAPÍTULO 2
PREMISSAS TEÓRICAS 19
2.1   Contextualização do devedor contumaz 19
2.1.1   A proteção do contribuinte contra duas formas de abuso 19
2.1.2   O que move os contribuintes para a conformidade fiscal? 23
2.1.3   Atuação do Fisco de acordo com o perfil de conformidade 26
2.1.4   Infrações tributárias e devedor contumaz 29
2.1.4.1 O não pagamento como infração tributária 29
2.1.4.2 Evasão fiscal 31
2.1.4.3 Algumas figuras afins: grande devedor, devedor eventual,
        sonegador e devedor contumaz 32
2.1.5   Execução fiscal e medidas aplicáveis a devedores contumazes 37
2.2   O princípio da igualdade tributária e o devedor contumaz 39
2.2.1   Igualdade tributária 39
2.2.2   Extensão da igualdade tributária: deveres instrumentais e sanções ... 42
2.2.3   Critério de desequiparação de sujeitos passivos 44
2.2.4   A igualdade tributária e o devedor contumaz 47
2.2.4.1 Finalidades 47
2.2.4.2 Medida de comparação e elemento indicativo 49
2.2.4.3 Relação entre a medida de comparação e as finalidades propostas ... 50
2.2.4.4 Síntese 52
2.3   A livre concorrência e o devedor contumaz: o papel do
        art. 146-A da Constituição 53
2.3.1   O princípio da livre concorrência e a tributação 53
2.3.2   A neutralidade concorrencial e o devedor contumaz 56
2.3.2.1 ICMS, evasão e impactos concorrenciais 59

2.3.3   O art. 146-A da Constituição e a prevenção a práticas de evasão fiscal 62
2.3.3.1   Notas introdutórias sobre o art. 146-A da Constituição 62
2.3.3.2   Orientação favorável 64
2.3.3.3   Orientação contrária 66
2.3.3.4   Orientação intermediária 67
2.3.3.5   A orientação perfilhada pelo Supremo Tribunal Federal 68
2.3.3.5.1 O julgamento do caso "*American Virginia*" e o art. 146-A da Constituição 68
2.3.3.5.2 Os impactos concorrenciais do devedor contumaz e o STF 71
2.3.3.6   Nossa orientação: o papel do art. 146-A na disciplina do devedor contumaz 75
2.3.3.6.1 Obrigações acessórias e prevenção da inadimplência contumaz......76
2.3.3.6.2 O papel do art. 146-A na disciplina do devedor contumaz 77
2.3.3.6.3 Restrições impostas pelo art. 146-A: reflexo concorrencial da inadimplência contumaz 81
2.3.3.6.4 O caráter preventivo da norma e o devedor contumaz 83
2.3.3.6.5 A competência da União, dos Estados e dos Municípios na matéria..85
2.3.3.6.6 O papel do CADE 89

CAPÍTULO 3
CONCEITO DE DEVEDOR CONTUMAZ 97
3.1   Semântica da expressão devedor contumaz 99
3.1.1   Sujeito passivo, contribuinte, responsável tributário e devedor 99
3.1.2   Devedor x inadimplente. Inadimplência contumaz 103
3.2   Construindo conceitos classificatórios 105
3.3   A legislação em vigor 109
3.3.1   Legislação de ICMS dos Estados 109
3.3.2   Projeto de Lei federal 115
3.3.3   Análise comparativa 116
3.3.3.1   A legislação estadual e a ilusória uniformidade 117
3.3.3.2   A diretriz da União: a presença da fraude..119
3.3.3.3   Situações de especial confiança junto ao Fisco 120
3.3.3.4   O caso do Distrito Federal: vagueza conceitual indesejada.............121
3.3.4   Um caso à parte: o Projeto de Lei Complementar nacional nº 284/2017 121
3.3.4.1   O Projeto de Lei Complementar nº 284/2017: equívocos de premissa 124

3.4	Núcleo conceitual: inadimplemento sistemático, substancial e injustificado	125
3.4.1	Perfil comportamental do devedor contumaz	126
3.4.2	Devedor eventual e devedor contumaz	128
3.5	Propostas para aperfeiçoamento do conceito na legislação atual	130
3.5.1	Necessária investigação da evolução patrimonial do devedor	130
3.5.2	Calibragem do lapso temporal	132
3.5.3	O que torna o inadimplemento injustificado?	134
3.5.3.1	A suspensão da exigibilidade do crédito e as garantias	134
3.5.3.2	O devedor em recuperação judicial	135
3.5.4	Declaração e inscrição em dívida ativa	137
3.5.5	Tributos diretos x indiretos	138
3.5.6	A disciplina do devedor contumaz deve ser setorial?	140
3.5.7	A questão da fraude	142
3.5.7.1	Conceito de fraude contra o Fisco	142
3.5.7.2	A fraude é elemento essencial para o devedor contumaz?	144
3.5.8	Cláusulas equitativas de retorno	147
3.6	Criminalização do inadimplemento contumaz	148
3.6.1	O art. 2º, II, da Lei nº 8.137/1990	148
3.6.2	O julgamento do tema pelo STJ (HC nº 399.109/SC)	150
3.6.3	A tese firmada pelo STF (RHC nº 163.334/SC)	151
3.6.4	O devedor contumaz no Direito Tributário e o RHC nº 163.334/SC	154
3.6.4.1	Devedor contumaz e dolo de apropriação: intersecção?	154
3.6.4.2	Papel da legislação estadual e federal	156

CAPÍTULO 4
CONSEQUÊNCIAS DO ENQUADRAMENTO DO SUJEITO PASSIVO COMO DEVEDOR CONTUMAZ 161

4.1	Regimes especiais de fiscalização destinados ao devedor contumaz	162
4.1.1	Conceito de regimes especiais de fiscalização	162
4.1.2	Conteúdo: principais medidas	164
4.1.3	Natureza jurídica	165
4.1.4	Os regimes especiais de fiscalização destinados a devedores contumazes são inconstitucionais *a priori*?	169
4.1.4.1	Os regimes especiais de fiscalização na jurisprudência	169
4.1.4.1.1	Orientação do STF	169

4.1.4.1.2 Orientação do STJ..172
4.1.4.2 Regimes destinados ao devedor contumaz: nova diretriz jurisprudencial?...173
4.1.4.2.1 Posição do STF...173
4.1.4.2.2 Posição do STJ..175
4.1.4.3 Orientação da doutrina sobre o tema...................................177
4.1.4.3.1 Primeira corrente...177
4.1.4.3.2 Segunda corrente 178
4.2 A vedação à fruição de benefícios fiscais..............................179
4.3 A cassação do registro especial e do cadastro fiscal do sujeito passivo..181
4.4 Parâmetros para aplicação das medidas restritivas para o devedor contumaz...185
4.4.1 O necessário juízo de proporcionalidade.............................186
4.4.2 O devido processo legal sob dois ângulos e propostas de aperfeiçoamento 188
4.4.2.1 O devido processo legal e o ato de aplicação da penalidade 189
4.4.2.2 O devido processo legal e a discussão dos créditos tributários......191
4.4.3 Aplicação gradativa de medidas restritivas 192
4.5 A lógica da repressão é suficiente?..193
4.6 Propostas de medidas consensuais 197
4.6.1 O negócio jurídico processual e o devedor contumaz........197
4.6.1.1 Negócio jurídico processual: generalidades e a normatização pela PGFN..197
4.6.1.2 Negócio jurídico processual e devedor contumaz: possibilidades..199
4.6.1.3 Cautelas necessárias 201
4.6.2 A transação e o devedor contumaz 202
4.6.2.1 A opção do legislador federal: a Lei nº 13.988/2020.........202
4.6.2.2 A transação e o devedor contumaz: um caminho para o Fisco?.....205
4.6.3 O papel da autorregularização 206
4.7 A responsabilização judicial dos sócios-administradores...............208

CAPÍTULO 5
CONCLUSÃO..211

REFERÊNCIAS...219

PREFÁCIO

Fiquei extremamente honrada quando a Dra. Júlia Carneiro convidou-me para prefaciar o seu livro.

Esta obra é fruto da dissertação de mestrado apresentada ao Programa de Pós-Graduação em Direito da Fundação Getulio Vargas, trabalho que tive a satisfação pessoal e acadêmica de examinar.

O trabalho, que estou tendo a honra de prefaciar, revela a preocupação da autora com a questão do devedor contumaz no Direito Tributário, consideradas as suas premissas teóricas, o seu conceito e o seu regime jurídico. O texto é claro e direto. As ideias são apresentadas de forma lógica e concatenada.

Trata-se de relevante e detida investigação voltada à análise do devedor contumaz e seus impactos perante a fiscalização fazendária. A autora analisa ainda as medidas restritivas que podem ser adotadas para combater o devedor inadimplente sem ferir direitos e garantias individuais, tais como o princípio da igualdade e o da livre concorrência.

Investiga ainda o papel dos legisladores ordinário e complementar na adoção de regimes restritivos em relação aos devedores contumazes.

Dedica-se outrossim à construção de um conceito de devedor contumaz que o distinga do devedor eventual.

O estudo empreendido pela autora é de extrema importância na consolidação do Estado Democrático de Direito, sobretudo no que diz respeito às relações jurídicas que se estabelecem entre o ente tributante e o sujeito passivo da obrigação tributária.

O referido estudo assume especial relevância, ainda, diante das constantes agressões aos direitos fundamentais dos contribuintes, levadas a cabo pela atividade arbitrária dos Poderes Constituídos – assim no plano legislativo como no exercício da atividade de fiscalização e arrecadação de tributos –, arbitrariedade essa vertida em normas e atos cuja aplicação afronta os princípios da legalidade, da capacidade contributiva e, em especial, o da segurança jurídica.

A autora aborda o tema de forma abrangente e exauriente com o brilhantismo de quem conhece, com profundidade, o objeto cuja investigação científica se propõe a enfrentar.

A excelência do trabalho não surpreende aqueles que conhecem a consistência dos conhecimentos da autora no que diz respeito à Ciência do Direito.

A Dra. Júlia Carneiro, além de ser detentora de personalidade plena de predicados, é profunda estudiosa do Direito Tributário, e os conhecimentos que angariou ao longo de sua trajetória acadêmica se revelam em sua plenitude no excelente trabalho ora dado a conhecimento público.

Esta obra, que tenho a honra de prefaciar, cuja consistência interna e relevância para o Direito Tributário são dignas de nota, está apta a ser apreciada pela doutrina e pelos operadores do direito, posto que traz o tom da seriedade científica da autora.

Cumprimento a final, a editora e a autora por esta obra que passa a integrar o rol das grandes obras jurídicas.

Curitiba, 18 de fevereiro de 2021.

Betina Treiger Grupenmacher
Professora de Direito Tributário da UFPR. Doutora pela UFPR e Pós-Doutora pela Universidade de Lisboa.

CAPÍTULO 1

INTRODUÇÃO

Muitas passagens enunciadas ao longo dos tempos retratam aspectos do poder de tributar, embora duas tenham se tornado especialmente conhecidas: a de Oliver Wendell Holmes (*"taxes are what we pay for a civilized society"*), gravada na entrada do prédio do *Internal Revenue Service* (IRS) em Washington D.C., e a de John Marshall (*"the power to tax involves the power to destroy"*), proferida no julgamento do caso *McCulloch v. Maryland* pela Suprema Corte norte-americana.[1] O aparente antagonismo entre as referidas mensagens logo se desfaz quando se observa a coexistência de duas ideias centrais ao sistema tributário: a de que os contribuintes são copartícipes da existência material do Estado e a de que, no processo de fiscalização e pagamento de tributos, devem ter seus direitos e garantias assegurados por este.

Aos contribuintes não é permitido recusar o dever de pagar tributos após o surgimento da obrigação tributária, ressalvado o legítimo direito de questionar, administrativa ou judicialmente, tal imposição. Porém, nada os impede de, dentro do campo da licitude,[2] optar pelo caminho que atraia a menor imposição do ponto de vista tributário. Foi justamente no cerne da discussão sobre os contornos possíveis do planejamento tributário, da qual muito se ocupou e se ocupa a doutrina

---

[1] Tradução livre: "tributos são o que pagamos para viver em uma sociedade civilizada" e "o poder de tributar envolve o poder de destruir", respectivamente. Disponível em: https://www.irs.gov/newsroom/tax-quotes e https://www.ourdocuments.gov/print_friendly.php?flash=false&page=&doc=21&title=McCulloch+v.+Maryland+%281819%29. Acesso em: 28 jul. 2020.

[2] Delimitar o que é lícito no campo do planejamento tributário consiste em tarefa de inegável complexidade e que, por razões de corte metodológico, não será aprofundada na presente obra.

nacional e internacional, que o estudo da evasão ilícita adquiriu maior importância.

Em determinadas ocasiões, o contribuinte, ao pretender economizar tributos, ou simplesmente por desconhecimento, caminha para o terreno da ilicitude e pratica fatos positivados como infrações tributárias. Nessa seara, exsurgem duas figuras classicamente contrapostas por atraírem níveis de reprovabilidade distintos: o inadimplemento e a sonegação fiscal.[3] Enquanto esta se consuma pelo manejo de condutas fraudulentas, suscitando por isso maior repúdio da sociedade e do legislador, àquele sempre foi conferido um papel secundário na temática das infrações – difundiu-se na jurisprudência e na doutrina, inclusive, o emprego da expressão "mero inadimplemento" como forma de distinguir o descumprimento da obrigação tributária sem o manejo da fraude fiscal elementar à sonegação.

Desse modo, o inadimplemento da obrigação tributária em sentido estrito assumiu, ao longo dos anos, uma régua inflexível de tratamento, independente em relação à variação comportamental do devedor.

Em outros campos do Direito, entretanto, a reiteração de comportamentos antijurídicos tradicionalmente motivou a construção de regimes sancionatórios mais gravosos. É assim, por exemplo, no Direito Penal, no qual a reincidência figura como circunstância agravante da pena (art. 61, I, do Código Penal), e no Direito Processual Civil, a exemplo da perempção e do agravamento da multa aplicada ao litigante na hipótese de reiteração de embargos de declaração protelatórios (artigos 486 e 1.026, §3º, do Código de Processo Civil, respectivamente).

Também o Direito Tributário deveria romper com a univocidade de regimes para o inadimplemento, passando a olhar para o perfil de comportamento dos devedores tributários. E é por essa razão que cresce, hoje, a atenção para a separação do inadimplente eventual de tributos e do devedor contumaz.

Nas ocasiões em que o legislador pretendeu qualificar o inadimplemento contumaz como fato juridicamente relevante, apto a fazer incidir consequências diferenciadas, fê-lo de forma extremamente vaga e insegura do ponto de vista do contribuinte. A Lei federal nº 9.430/1996 estabelece a incidência de regime especial de cumprimento de obrigações para o sujeito passivo que incorra na "prática reiterada de infração da legislação tributária" (art. 33, *caput*, V), operando em

---

[3] Emprega-se, nesta passagem, o termo "sonegação fiscal" em referência à Lei nº 8.137/1990, muito embora não tenha o legislador adotado expressamente essa nomenclatura, afastando-se do modelo da Lei nº 4.729/1965 no ponto.

uma abertura textual que se repete na legislação de diversos entes. Transfere-se ao aplicador da norma, com isso, amplo espaço de decisão sobre os contornos da noção de "prática reiterada" e imputa-se, de forma indiscriminada, o mesmo grau de reprovabilidade à inobservância da obrigação tributária principal e dos deveres instrumentais.

Referida postura começou a ser modificada recentemente[4] por meio do advento de iniciativas no plano estadual com o escopo de delimitar um padrão comportamental que alcança maior gravidade, consubstanciado na inadimplência sistemática, substancial e injustificada de tributos. Essa prática é capaz de desestabilizar as premissas que devem guiar a relação entre Fisco e sujeito passivo, especialmente a boa-fé objetiva, o dever de colaboração para o custeio da sociedade e a busca pela neutralidade da tributação no ambiente concorrencial. Com essa normatização, difundiu-se o uso, no Direito Tributário, da expressão "devedor contumaz".

Nada obstante a progressiva popularidade da expressão, ampliada com o julgamento do RHC nº 163.334/SC pelo Supremo Tribunal Federal sobre o âmbito de incidência objetivo e subjetivo do tipo penal do art. 2º, II, da Lei nº 8.137/1990, pouco se sabe ainda sobre a identidade do devedor contumaz no Direito Tributário. A referência à expressão normalmente passa por uma falsa presunção de uniformidade conceitual que a aloja no rol de expressões jurídicas sobre as quais muito se menciona, mas pouco se conhece. Exemplo disso é a habitual confusão entre devedor contumaz, de um lado, e sonegador e grande devedor, de outro. Desse modo, a demarcação de um conceito mínimo de devedor contumaz, separando-o do devedor eventual de tributos, revela-se premente em um cenário no qual a figura, que não é nova, vem ganhando crescente relevância.

Uma grande dificuldade imposta a essa tarefa reside na confusão conceitual trazida pelos atos normativos emanados de diversos entes federativos. Em um emaranhado legislativo natural ao nosso sistema federativo e ao modelo constitucional de partilha da competência tributária, impede-se ou se dificulta, a princípio, a formulação de um conceito unívoco para o devedor contumaz.

Um caminho possível passaria pela construção de um conceito uniforme de devedor contumaz por meio de lei complementar nacional. No entanto, o papel da lei complementar não é construído

---

[4] A primeira iniciativa nesse sentido surgiu no Estado do Rio Grande do Sul, com a edição da Lei nº 13.711, de 06 de abril de 2011. A partir daí, pelo menos quinze Estados aderiram a esse modelo, conforme item 3.3.1.

pela necessidade do intérprete, e sim pelo modelo desenhado pelo constituinte, o que torna necessário perquirir se tal fonte normativa pode servir de abrigo à construção de um conceito nacional de devedor contumaz, especialmente com fundamento no art. 146-A.

Outro ponto que corrobora a importância do presente estudo é a potencial repercussão derivada do enquadramento do sujeito passivo como devedor contumaz, sujeitando-o a deveres instrumentais específicos, a sanções não pecuniárias e até mesmo a implicações de natureza criminal. Embora a diversidade de disciplinas adotadas pelos entes federativos dificulte a sistematização do tema, conhecer o regime jurídico e os limites a que se submete o sujeito passivo, se inserido na categoria de devedor contumaz, é um imperativo derivado da segurança jurídica.

O presente texto objetiva enfrentar, dessa forma, o conceito e o regime jurídico do devedor contumaz sem incorrer nos dois extremos que tanto prejudicam o estudo do tema: a afirmação da inconstitucionalidade em tese de toda e qualquer medida aplicável ao devedor contumaz ou a defesa de sua validade irrestrita com sustentáculo no dever fundamental de pagar tributos e nos princípios da livre concorrência, da isonomia ou da capacidade contributiva. Quer por um ou outro desses extremos, impede-se o avanço para que se meça o impacto do padrão comportamental do devedor contumaz nos valores que regem o sistema constitucional tributário e se estruturem balizas seguras para a atuação do legislador, do Fisco e dos contribuintes.

A estrutura do trabalho é composta por três partes principais.

A primeira busca contextualizar o devedor contumaz no amplo quadro das infrações tributárias e analisar as duas principais premissas teóricas subjacentes à figura, a saber, os princípios da igualdade tributária e da livre concorrência. Investiga-se, a partir da estrutura interna do princípio da igualdade, a validade da discriminação de sujeitos passivos fundada no grau de aderência às obrigações tributárias. A seu turno, o estudo do princípio da livre concorrência cumpre o desígnio de responder à indagação sobre a possibilidade de inserção da disciplina do devedor contumaz no âmbito de incidência do art. 146-A da Constituição.

A segunda parte, por sua vez, explora o conceito do devedor contumaz a partir dos diplomas normativos estaduais e dos projetos de lei federal e nacional sobre o tema. Pretende-se, a partir desse ponto, analisar criticamente suas similitudes e discrepâncias, desenvolvendo os elementos mínimos que compõem o conceito do devedor contumaz na conjuntura normativa hoje vigente. Caminha-se, além disso, para a formulação de propostas de alteração dos critérios adotados pelos entes para conceituar o devedor contumaz, com o intuito de aperfeiçoar a necessária distinção entre o eventual e o contumaz inadimplemento de tributos.

Por fim, a terceira parte procura depurar as consequências normativas do enquadramento do sujeito passivo como devedor contumaz. Em um primeiro passo, serão reunidas as principais medidas hoje previstas no plano da legislação tributária dos entes estaduais e federal. Em seguida, apresentam-se parâmetros para a aplicação de tais medidas pelo legislador e pelo Fisco. Em um último momento, são propostas iniciativas com a finalidade de direcionar o devedor contumaz a um ambiente de conformidade fiscal.

CAPÍTULO 2

PREMISSAS TEÓRICAS

2.1 Contextualização do devedor contumaz

2.1.1 A proteção do contribuinte contra duas formas de abuso

A Constituição de 1988 erigiu um sistema tributário dirigido por normas[5] tuteladoras dos direitos dos contribuintes e limitadoras do poder de tributar do Estado, tanto do ponto de vista formal quanto material. Referidas limitações materializam-se por meio dos princípios constitucionais[6] e das imunidades, condicionando o exercício válido da competência tributária e delimitando o campo de incidência da norma atributiva de poder, respectivamente.[7]

---

[5] O vocábulo "norma" é aqui empregado como resultado da interpretação, e não como seu objeto (enunciado). Sobre essa distinção, ver GUASTINI, Riccardo. *Filosofia del diritto positivo*. Lezioni, a cura di Vito Velluzzi.Torino: Ed. Giappichelli, 2017, p. 23-24.

[6] Adota-se, no ponto, a seguinte observação de Luís Eduardo Schoueri: conquanto as limitações ao poder de tributar sejam tradicionalmente conectadas a "Princípios", o dispositivo que as abriga pode ter conteúdo de princípio, regra ou ambos, após o processo interpretativo. Assim, embora reconhecida a diferença entre essas espécies normativas, "importa mencionar que na literatura, as limitações constitucionais ao poder de tributar figuram como 'princípios' ainda que apresentadas como regras", bem como que "tão arraigada está a denominação que já não seria viável opor-se a ela". SCHOUERI, Luís Eduardo. *Direito tributário*. 9. ed. São Paulo: Saraiva Educação, 2019, p. 290-291.

[7] BALEEIRO, Aliomar, *Limitações constitucionais ao poder de tributar*. 8. ed. Atualizado por Misabel Abreu Machado Derzi. Rio de Janeiro: Forense, 2010, p. 30. Isso não significa que as Constituições anteriores tenham negligenciado o tema. Aliomar Baleeiro atuou ativamente, enquanto deputado, para identificar, reunir e sistematizar as limitações constitucionais ao poder de tributar na Constituição de 1946, apesar de a matéria constar também, ainda que de forma menos ampla, nas anteriores Constituições de 1891 e 1934. Cf. ATALIBA, Geraldo. Prefácio. *In*: BALEEIRO, Aliomar, *op. cit*. Foi inclusive sob o manto protetivo da Constituição

Essas normas protegem o contribuinte contra condutas abusivas não raramente perpetradas pelo Fisco ao longo da história[8] e compõem o chamado estatuto do contribuinte.[9]

Sob outro ângulo, além da preocupação com o balizamento da competência tributária dos entes, modernamente assume cada vez mais importância também o controle de abusos do Estado no exercício das funções de fiscalização e cobrança de tributos.

Essa preocupação norteou, no Brasil, a formação da jurisprudência contrária às chamadas "sanções políticas", meios coercitivos extrajudiciais de cobrança indireta de créditos tributários que acabam por gerar restrições de direitos ou impedimentos à atividade do contribuinte, coagindo-o à satisfação do débito,[10] a exemplo da proibição de emissão de notas fiscais. Tal orientação, que se consolidou no âmbito do Supremo Tribunal Federal (STF) com as Súmulas nº 70, 323 e 547, permanece relevante para demarcar o âmbito de atuação do Fisco e reforçar a proteção do contribuinte também sob o aspecto dinâmico, relativo à atividade de fiscalização e cobrança.

---

de 1946 que o STF ressaltou que "o poder de taxar não pode chegar a desmedida do poder de destruir", com base no conhecido axioma de Marshall. Acrescentou o Tribunal, na oportunidade, ser "um poder, em suma, cujo exercício não deve ir até abuso, ao excesso, ao desvio, aplicável, ainda aqui, a doutrina fecunda do *'detournement de pouvoir'*". BRASIL. Supremo Tribunal Federal. Segunda Turma. *Recurso Extraordinário nº 18.331/SP*. Relator: Min. Orozimbo Nonato. Julgamento em 21/09/1951, D.J. de 08/11/1951.

[8] Conforme ressalta Sacha Calmon Navarro Coêlho, "em tempos recuados e até bem pouco – há cerca de três séculos apenas – o *jus tributandi* e o *jus puniendi* eram atributos do poder sem peias dos governantes. Muito poder e abuso e pouca justiça. De lá para cá, o poder foi sendo limitado. Os princípios impostos progressivamente pela axiologia do justo foram se incorporando aos sistemas jurídicos (...)". COÊLHO, Sacha Calmon Navarro. Justiça Tributária. In: *Justiça Fiscal*. DERZI, Misabel Abreu Machado; MELO, João Paulo Fanucchi de Almeida (coords.). Belo Horizonte: Fórum, 2016. Disponível em: https://www.forumconhecimento.com.br/livro/1582. Acesso em: 17 ago. 2020, p. 574.

[9] Geraldo Ataliba ensina que a expressão "estatuto do contribuinte" foi concebida por Louis Trotabas para se referir ao conjunto fundamental de normas constitucionais que definem, em tese, a esfera mínima de direitos subjetivos públicos do contribuinte diante da ação tributária do Estado. ATALIBA, Geraldo. Hermenêutica e sistema constitucional tributário. *Interpretação no direito tributário*. In: MORAES, Bernardo Ribeiro de [e outros]. São Paulo: Saraiva, EDUC, 1975, p. 19. No STF, a expressão foi adotada no julgamento do HC nº 82.788/RJ. Na ocasião, afirmou o Min. Celso de Mello que "a administração tributária, embora podendo muito, não pode tudo, eis que lhe é somente lícito atuar, 'respeitados os direitos individuais e nos termos da lei' (CF, art. 145, §1º)". BRASIL. Supremo Tribunal Federal. Segunda Turma. *Habeas Corpus* nº 82.788/RJ. Relator: Min. Celso de Mello. Julgamento em 12/04/2005, D.J. de 02/06/2006, p. 190-191.

[10] MACHADO, Hugo de Brito. Sanções Políticas no Direito Tributário. *Revista Dialética de Direito Tributário*, nº 30, mar. 1998, p. 46.

Por outro lado, tornou-se igualmente importante estudar o Direito Tributário pelo prisma da relação do Estado com os contribuintes e dos próprios contribuintes entre si.

A concepção do Direito Tributário como um escudo para que o cidadão se proteja contra a intromissão do Estado em sua liberdade e seu patrimônio individual, materializada por meio de normas de rejeição social,[11] contrapõe-se à visão mais recente de que a fuga dos tributos, quando ilícita, não constitui direito subjetivo do particular contra a tributação injusta do Estado, mas infração que afronta toda a sociedade.[12]

Nessa lógica, não só o Estado pode praticar condutas abusivas ao exercer seu poder-dever de instituir, fiscalizar e arrecadar tributos. Também os contribuintes podem frustrar seu papel de copartícipe na viabilização da existência material do Estado fiscal,[13] adotando postura de desengajamento em relação às obrigações tributárias.[14] Isso gera

---

[11] MARTINS, Ives Gandra da Silva. In: Elisão e evasão fiscal. Caderno de Pesquisas Tributárias nº 13. MARTINS, Ives Gandra da Silva (coord.). São Paulo: Ed. Resenha Tributária, Centro de Extensão Universitária, 1988, p. 119-120.

[12] Marciano Seabra de Godoi destaca a prevalência da visão que atribuía à norma tributária caráter odioso nos séculos XVIII e XIX. Recentemente, contudo, a concepção de que o pagamento de tributos no Estado contemporâneo corresponde a um dever fundamental ganhou significativa adesão. Por exemplo, o Tribunal Constitucional Espanhol, a partir da Constituição de 1978, desenvolveu uma compreensão do dever de contribuir para o sustento do Estado conectada à ideia de dever fundamental. Em Portugal, o precursor dessa visão foi José Casalta Nabais, e no Brasil, Ricardo Lobo Torres, ambos por meio de trabalhos publicados em 1998. A concepção de que o tributo representa um dever fundamental ingressou no STF em 2010, no julgamento da AC nº 33. Pontua o autor, ainda, que "o dever fundamental de pagar tributos é a contrapartida dessa afirmação da liberdade econômica do indivíduo como pedra de toque da ordem econômica". GODOI, Marciano Seabra de. O que está em jogo com a afirmação de que o pagamento de tributos é um dever fundamental? In: O dever fundamental de pagar impostos: o que realmente significa e como vem influenciando nossa jurisprudência? GODOI, Marciano Seabra de; ROCHA, Sérgio André (org.). Belo Horizonte: Editora D'Plácido, 2017, p. 185-212 (versão digital).

[13] José Casalta Nabais conceitua o Estado fiscal como "o estado cujas necessidades financeiras são essencialmente cobertas por impostos". Aponta o autor que tem sido essa a regra no estado moderno, seja sob a configuração de um Estado fiscal liberal, preocupado com a neutralidade econômica e social, seja de um Estado fiscal social, economicamente interventor e conformador de direitos sociais. NABAIS, José Casalta. O dever fundamental de pagar impostos: contributo para a compreensão constitucional do estado fiscal contemporâneo. Coimbra: Almedina, 1998, p. 191-199. É necessário observar que, hoje, outros tributos vêm assumindo relevância arrecadatória junto aos impostos, devendo assim ser compreendida a expressão "Estado fiscal".

[14] Betina Treiger Grupenmacher ensina que a relação jurídica tributária deve se pautar na moral e na ética de parte a parte, i.e., "do Estado para com o contribuinte e vice-versa". Isso leva, de um lado, à necessidade de que o contribuinte adote a postura ética de observar, "com rigor e pontualidade, o seu dever inafastável de pagar tributos". De outro, o Estado, ao exercer o seu poder impositivo, deve respeitar o estatuto do contribuinte e os direitos fundamentais por este garantidos. GRUPENMACHER, Betina Treiger. Tributação e Direitos

externalidades negativas, como o aumento dos custos de fiscalização, arcado por toda a sociedade, e prejuízos à prestação de serviços públicos e à realização de investimentos pelo Poder Público. Do mesmo modo, os demais contribuintes sofrem danos decorrentes de posturas anticooperativas adotadas por outros contribuintes.[15] Como esclarece Sampaio Dória, a evasão "corrói o princípio da igualdade tributária" e "frustra a distribuição dos encargos fiscais segundo a capacidade contributiva dos indivíduos".[16] Além de macular a igualdade e a capacidade contributiva, práticas de evasão fiscal podem: (i) levar o Estado a compensar receitas perdidas com a majoração da carga tributária, intensificando o ônus suportado pelos contribuintes regulares, e (ii) gerar um ambiente de deslealdade concorrencial.

É interessante observar que o reflexo da evasão na esfera dos demais contribuintes se fez notar na ocasião do parecer emitido pela Comissão de Constituição e Justiça no Projeto de Lei nº 2.748-A, em 1965, há mais de cinco décadas. Referido projeto culminou na edição da Lei nº 4.729/1965, que tratava do crime de sonegação fiscal, hoje regulamentado pela Lei nº 8.137/1990:

> No campo tributário tem o atual governo tomado inúmeras iniciativas tendentes a combater a inflação, impondo maiores tributos e restringindo os aumentos salariais. Daí o sacrifício de todo o povo para alcançar a recuperação do País no campo econômico. Nesta tarefa o capítulo referente à sonegação de impostos ocupa lugar da maior importância, pois que, geradora do *déficit*, muitas vezes ela é a causa da distorção da política financeira, conduzindo a alta de tributos, como meio eficaz para obter o aumento da receita pública, em vez de alcançar-se este objetivo pela redução da evasão de rendas. O contribuinte honesto recebe uma maior sobrecarga, asfixiante muitas vezes, e suporta ainda a concorrência desleal dos sonegadores que podem vender mais barato.
> O sentido social da tributação, como meio de corrigir os desníveis de riqueza, desaparece e torna-se ineficiente com o não-cumprimento das obrigações fiscais por parte de ponderável parcela da população. O aperfeiçoamento do organismo arrecadador e reaparelhamento dos

---

Fundamentais. In: *Tributos e direitos fundamentais*. FISCHER, Octavio Campos (coord.). São Paulo: Dialética, 2004, p. 12-13.

[15] TIPKE, Klaus; YAMASHITA, Douglas. *Justiça fiscal e princípio da capacidade contributiva*. São Paulo: Malheiros, 2002, p. 15.

[16] DÓRIA, Antônio Roberto Sampaio. *Elisão e evasão fiscal*. São Paulo: Livraria dos Advogados Editora Ltda., 1971, p. 26.

órgãos fiscalizadores parece-nos inadiáveis para alcançarmos os objetivos pretendidos pelo Governo.[17]

Portanto, em paralelo à constante necessidade de reafirmação dos direitos dos contribuintes diante dos muitos abusos perpetrados pelo Fisco, é cada vez mais relevante voltar a atenção também para comportamentos *negativos* de contribuintes no campo tributário, prejudiciais a toda a sociedade, e reassumir o importante papel que a conformidade tributária deve exercer, reforçando vínculos de cooperação entre os atores da relação jurídico-tributária e incentivando a regularidade fiscal.

2.1.2 O que move os contribuintes para a conformidade fiscal?

A resistência dos contribuintes no cumprimento das obrigações tributárias é tradicionalmente enfrentada à luz do binômio fiscalização-punição. Sob esse ângulo, o olhar das autoridades tributárias sobre o grupo de contribuintes como um todo se volta à correção de infrações e à aplicação de sanções tributárias, a fim de combater práticas evasivas. A título de exemplo, cite-se a multa de ofício qualificada de 150% aplicada pelo Fisco federal em casos de sonegação, fraude ou conluio, nos termos do art. 44, §1º, da Lei nº 9.430/1996.

Essa perspectiva se baseia no modelo da economia do crime, segundo o qual o contribuinte sempre busca, como indivíduo racional, maximizar a utilidade esperada da aposta na evasão ou na fraude fiscal.[18] Dois fatores principais influenciariam o processo decisório de cumprir ou não uma regra tributária: os benefícios econômicos decorrentes da ilicitude bem-sucedida e os riscos de detecção e punição, correspondentes à chance de o contribuinte ser alvo de auditorias e ao valor das penalidades a ele impostas no caso de autuação pelo Fisco.[19]

---

[17] CONGRESSO NACIONAL, 1965, p. 3.104 apud CANTO, Gilberto de Ulhôa; CARVALHO, Luiz Felipe Gonçalves. In: *Crimes contra a ordem tributária*. MARTINS, Ives Gandra da Silva (coord.), 3. ed. atual. São Paulo: Editora Revista dos Tribunais: Centro de Extensão Universitária, 1998 – (Pesquisas tributárias. Nova série; nº 1), p. 72.

[18] O modelo da economia do crime origina-se da teoria da utilidade esperada, segundo a qual a decisão de um indivíduo sobre o cometimento ou não de uma infração à lei varia conforme a utilidade esperada da ilicitude exceda a utilidade obtida com o uso do tempo e dos demais recursos em outras atividades. BECKER, Gary S. Crime and Punishment: An Economic Approach. *Journal of Political Economy*. University of Chicago Press, vol. 76, 1968. Disponível em: https://www.nber.org/chapters/c3625.pdf. Acesso em: 3 fev. 2019, p. 9.

[19] ALLINGHAM, Michael G., SANDMO, Agnar. Income tax evasion: a theoretical analysis. *Journal of Public Economics*. 1972;1-323-338. Disponível em: http://www3.nccu.edu.

Nessa lógica, quanto maiores os índices de auditoria e as penalidades aplicadas, menor a chance de descumprimento das obrigações tributárias. Ives Gandra da Silva Martins, ao classificar as normas de imposição tributária como normas de rejeição social, destaca que o indivíduo cumpre suas obrigações tributárias "em face de temor de uma sanção que lhe pode ser mais onerosa que o próprio tributo".[20]

Embora esse modelo faça sentido em uma primeira análise, os indivíduos não agem puramente sob a lógica da racionalidade econômica.[21] Se assim fosse, considerando que a maior parte dos países não conta com penalidades elevadas e agentes suficientes para promover fiscalizações abrangentes, os índices de *compliance* deveriam ser muito mais baixos do que são na realidade.[22] Além disso, países com multas elevadas, como Brasil e Itália,[23] apresentam grau significativo de evasão e sonegação,[24] o que contraria a premissa do referido modelo.

---

tw/~klueng/tax%20paper/1.pdf. Acesso em: 3 fev. 2019, p. 324. No Brasil, sobre o tema, v. o estudo de SIQUEIRA, Marcelo Lettieri; RAMOS, Francisco S.. A economia da sonegação: teorias e evidências empíricas. *Rev. econ. contemp.* 2005, vol.9, n.3, p. 555-581. Disponível em: https://doi.org/10.1590/S1415-98482005000300004. Acesso em: 23 nov. 2020.

[20] MARTINS, Ives Gandra da Silva, *op. cit.*, p. 117.

[21] Klaus Tipke, ao analisar as atitudes dos contribuintes relacionadas ao descumprimento do dever de pagar tributos, divide-os em: (i) *homo oeconomicus*, preocupado apenas com a sua conveniência econômica, sem reconhecer deveres morais de conduta; (ii) o "compensador", que entende legítimo pagar tributos apenas diante de contraprestação equivalente ou da atuação moral do Estado no campo tributário; (iii) o mal-humorado, opositor da linha política do Estado e que, por essa discordância, deseja desembolsar o menor valor possível em tributos; (iv) o liberal no campo fiscal, que vê os tributos como limitações injustas impostas à sua esfera de liberdade; (v) o adepto da elisão, que aproveita todas as lacunas da lei para pagar menos tributos e se interessa mais pela neutralidade competitiva e segurança no planejamento empresarial do que pela justiça tributária; (vi) o desconhecedor da lei, que não compreende as leis tributárias, especialmente ante a complexidade do sistema; e, por fim, (vii) o contribuinte sensível à justiça fiscal, que se indigna com as desigualdades da lei tributária, máxime o número de benefícios fiscais concedidos apenas a determinados setores, e exige uma moral tributária também vinculante para o Estado. TIPKE, Klaus. *Moral tributaria del Estado y de los contribuyentes*. Tradução: Pedro M. Herrera Molina. Madrid: Marcial Pons, 2002, p. 112-121.

[22] ALM, James, 2012. Measuring, Explaining, and Controlling Tax Evasion: Lessons from Theory, Experiments, and Field Studies. 1213, *Tulane University, Department of Economics*. Disponível em: https://ideas.repec.org/e/pal49.html. Acesso em: 3 fev. 2019, p. 8-12.

[23] RACHID, Jorge Antonio Deher. Sanções tributárias federais e análise comparativa com outros países. *Comissão de Finanças e Tributação da Câmara dos Deputados*. Brasília, 2017. Disponível em: http://receita.economia.gov.br/noticias/ascom/2017/dezembro/receita-federal-participa-de-audiencia-sobre-multas-tributarias-na-camara/audiencia-multas-tributarias.pdf. Acesso em: 6 jan. 2020.

[24] COMISSÃO EUROPEIA. *Desvios do IVA*: Quase 160 mil milhões de euros perdidos em receitas não cobradas na UE em 2014. Bruxelas, set-2016. Disponível em: https://ec.europa.eu/commission/presscorner/detail/pt/IP_16_2936. Acesso em: 17 jan. 2020; e SINDICATO NACIONAL DOS PROCURADORES DA FAZENDA NACIONAL. *Sonegação no Brasil*: Uma estimativa do desvio da arrecadação. Disponível em: http://www.quantocustaobrasil.com.

Há, portanto, fatores não financeiros que influenciam a conformidade tributária, conectados a outros ramos do conhecimento, como a psicologia e a sociologia.[25] Exemplo disso está no fato de que a sensação de normalidade da prática de sonegação fiscal pode afetar sentimentos de justiça e igualdade, levando à disseminação da inadimplência.[26] Dessa forma, iniciativas como o "sonegômetro",[27] apesar de louváveis do ponto de vista da transparência e consciência democrática, podem produzir efeito contrário ao desejado, disseminando uma ideia de que a regra vigente é o não pagamento de tributos.

Pesa também a construção de uma moral fiscal coletiva elevada, fundada, dentre outros fatores, nos níveis de confiança e legitimidade depositados pelos contribuintes na autoridade tributária.[28] Uma mentalidade generalizada de que pagar tributos consiste em tarefa penosa desencadeia uma sensação coletiva capaz de influenciar negativamente a consciência das pessoas. Em contrapartida, a convicção de que os recursos públicos são empregados de forma legítima pelo Estado direciona o comportamento dos contribuintes para a conformidade tributária.

Do mesmo modo, são fatores importantes para o cumprimento de obrigações tributárias o nível de educação da população, especialmente sobre cidadania fiscal, e a utilização de *nudges*, que configuram estímulos persuasivos a comportamentos, como mensagens enviadas para contribuintes lembrando-os do débito pendente.[29]

---

br/artigos/sonegacao-no-brasil-uma-estimativa-do-desvio-da-arrecadacao. Acesso em: 17 jan. 2020.

[25] Sobre o tema, ver: SOUZA, Danielle Nascimento Nogueira de. *Neurodireito, psicologia e economia comportamental no combate* à *evasão fiscal*. Rio de Janeiro: Lumen Juris, 2019, p. 1-190.

[26] KAHAN, Dan M. The Logic of Reciprocity: Trust, Collective Action, and Law, 2002, *John M. Olin Center for Studies in Law, Economics, and Public Policy Working Papers*. Paper 281. Disponível em: http://digitalcommons.law.yale.edu/lepp_papers/281. Acesso em: 14 jan. 2019, p. 34.

[27] Ferramenta utilizada para a quantificação da sonegação no Brasil. SINDICATO NACIONAL DOS PROCURADORES DA FAZENDA NACIONAL. *Campanha Nacional da Justiça Fiscal – Quanto Custa o Brasil pra Você?* Disponível em: http://www.quantocustaobrasil.com.br/. Acesso em: 6 jun. 2020.

[28] Sobre o tema: TIPKE, Klaus. *Moral tributaria del Estado y de los contribuyentes*. Tradução: Pedro M. Herrera Molina. Madrid: Marcial Pons, 2002.

[29] SUNSTEIN, Cass R. Nudging Taxpayers to Do the Right Thing. *Bloomberg*. 15 abr. 2014. Disponível em: https://www.bloomberg.com/opinion/articles/2014-04-15/nudging-taxpayers-to-do-the-right-thing. Acesso em: 18 nov. 2019. *Nudges* são uma abordagem da economia comportamental que pode ser empregada no campo tributário para conduzir os contribuintes a uma direção desejada pelo Fisco, mantendo sua liberdade de escolha. Por exemplo, o envio de mensagens descritivas no corpo de notificações de cobrança enviadas a contribuintes relatando que a maioria das pessoas paga seus tributos em dia, e que o destinatário se encontra no grupo minoritário de não pagadores, pode suscitar considerável persuasão comportamental. Os indivíduos são influenciados por normas sociais, *i.e.*, pela

Essa percepção de que fatores alheios à ameaça da fiscalização e da punição são determinantes para a decisão de pagar tributos leva o Fisco, na atualidade, a repensar estratégias de atuação por meio de incentivos adequados ao perfil do contribuinte.

2.1.3 Atuação do Fisco de acordo com o perfil de conformidade

Além dos fatores que influenciam a regularidade fiscal, há estudos[30] que ressaltam a importância de se adequar a atuação da Administração Tributária ao perfil dos sujeitos passivos. O descumprimento das obrigações tributárias pode ocorrer por diversos motivos, *e.g.*, por ignorância, falta de cuidado, imprudência ou como resultado de uma atitude consciente, embora não unicamente movida por interesses individualistas, como visto.

O uso da punição configura um caminho óbvio e muitas vezes preferível pela Administração para induzir sujeitos passivos ao cumprimento da lei, por exigir diminutas mudanças no aparato estatal e menor dispêndio de recursos.[31] Porém, mecanismos punitivos não configuram uma via única para o Estado: incentivos positivos podem ser igualmente ou até mesmo mais eficientes, a depender do comportamento adotado pelo destinatário da norma.

O perfil do sujeito passivo, portanto, é essencial para a escolha da estratégia de incentivo à regularidade fiscal, uma vez que as atitudes quanto ao cumprimento das obrigações tributárias variam entre: (i) a decisão deliberada de não cumpri-las, hipótese em que o uso da força da lei se faz necessário; (ii) a resistência em observá-las em cenários de vácuo de controle, caso em que a dissuasão por detecção (auditorias) assume

---

percepção de quais comportamentos normalmente são adotados por seus pares. Para uma análise teórica mais detalhada sobre *nudges*, ver THALER, Richard H., SUNSTEIN, Cass R. *Nudge*: improving decisions about health, wealth, and happiness. New Haven & London: Yale University Press, 2008.

[30] Por exemplo: ORGANISATION FOR ECONOMIC CO-OPERATION AND DEVELOPMENT (OECD): *The changing tax compliance environment and the role of audit*, 2017. Disponível em: https://www.oecd.org/ctp/the-changing-tax-compliance-environment-and-the-role-of-audit-9789264282186-en.htm. Acesso em: 28 dez. 2019 e *Compliance Risk Management*: managing and improving tax compliance. 2004. Disponível em: https://www.oecd.org/tax/administration/33818656.pdf. Acesso em: 28 dez. 2019. No mesmo sentido: TAX ADMINISTRATION DIAGNOSTIC ASSESSMENT TOOL (TADAT). *Field Guide*. 2019. Disponível em: https://www.tadat.org/assets/files/IMF_TADAT-FieldGuide_web2.pdf. Acesso em: 10 jan. 2020.

[31] Referido ponto será objeto de exame detalhado no Capítulo 4.

papel relevante; (iii) a vontade de se manter em conformidade – embora nem sempre concretizada –, circunstância na qual o auxílio do Fisco revela notável importância; e (iv) a plena disposição para cumprir a lei, a demandar a facilitação de deveres pela Administração Tributária.[32]

De um lado, medidas não coercitivas, a exemplo da simplificação de obrigações acessórias, do aprimoramento de mecanismos de consulta e do incentivo à autorregularização, são compatíveis com perfis de sujeitos passivos com histórico de regularidade com o Fisco, ainda que pratiquem infrações pontuais. Para esse grupo, a atuação coercitiva do Fisco, se imposta de forma generalizada, pode aumentar os custos de conformidade e minar a confiança entre os sujeitos da relação jurídico-tributária.[33-34] Assim, restabelecer a confiança no Fisco e tratar os sujeitos passivos como clientes são medidas relevantes para encorajar a conformidade voluntária. Prioriza-se, nessa linha, a lógica dos incentivos positivos à *compliance* voluntária.[35]

De outro lado, para sujeitos passivos com histórico de resistência reiterada e injustificada ao cumprimento de obrigações tributárias, a utilização de medidas fiscalizatórias e coercitivas pode se mostrar a melhor estratégia, ainda que conjugada com medidas consensuais.[36] Mecanismos coercitivos continuam sendo essenciais para a manutenção

---

[32] Trata-se da denominada "pirâmide de conformidade", segundo a qual o Fisco deve adotar estratégias diversas, a depender do perfil do contribuinte, para direcioná-lo à base da pirâmide. Para informações adicionais, ver: ORGANISATION FOR ECONOMIC CO-OPERATION AND DEVELOPMENT (OECD), 2004, p. 41.

[33] No ponto, precisamente observa Sergio André Rocha que "diante dessa massa de contribuintes descrentes no Estado, a autoridade fiscal, considerando o modelo do sistema brasileiro, tende a responder com mais controle e mais repressão. Contudo, é especialmente nas sociedades em que a norma tributária é uma norma 'de rejeição' que se deve buscar mecanismos para assegurar o *compliance* voluntário, cada vez menos dependente da ameaça de sanção". ROCHA, Sergio André. Reconstruindo a confiança na relação fisco-contribuinte. *Revista Direito Tributário Atual*, n° 39, 2018 (versão digital).

[34] Flávio Rubinstein ressalta que a transformação da posição do sujeito passivo frente ao fisco "parece reafirmar, na verdade, a própria natureza da relação jurídico-tributária como vínculo obrigacional, em que ambas as partes têm direitos e deveres mutuamente afetados, noção que repugna as eventuais tentativas de se estabelecer um regime de autoritarismo fiscal". RUBINSTEIN, Flávio. *Boa-fé objetiva no direito financeiro e tributário* – Série Doutrina Tributária Vol. III. São Paulo: Quartier Latin, 2010, p. 88.

[35] A diferença entre a técnica do incentivo e a técnica tradicional da sanção negativa reside no fato de que, naquela, o comportamento que gera consequências jurídicas não é a inobservância, mas, ao contrário, a observância da regra prescrita. BOBBIO, Norberto. *Da estrutura à função*: novos estudos de teoria do direito. Traduzido por Daniela Beccaccia Versiani. Barueri: Manole, 2008, p. 100-101. Voltaremos ao ponto no tópico 4.5.

[36] A conformidade é otimizada quando o Fisco adota abordagens dialógicas e persuasivas, por meio de uma efetiva mistura de incentivos e sanções, de forma a pressionar os contribuintes para a base da pirâmide de *compliance*. Essa é, hoje, a diretiva da OCDE: ORGANISATION FOR ECONOMIC CO-OPERATION AND DEVELOPMENT, 2004, p. 38-60.

da autoridade do Fisco, especialmente sob o aspecto de restaurar a crença da sociedade na justiça e na efetividade do sistema tributário[37] e de manter a confiança dos contribuintes regulares de que não subsidiarão a atuação dos inadimplentes, conhecidos como *free-riders*.

Portanto, a segmentação dos sujeitos passivos por perfil de risco deve pautar a estratégia adotada pelo Fisco para estimular a regularidade no campo tributário.[38] Não deve existir uma única resposta do Fisco a infrações legais, mas sim fatores que clamam por menos ou mais intervenção pelas autoridades governamentais, como características socioeconômicas ou motivações intrínsecas ao comportamento dos sujeitos passivos. Ressalte-se que a maior parte dos sujeitos passivos paga em dia seus tributos,[39] e que os infratores contumazes constituem um pequeno grupo em número, embora de grande expressividade no tocante aos danos causados ao Fisco e à sociedade.

Atualmente, essa visão tem sido adotada no campo tributário, a exemplo do que fez, no Brasil, o Estado de São Paulo. Por meio do ofício de envio do Projeto de Lei Complementar nº 25/2017, transformado na Lei Complementar nº 1.320/2018, que institui o Programa de Estímulo à Conformidade Tributária, o Fisco paulista registrou estar o projeto alinhado à "metodologia sugerida pela OCDE para orientação do emprego dos recursos de fiscalização de acordo com o risco assumido pelo contribuinte em cumprir suas obrigações tributárias".[40]

Os regimes destinados a devedores contumazes se enquadram nessa lógica, ao adotarem medidas mais rígidas para sujeitos passivos que apresentam padrão comportamental de maior resistência ao cumprimento de suas obrigações tributárias, conjugando-as muitas

---

[37] Organisation for Economic Co-operation and Development, 2017, p. 59.
[38] Organisation for Economic Co-operation and Development, 2004, p. 19.
[39] Segundo interessante estudo realizado pela PGFN, em 2019, quanto ao estoque da dívida ativa nacional, apenas 7,8% das entidades empresariais ativas possuem débitos inscritos, que totalizam R$ 1,2 trilhão (um trilhão e duzentos bilhões de reais). Desses débitos, 70% estão concentrados em 0,6% das entidades. Assim, 92,2% das empresas ativas não são titulares de débitos com a União. PROCURADORIA GERAL DA FAZENDA NACIONAL (PGFN). *Estudo sobre o endividamento com a União e o FGTS em 2019*. Disponível em: http://www.pgfn.fazenda.gov.br/noticias/arquivos/2019/nota-sei-no-40_2019_pgdau-estudo-2019-1.pdf. Acesso em: 1 jun. 2020.
[40] SÃO PAULO (Estado). Governo do Estado de São Paulo. Ofício do Governador do Estado para ALESP. Ofício nº A-n. 90/2017. Disponível em: https://www.al.sp.gov.br/propositura/?id=1000168831. Acesso em: 12 dez. 2019. O programa visa a classificar os contribuintes de acordo com o grau de risco, com fundamento em critérios eleitos pelo legislador. Com isso, busca direcionar medidas facilitadoras do cumprimento de obrigações tributárias para grupos com baixo risco e empregar medidas restritivas para contribuintes que apresentem alto grau de risco. Voltaremos ao ponto no item 4.5.

vezes com medidas facilitadoras para aqueles que ostentam baixo grau de risco.

2.1.4 Infrações tributárias e devedor contumaz

2.1.4.1 O não pagamento como infração tributária

Há formas lícitas e ilícitas de evitar, reduzir ou adiar o pagamento de tributos. Ninguém está obrigado a pagar mais tributos do que o previsto por lei, tampouco a escolher, entre formas lícitas, aquela que atraia a maior incidência tributária. Porém, não é dado ao contribuinte, após a ocorrência do fato gerador, pretender ocultá-lo ou postergar seus efeitos sem respaldo em lei.

Entre as condutas resguardadas pelo ordenamento jurídico e, portanto, não abrangidas pelo conceito de evasão ilícita, é possível citar as opções fiscais, que configuram alternativas legais à disposição do contribuinte.[41] A título ilustrativo, a escolha pelo regime do lucro presumido, ao invés do lucro real, enquadra-se no conceito de opção fiscal. Também a adoção de planejamentos tributários, quando situada no plano da licitude,[42] não configura evasão, devendo, sob o aspecto cronológico, necessariamente anteceder ao fato gerador,[43] sob pena de se prestar a ocultá-lo, desabrigando-se do conceito de elisão. Pode a pessoa física ou jurídica, ainda, dentro da sua liberdade decisória, praticar condutas indiferentes ao ordenamento jurídico, ao promover substituições materiais ou se abster de praticar o fato previsto na regra-matriz de incidência tributária,[44] como ocorre, *e.g.*, quando um indivíduo opta por não ser proprietário de veículo automotor, utilizando, em seu lugar, transporte público, de modo a não incorrer no fato gerador do IPVA.

---

[41] GRECO, Marco Aurélio. *Planejamento tributário*. 4. ed. São Paulo: Quartier Latin, 2019, p. 113-125.

[42] Não nos aprofundaremos no tópico, por não integrar o escopo do presente trabalho. Há ampla divergência na doutrina sobre o que define a licitude dos meios no planejamento tributário. Para mais detalhes na doutrina nacional, ver MARTINS, Ives Gandra da Silva (coord.). *Elisão e evasão fiscal*. Cadernos de pesquisas tributárias nº 13, São Paulo: Editora Resenha Tributária (Centro de Estudos de Extensão Universitária), 1988; e MACHADO, Hugo de Brito (coord.). *Planejamento tributário*. São Paulo: Malheiros: ICET, 2016; entre outros.

[43] CANTO, Gilberto de Ulhôa. In: *Elisão e evasão fiscal*. MARTINS, Ives Gandra da Silva (coord.). Cadernos de pesquisas tributárias, v. 13, São Paulo: Editora Resenha Tributária (Centro de Estudos de Extensão Universitária), 1988, p. 41.

[44] GRECO, Marco Aurélio, *op. cit.*, p. 98-99.

Por sua vez, no campo da ilicitude, a norma sancionadora divide-se em ilícito (antecedente) e sanção (consequente). Com base na lição de Bobbio, conclui-se que o ilícito tributário pode consistir numa ação, caso a norma preveja um imperativo negativo, ou numa omissão, caso a norma preveja um imperativo positivo.[45] A essa ação ou omissão atribui-se o nome de infração.

Nessa ordem de ideias, a infração tributária consiste, como ressalta Paulo de Barros Carvalho, em "toda ação ou omissão que, direta ou indiretamente, represente o descumprimento dos deveres jurídicos estatuídos em leis fiscais".[46] Tanto o descumprimento da obrigação tributária principal quanto o da obrigação acessória implicam condutas repelidas pelo ordenamento. Destaca Sacha Calmon Navarro Coêlho que "a tipicidade do ilícito tributário é encontrada por contraste: a) não pagar o tributo e b) não cumprir os deveres instrumentais expressos".[47]

A evasão fiscal[48] é o gênero dentro do qual se inserem as infrações do contribuinte tendentes a ocultar o fato gerador mediante procedimentos ilícitos ou a ignorar ou modificar seus efeitos, isto é, afastar a consequência da norma tributária já efetivada no mundo dos fatos. Assinale-se que o conceito de evasão comporta diferentes significados, a depender do ordenamento jurídico sob análise, ora correspondendo ao gênero do qual a sonegação é espécie, ora como espécie do gênero sonegação e, outras vezes, como infração distinta da sonegação.[49] Em nosso ordenamento, evasão associa-se usualmente à ideia de gênero acolhedor de múltiplas espécies, dentre elas a sonegação, e é nesse sentido que o termo será empregado neste trabalho.

---

[45] No primeiro caso, diz-se que a norma não foi *observada*; no segundo, que não foi *executada*. BOBBIO, Norberto. *Teoria geral do direito*. Traduzido por Denise Agostinetti. 2. ed. São Paulo: Martins Fontes, 2008 – (Justiça e direito), p. 132.

[46] CARVALHO, Paulo de Barros. *Curso de direito tributário*. 30. ed. São Paulo: Saraiva, 2019, p. 521. A infração ou ilícito tributário, na acepção empregada pelo autor, representa um fato contrário à norma proibitiva ou mandamental. Esse também é o sentido do vocábulo adotado neste trabalho.

[47] COÊLHO, Sacha Calmon Navarro. Infração Tributária e Sanção. In: *Sanções administrativas tributárias*. MACHADO, Hugo de Brito (coord.). São Paulo e Fortaleza: Dialética e Instituto Cearense de Estudos Tributários (coedição), 2004, p. 422.

[48] Há quem denomine a evasão de evasão ilícita, entre outros nomes. Neste trabalho, os termos são utilizados como sinônimos. Conforme observa Marco Aurélio Greco, "não existe nenhuma obrigação, nem erro de raciocínio, ou heresia científica ao utilizar esta ou aquela palavra para designar determinado fenômeno em exame. Qualquer palavra é boa para designar qualquer coisa desde que haja uma convenção prévia quanto ao que está sendo examinado e à palavra que vamos utilizar". GRECO, Marco Aurélio, *op. cit.*, p. 95.

[49] Sobre o ponto: GIULIANI FONROUGE, Carlos M. *Derecho financiero*. Vol. II. 5. ed. Buenos Aires: Depalma, 1993, p. 678.

2.1.4.2 Evasão fiscal

O conceito de evasão fiscal comporta algumas considerações. Dentre muitos autores que enfrentaram o tema da evasão fiscal, elegem-se, aqui, o conceito e a classificação de evasão fiscal propostos por Sampaio Dória, com algumas adaptações,[50] ante a completude e a clareza com as quais o autor abordou o tema.

Evasão fiscal é todo ato ou omissão que tenda a evitar, reduzir ou retardar o pagamento de tributo por meios ilícitos. A evasão pode se dar por *inação* ou por *ação* do contribuinte.

A *evasão por inação* ou *omissiva* pode ser não intencional, na hipótese de ignorância do dever fiscal,[51] ou *intencional*, caso em que o sujeito passivo assume deliberadamente o risco de não pagar. A evasão *por inação intencional* ocorre por meio da ausência de pagamento de tributos incontroversos lançados pelo Fisco ou declarados pelo próprio contribuinte e não contestados (devedores remissos), bem como da recusa de pagamento de tributo contestado e já definitivamente constituído. Também a falta de fornecimento à Administração de elementos, dados ou documentos necessários ao lançamento do tributo se enquadra nessa categoria.

Por sua vez, a evasão *por ação* ou *comissiva* ocorre mediante utilização de processos ilícitos (como fraude, simulação e conluio) e é *sempre intencional* e simultânea ou posterior à ocorrência do fato gerador, contrapondo-se à elisão ou evasão lícita, que se concretiza anteriormente à realização daquele e, por consequência, ao surgimento da obrigação tributária.

---

[50] DÓRIA, Antônio Roberto Sampaio, *op. cit.*, p. 14-22. O autor não aborda, em sua obra, a figura da elisão abusiva. O autor inclui, além disso, a abstenção de incidência e a transferência econômica ou substituição material como evasão omissiva imprópria, bem como insere a elisão ou economia fiscal como evasão lícita ou legítima, ponderando que, em sua acepção técnica, essas figuras não constituem evasão *propriamente dita*.

[51] Para Heleno Taveira Tôrres, a evasão é sempre dolosa e, portanto, intencional. Referido autor conceitua a evasão fiscal como "o fenômeno que decorre da conduta voluntária e dolosa dos sujeitos passivos de eximirem-se ao cumprimento total ou parcial de obrigações tributárias de cunho patrimonial". Acrescenta, ainda, que o simples descumprimento da obrigação tributária ou de deveres instrumentais não caracteriza evasão, salvo se atuarem como instrumento para o aperfeiçoamento da ação evasiva. São exemplos "a *inadimplência* por falta de pagamento de débito já lançado ou falta de recolhimento de tributo retido ou sujeito a lançamento por homologação; descumprimento de deveres formais, como falta de emissão de notas fiscais, de apresentação de declarações ou de cadastramento, que impliquem o afastamento dos registros de operações sujeitas à tributação (...)". TORRES, Heleno Taveira. *Direito tributário e autonomia privada*: Negócios jurídicos e atitude elusiva na aplicação das normas tributárias. Tese para o concurso de livre-docência, Universidade de São Paulo, São Paulo, 2002, p. 230-231.

Conectada à evasão está a elisão ilícita ou abusiva, para quem a defende,[52] que se inicia com a manipulação de formas lícitas e culmina na ilicitude atípica característica do abuso de direito e da fraude à lei. Independentemente da posição adotada, cuja análise não configura o escopo deste trabalho, a elisão significa não entrar na relação fiscal, e a evasão, sair dela, exigindo, portanto, "estar dentro, haver estado ou podido estar em algum momento".[53]

2.1.4.3 Algumas figuras afins: grande devedor, devedor eventual, sonegador e devedor contumaz

E onde se posiciona, nesse grande quadro, a figura do devedor contumaz? O presente trabalho tem por escopo analisar práticas de *evasão omissiva intencional* sob a perspectiva da ausência de recolhimento de tributo devido como atuação estratégica do sujeito passivo.

O devedor contumaz não se confunde necessariamente com o *grande devedor*, embora, em determinados casos, as duas figuras possam coexistir. O elemento distintivo do grande devedor é, em regra, a titularidade de débitos tributários de valor substancial,[54] recuperáveis ou não. O grande devedor opta muitas vezes por discutir o crédito na esfera administrativa ou judicial, obtendo a suspensão da exigibilidade do crédito em decorrência da impugnação, no primeiro caso (art. 151, III, do CTN), ou por meio de decisão judicial ou depósito do montante total em juízo, no segundo (art. 151, II, IV e V). O núcleo conceitual do devedor contumaz, por sua vez, não circunda apenas o valor do débito, mas também – e principalmente – a reiteração de sua conduta e o injustificado inadimplemento das obrigações tributárias. Dessa forma, embora exista uma zona de intersecção possível dos conceitos, sua equiparação é equivocada.

Além disso, a conduta do devedor contumaz não se identifica com o inadimplemento eventual, decorrente, em regra, de cenários

---

[52] Nesse sentido: TORRES, Ricardo Lobo. *Planejamento tributário:* elisão abusiva e evasão fiscal. 2. ed. de acordo com as Leis nº 12.715/2012 e nº 12.766/2012. Rio de Janeiro: Elsevier, 2013, p. 9. *Contra*: COÊLHO, Sacha Calmon Navarro. *Evasão e Elisão Fiscal*. O parágrafo único do art. 116, CTN, e o direito comparado. Rio de Janeiro: Forense, 2006, p. 63.

[53] AMORÓS, Narciso, 1965, p. 573-584, *apud* SAMPAIO DÓRIA, *op. cit.*, p. 34-35.

[54] A título exemplificativo, na seara federal, o valor mínimo considerado substancial pela Procuradoria-Geral da Fazenda Nacional para classificação do sujeito passivo como grande devedor corresponde a quinze milhões de reais. Fonte: https://www.gov.br/pgfn/pt-br/assuntos/noticias/arquivos/2019/nota-sei-no-40_2019_pgdau-estudo-2019-1.pdf. Acesso em: 1 jun. 2020.

de crise empresarial, em que o sujeito passivo, por meio de práticas de evasão, busca impedir o sucumbimento da atividade. O atributo da *eventualidade* diferencia as duas condutas, sendo a distinção entre devedor contumaz e eventual, central ao presente trabalho, alvo de especial atenção no Capítulo 3.

Por fim, o devedor contumaz pode praticar crime contra a ordem tributária, mas nem sempre sua conduta incidirá em um dos tipos penais da Lei nº 8.137/1990.

No campo do Direito Tributário, o ilícito é punível por meio de sanções administrativo-tributárias aplicadas pelas autoridades fiscais. Nada obstante, ao legislador é permitido definir, cumulativamente, sanções de natureza penal em decorrência de ilícitos tributários,[55] caso entenda ser a responsabilização criminal um meio necessário – levando em conta o caráter fragmentário do Direito Penal – para a tutela do bem jurídico *ordem tributária*.

Nessa lógica, o inadimplemento, ainda que qualificado pelo caráter contumaz, não configura, a princípio, infração[56] dotada de reprovabilidade criminal, embora punível na esfera administrativo-tributária. Pode, todavia, adquirir relevância na seara penal em determinadas hipóteses, especialmente por efeito da orientação adotada pelo STF no RHC nº 163.334/SC.

No referido julgamento,[57] o STF, ao interpretar o campo de incidência do tipo previsto no art. 2º, II, da Lei nº 8.137/1990, imputou tal delito – apelidado em âmbito jurisprudencial como "apropriação indébita tributária" –[58] ao contribuinte que, de forma contumaz e

---

[55] O reconhecimento da unidade ontológica do ilícito gera inúmeras discussões na doutrina, refletindo principalmente no influxo dos princípios do Direito Penal no campo tributário. Reconhecendo a natureza unitária do ilícito, por todos: ANDRADE FILHO, Edmar Oliveira. *Infrações e sanções tributárias*. São Paulo: Dialética, 2003. 39-43. Em sentido contrário, por todos: BITENCOURT, Cezar Roberto. MONTEIRO, Luciana de Oliveira. *Crimes conta a ordem tributária*. São Paulo: Saraiva, 2013, p. 29-31.

[56] Adota-se aqui uma concepção de infração tributária como gênero, do qual são espécies os delitos tributários e as contravenções, de um lado, e as infrações tributárias *stricto sensu*, de outro. Tal observação é relevante tendo em vista que a terminologia não é unívoca no direito comparado, apresentando sentidos diferentes a depender do ordenamento jurídico sob exame. Para maior aprofundamento sobre esse ponto: GIULIANI FONROUGE, Carlos M., *op. cit.*, p. 613-630 e 675-576.

[57] BRASIL. Supremo Tribunal Federal. Tribunal Pleno. Recurso Ordinário em *Habeas Corpus* nº 163.334/SC. Relator: Min. Roberto Barroso. Julgamento em 18/12/2019. D.J.e. de 13/11/2020.

[58] Nesse sentido, a título ilustrativo: BRASIL. Superior Tribunal de Justiça. Quinta Turma. *Habeas Corpus* nº 374.318/SP, Relator: Min. Reynaldo Soares da Fonseca. Julgamento em 16/02/2017. D.J.e. 21/2/2017; BRASIL. Superior Tribunal de Justiça. Quinta Turma. Recurso Ordinário em *Habeas Corpus* nº 72.074/MG, Relator: Min. Ribeiro Dantas. Julgamento em 06/10/2016. D.J.e. 19/10/2016; e BRASIL. Superior Tribunal de Justiça. Sexta Turma.

dolosa, deixa de recolher ICMS próprio declarado e cobrado do adquirente da mercadoria ou serviço. A tese firmada pelo STF, que será objeto de específica análise no Capítulo 3, alterou a compreensão até então prevalecente no meio jurídico sobre a não criminalização do inadimplemento contumaz.

Portanto, o devedor contumaz pode, a depender do contexto factual sob exame, incidir no crime do art. 2º, II, da Lei nº 8.137/1990, o qual não se confunde com a sonegação fiscal. O ponto assume relevo em razão da comum associação entre a identidade do devedor contumaz e a do sonegador, presente até mesmo em votos proferidos no RHC nº 163.334/SC.[59]

Na esfera penal, as condutas constitutivas do crime de sonegação fiscal eram regulamentadas pela Lei nº 4.729/1965.[60] A Lei nº 8.137/1990, que trata atualmente dos crimes contra a ordem tributária, reproduziu as ações e omissões descritas na Lei nº 4.729/1965 ao longo de seus artigos 1º, I, II, III e IV,[61] e 2º, I e III. Considerando a correspondência, ainda que parcial, entre tais disciplinas normativas, há quem defenda

---

Agravo Regimental no Agravo de Instrumento nº 1.388.802/SP, Relator: Min. Nefi Cordeiro. Julgamento em 12/02/2017. D.J.e. 24/02/2017.

[59] Destaca-se, por todos, o voto do Min. Alexandre de Moraes, que, sob o pretexto de tratar da apropriação indébita tributária pelo devedor contumaz, atribuiu significativo destaque aos efeitos da sonegação fiscal no Brasil. BRASIL. Supremo Tribunal Federal. Tribunal Pleno. Recurso Ordinário em *Habeas Corpus* nº 163.334/SC. Relator: Min. Roberto Barroso. Julgamento em 18/12/2019. D.J.e. de 13/11/2020, p. 43-58.

[60] Art 1º. Constitui crime de sonegação fiscal: I – prestar declaração falsa ou omitir, total ou parcialmente, informação que deva ser produzida a agentes das pessoas jurídicas de direito público interno, com a intenção de eximir-se, total ou parcialmente, do pagamento de tributos, taxas e quaisquer adicionais devidos por lei; II – inserir elementos inexatos ou omitir, rendimentos ou operações de qualquer natureza em documentos ou livros exigidos pelas leis fiscais, com a intenção de exonerar-se do pagamento de tributos devidos à Fazenda Pública; III – alterar faturas e quaisquer documentos relativos a operações mercantis com o propósito de fraudar a Fazenda Pública; IV – fornecer ou emitir documentos graciosos ou alterar despesas, majorando-as, com o objetivo de obter dedução de tributos devidos à Fazenda Pública, sem prejuízo das sanções administrativas cabíveis; e V – exigir, pagar ou receber, para si ou para o contribuinte beneficiário da paga, qualquer percentagem sôbre a parcela dedutível ou deduzida do impôsto sôbre a renda como incentivo fiscal. Pena: Detenção, de seis meses a dois anos, e multa de duas a cinco vêzes o valor do tributo.

[61] Observe-se que o crime do art. 1º da Lei nº 8.137/1990 é, ao contrário do que ocorria na lei anterior, crime de resultado. Em tais crimes, a consumação ocorre com a realização do resultado descrito no tipo (no caso, reduzir ou suprimir tributo), em oposição aos crimes de mera conduta, em que a consumação se verifica com a realização da conduta descrita no tipo, sem importar para tanto a produção de um resultado. BITENCOURT, Cezar Roberto. MONTEIRO, Luciana de Oliveira, *op. cit.*, p. 58 e 110.

a subsistência no sistema penal do crime de sonegação fiscal, hoje identificado principalmente no art. 1º da Lei nº 8.137/1990.[62] O núcleo do significado jurídico-penal do crime de sonegação fiscal envolve a utilização de manobras fraudulentas, como prega a teoria do engano,[63] o que não ocorre no crime do art. 2º, II, da Lei nº 8.137/1990. Assim já decidiu o Superior Tribunal de Justiça (STJ):

> A conduta de inadimplir o crédito tributário, de *per si*, pode não constituir crime. Caso o sujeito passivo declare todos os fatos geradores à Administração Tributária conforme periodicidade exigida em lei, cumpra as obrigações tributárias acessórias e mantenha a escrituração contábil regular, não há falar em sonegação fiscal (Lei nº 8137/1990, art. 1º), mas em mero inadimplemento, passível de execução fiscal. *Os crimes contra a ordem tributária, exceto o de apropriação indébita tributária e previdenciária, pressupõem, além do inadimplemento, a ocorrência de alguma forma de fraude*, que poderá ser consubstanciada em omissão de declaração, falsificação material ou ideológica, a utilização de documentos material ou ideologicamente falsos, simulação, entre outros meios. (g.n.) [64]

---

[62] DECOMAIN, Pedro Roberto. *Crimes contra a ordem tributária*. 5. ed. rev. atual. e ampl. Belo Horizonte: Fórum, 2010, p. 79; e PAULSEN, Leandro. *Crimes federais*. 2. ed. São Paulo: Saraiva Educação, 2018, p. 362. Na jurisprudência, equiparando o crime do art. 1º, I a IV, da Lei nº 8.137/1990 ao crime de sonegação fiscal, ver: BRASIL. Supremo Tribunal Federal. Segunda Turma. Habeas Corpus nº 84.965/MG, Relator: Min. Gilmar Mendes. Julgamento em 13/12/2011. D.J.e. 11/04/2012. Há, em sentido contrário, quem identifique o crime de sonegação fiscal: (i) com os artigos 1º e 2º da Lei nº 8.137/1990, já que ambos os tipos delitivos pressuporiam a fraude fiscal e tutelariam os mesmos bens jurídicos (RUIVO, Marcelo Almeida. Os crimes de sonegação fiscal (arts. 1º e 2º da Lei 8.137/1990): bem jurídico, técnica de tutela e elementos objetivos. *Revista Brasileira de Ciências Criminais*, vol. 160, out./2019, p. 57-84; e BRASIL. Supremo Tribunal Federal. Tribunal Pleno. *Habeas Corpus* nº 81.611/DF. Relator: Min. Sepúlveda Pertence. Julgamento em 10/12/2003. D.J. 13/05/2005. Voto do Min. Carlos Velloso, p. 207) ou (ii) com o tipo do art. 2º, I, da Lei nº 8.137/1990, isoladamente (EISELE, Andreas. *Crimes contra a ordem tributária*. 2. ed. São Paulo: Dialética, 2002, p. 169) ou conjuntamente com o art. 1º, I (REBOUÇAS, Sérgio Bruno Araújo. Supressão fraudulenta de tributo ou inadimplemento fraudulento da obrigação tributária? Sobre a real diferença entre os crimes contra a ordem tributária do artigo 1º e do artigo 2º da Lei nº 8.137/1990. *Revista de Estudos Criminais*, Porto Alegre, v. 19, n. 76, p. 79-98, 2020, p. 82; o autor, todavia, ressalta que "as antigas formas típicas de *sonegação fiscal*, objeto do art. 1º da Lei nº 4.729/1965, mais se aproximam daquelas atualmente definidas no art. 2º da Lei nº 8.137/1990").

[63] A teoria do engano sustenta ser necessário o emprego de *fraude ou engano* para que a infração seja tipificada como crime tributário, contrapondo-se à visão de que o delito fiscal é uma mera *infração de dever*. Cf. BITENCOURT, Cezar Roberto; MONTEIRO, Luciana de Oliveira, *op. cit.*, p. 110-113.

[64] BRASIL. Superior Tribunal de Justiça. Quinta Turma. Recurso Ordinário em *Habeas Corpus* nº 86.565/SP, Relator: Min. Ribeiro Dantas. Julgamento em 21/02/2019. D.J.e. 01/03/2019.

Também o voto proferido pelo Min. Luís Roberto Barroso no RHC nº 163.334/SC[65] deixa claro que, se na sonegação fiscal a reprovabilidade se extrai da prática de fraude, na apropriação indébita tributária a censurabilidade decorre do apoderamento, pelo agente, de algo que não lhe pertence, conquanto este não empregue métodos fraudulentos.[66]

Ressalte-se, ainda, que a sonegação fiscal assume significação também na esfera extrapenal,[67] uma vez que atua como fator de imposição ou majoração de sanções pecuniárias, como no caso da multa qualificada por lançamento de ofício aplicável pelo Fisco federal com base nos artigos 44, §1º, da Lei nº 9.430/1996 e 71 da Lei nº 4.502/1964.[68]

Em síntese, o devedor contumaz pode se enquadrar em três cenários diversos. No primeiro, a aplicação da sanção em resposta ao inadimplemento contumaz ocorre estritamente no âmbito administrativo-tributário, ante a atipicidade da conduta na esfera criminal. No segundo, caso o inadimplemento contumaz envolva o ICMS declarado e "cobrado" do adquirente da mercadoria ou serviço e esteja presente o dolo de apropriação, o devedor incidirá no tipo penal do art. 2º, II, da Lei nº 8.137/1990, praticando também o crime de apropriação indébita tributária, conforme a tese firmada pelo STF no julgamento do RHC nº 163.334/SC. No terceiro cenário, é possível que a inadimplência sistemática se faça acompanhar, em sua origem, de fraude fiscal e,

---

[65] BRASIL. Supremo Tribunal Federal. Tribunal Pleno. Recurso Ordinário em *Habeas Corpus* nº 163.334/SC. Relator: Min. Roberto Barroso. Julgamento em 18/12/2019. D.J.e. de 13/11/2020, p. 21.

[66] Com uma visão crítica a essa orientação, Bruno Tadeu Buonicore, Gilmar Mendes, Juliana Queiroz Ribeiro e Tarsila Ribeiro Marques Fernandes defendem a necessidade da presença de "uma vontade de apropriação fraudulenta dos valores do fisco" para caracterização do elemento subjetivo especial do tipo do art. 2º, II, da Lei nº 8.137/1990, sob pena de o Direito Penal ser empregado como instrumento de coação para fins arrecadatórios. BUONICORE, Bruno Tadeu *et. al.* Reflexões sobre a criminalização do não recolhimento de ICMS declarado. *Revista Brasileira de Ciências Criminais*, vol. 167/2020, p. 129-147, Maio/2020.

[67] Carlos Augusto Daniel Neto ressalta a existência de dois sentidos autônomos para sonegação e fraude na seara penal e tributária: "(i) um técnico, em sentido estrito, pertencente ao Direito Tributário Material, constante na Lei nº 4.502/1964; e (ii) outro comum, em sentido lato, no âmbito do Direito Penal, conforme disposto na Lei nº 8.137/1990". DANIEL NETO, Carlos Augusto. A Assimetria Conceitual entre as Sanções Administrativas e Penais na Tributação Federal. *Revista Direito Tributário Atual*, nº 46, 2020 (versão digital).

[68] O mencionado dispositivo faz remissão aos artigos 71, 72 e 73 da Lei nº 4.502/1964, que tratam, respectivamente, da sonegação fiscal, da fraude e do conluio. Nesses casos, o percentual da multa será duplicado, independentemente de outras sanções administrativas ou penais cabíveis. Segundo dispõe o art. 71 da Lei nº 4.502/64, "Sonegação é tôda ação ou omissão dolosa tendente a impedir ou retardar, total ou parcialmente, o conhecimento por parte da autoridade fazendária: I – da ocorrência do fato gerador da obrigação tributária principal, sua natureza ou circunstâncias materiais; II – das condições pessoais de contribuinte, suscetíveis de afetar a obrigação tributária principal ou o crédito tributário correspondente".

por isso, se ajuste a uma das hipóteses do crime de sonegação fiscal. Assim, o devedor contumaz não se equipara, ao menos em um juízo preliminar, ao sonegador.

Ressalte-se que semelhante prejuízo aos cofres públicos, à livre concorrência e à sociedade pode ser causado pelo descumprimento contumaz de obrigações tributárias, que, na ausência de fraude ou dolo, constitui apenas infração à legislação tributária, ou por condutas que configuram crime. A decisão por criminalizar ou não a infração tributária orienta-se por razões de política legislativa,[69] tendo por nortes a tutela da ordem tributária e o caráter fragmentário do Direito Penal.

2.1.5 Execução fiscal e medidas aplicáveis a devedores contumazes

A lei de execução fiscal (Lei nº 6.830/1980) buscou, à época de sua edição, garantir a agilização e a racionalização da cobrança da dívida ativa, retirando-a das amarras criadas pelo Código de Processo Civil de 1973.[70]

Ao longo dos anos, contudo, a execução fiscal, como meio definido legalmente para a cobrança do crédito fiscal, vem demonstrando sinais de desgaste e de incapacidade para promover a efetividade do direito a que serve. Uma dessas situações toma como pano de fundo o não pagamento de tributos por sociedades empresárias como forma de diminuição dos custos de seu empreendimento. O sistema de cobrança do crédito tributário não consegue dar respostas eficientes a fim de coibir tal prática, uma vez que os processos de autuação, impugnação administrativa e ajuizamento da execução fiscal podem durar anos, e, acrescida de multa e juros, a dívida se torna de difícil recuperação. Diante disso, em diversas ocasiões o devedor pondera as consequências decorrentes do não pagamento do crédito e os ganhos auferidos pelo investimento do valor, optando pela segunda via, já que a ameaça da execução fiscal não se mostra forte o suficiente.

---

[69] PÉREZ DE AYALA, Jose Luis; GONZALEZ, Eusebio. *Curso de derecho tributario*. Tomo I. 2. ed. Madrid: Editoriales de Derecho Reunidas S/A, 1978, p. 342. Os autores lecionam que nos ilícitos tributário e penal a sanção cumpre idênticas funções: de intimidação (prevenção geral) e repressão (prevenção especial).

[70] Nesse sentido, destaca-se o voto do Min. Rel. Mauro Campbell Marques no REsp 1.272.827/PE (BRASIL. Superior Tribunal de Justiça. Primeira Seção. Recurso Especial nº 1.272.827/PE, Relator: Min. Mauro Campbell Marques. Julgamento em 22/05/2013. D.J.e. 31/05/2013), o qual analisou os requisitos para concessão de efeito suspensivo aos embargos à execução fiscal e traçou um histórico das regras regentes da execução fiscal.

A experiência de quem atua na cobrança do crédito tributário demonstra isso. No Estado do Rio de Janeiro, a título de exemplo, a Procuradoria Geral do Estado detectou empresa com atuação no ramo farmacêutico cujos débitos tributários inscritos em dívida ativa totalizavam dezenas de milhões de reais, apesar de a pessoa jurídica exercer suas atividades de forma regular e superavitária.[71] A empresa não contestava o débito, mas também não apresentava garantias, contando com a ineficiência do Executivo e do Judiciário como tática de atuação no mercado. A constatação se repete em outros entes. No Distrito Federal, por exemplo, há notícia de devedores que não pagam ICMS há mais de cinco anos e, não obstante, anunciam na televisão, abrem filiais e exercem regularmente suas atividades, demonstrando que o não pagamento do imposto é estratégia empresarial intencional.[72]

Esse padrão comportamental repercute em três frentes bastante caras à sociedade:[73] distorce o ambiente concorrencial; priva o Estado de recursos reconhecidos pelo próprio contribuinte, destinados à manutenção de serviços públicos e à realização de investimentos que interferem na qualidade do ambiente negocial do país e seus indicadores econômicos; e gera impactos para os contribuintes regulares, especialmente por meio do incremento da carga tributária como forma de compensar perdas advindas da inadimplência, o qual tende a aumentar a regressividade do sistema tributário, na contramão da função redistributiva dos tributos.[74]

---

[71] Tribunal de Justiça do Estado do Rio de Janeiro. Processo sob segredo de justiça.
[72] CAVALCANTI, Eduardo Muniz Machado. OLIVEIRA, Luciana Marques Vieira da Silva. Devedor contumaz, uma realidade no direito tributário brasileiro. *Revista dos Tribunais*, v. 105, nº 974, p. 417-430, dez. 2016. Disponível em: https://revistadostribunais.com.br/. Acesso em: 18 nov. 2019, p. 3 (versão digital).
[73] ASSOCIAÇÃO DOS JUÍZES FEDERAIS DO BRASIL (AJUFE). Arrazoado Técnico. *Devedor contumaz*: apontamentos acerca do Projeto de Lei nº 1.646/2019. Disponível em: http://ajufe.org.br/images/pdf/AJUFE_ARRAZOADO_TECNICO_DEVEDOR_CONTUMAZ.pdf. Acesso em: 15 dez. 2019, p. 6.
[74] Reuven S. Avi-Yonah ressalta a existência de três funções principais da tributação: a primeira – e mais óbvia – diz respeito à arrecadação de recursos para a manutenção do Estado; a segunda, redistributiva, objetiva a redução de desigualdades de renda e riqueza inerentes ao funcionamento de economias baseadas no mercado; e, por fim, a terceira, de cunho regulatório, visa a dirigir a atuação dos particulares na direção desejada pelo Estado. A reflexão sobre a função redistributiva do tributo proposta pelo autor ocorre no bojo da discussão sobre eventual superioridade do consumo em comparação à renda como base da tributação, levando em conta os fatores eficiência, equidade e gestão. AVI-YONAH, Reuven S. The Three Goals of Taxation. *Tax L. Rev.* 60, nº 1 (2006): 1-28. Disponível em: https://repository.law.umich.edu/articles/40/. Acesso em: 29 abr. 2020.

Como remédio para essa ineficiência, diversos entes estaduais criaram regimes especiais de fiscalização a fim de aumentar os controles administrativos sobre devedores contumazes e atuar de forma preventiva e repressiva à formação de dívidas impagáveis. Tais regimes se propõem a canalizar esforços de fiscalização em sujeitos passivos que adotam práticas de descumprimento reiterado e injustificado de suas obrigações e que, portanto, apresentam alto grau de risco para o Fisco e para a construção de um cenário de *fair play* no mercado. Além disso, alguns atos normativos preveem outras medidas de natureza sancionadora, a exemplo da cassação da inscrição fiscal e de habilitações do sujeito passivo e do impedimento à fruição de benefícios fiscais.

A seguir, analisaremos a compatibilidade em tese de tratamentos diferenciados dirigidos a devedores contumazes com o princípio da igualdade tributária, bem como examinaremos de que forma o princípio da livre concorrência atua como diretriz no combate a esse padrão comportamental, que, não obstante nocivo para o sistema tributário, foi por algum tempo negligenciado.

2.2 O princípio da igualdade tributária e o devedor contumaz

2.2.1 Igualdade tributária

O princípio da isonomia possui duas vertentes distintas: a formal e a material. A primeira, destinada ao legislador e ao aplicador do direito, expressa a igualdade perante a lei e na aplicação da lei, estabelecendo uma proibição de tratamento diferenciado para aqueles que se encontram em uma *mesma situação*. Em sua acepção material, expressa a ideia de igualdade na lei, proibindo *desequiparações arbitrárias* e exigindo, por conseguinte, critérios razoáveis e justos para tratamentos desiguais.[75]

Exemplo de regra violadora da igualdade em sentido material é a Lei Complementar nº 358/2009 do Estado do Mato Grosso, julgada inconstitucional pelo STF, que concedia isenção de ICMS na compra de veículos automotores por oficiais de justiça. A lei conferia tratamento idêntico aos servidores enquadrados na *referida categoria*, discriminando, todavia, os demais profissionais em razão da ocupação profissional,

---

[75] SARLET, Ingo Wolfgang; SARLET, Gabrielle Bezerra Sales. Igualdade como proibição de discriminação e direito à (e dever de) inclusão: o acesso ao ensino superior e a regulamentação do Estatuto Brasileiro das Pessoas com Deficiência. *Revista de Direito Público*, v. 14, nº 78, nov-dez/2017, p. 203-206.

"sem qualquer base axiológica no postulado da razoabilidade", como destacado pelo Relator.[76]

Além de proibir desequiparações injustificadas, a igualdade material assegura a eliminação, pelo Estado, de desigualdades artificialmente criadas pela sociedade. Traduz-se, assim, na igualdade por meio da lei. A lei deve atuar como instrumento originador de igualdade no campo social, político e econômico necessária à formação de relações justas e equilibradas entre as pessoas.[77] É exemplo da eficácia material da igualdade a assistência jurídica integral e gratuita dirigida aos hipossuficientes (art. 5º, LXXIV, da Constituição).

O princípio da igualdade é explicitado no preâmbulo e enumerado no art. 3º, I, da Constituição como objetivo fundamental da República. No art. 5º, *caput*, a igualdade de todos perante a lei figura como garantia fundamental dos indivíduos. Além disso, a igualdade se materializa por meio de diversas outras normas constitucionais, como aquelas extraídas dos artigos 7º, XXX, 153, §2º, I, 151, I e II.

No campo do Direito Tributário, o princípio da igualdade assume dupla significação,[78] tendo como principal expressão, por um lado, os princípios da generalidade e da universalidade[79] e, de outro, o princípio da capacidade contributiva.[80]

---

[76] BRASIL. Supremo Tribunal Federal. Tribunal Pleno. Ação Direta de Inconstitucionalidade nº 4.276/MT. Relator: Min. Luiz Fux. Julgamento em 20/08/2014. D.J.e. 18/09/2014.

[77] ROCHA, Carmen Lucia Antunes. *O princípio constitucional da igualdade*. Belo Horizonte: Editora Jurídicos Lê, 1990, p. 39.

[78] LEJEUNE VALCÁRCEL, Ernesto. O princípio da igualdade. *In: Princípios e limites da tributação 2 – Os princípios da ordem econômica e a tributação*. FERRAZ, Roberto Catalano Botelho (coord.). São Paulo: Quartier Latin, 2009, p. 258.

[79] Como ensina Misabel Abreu Machado Derzi, "A Constituição de 1988, ao consagrar princípios como os da generalidade e da universalidade (por força da qual as distintas manifestações de riqueza devem ser tributadas, como dispõe o art. 153, §2º, I), erradica favores e privilégios, conferidos a pessoa em razão do exercício de cargos ou funções, e abole o tratamento desigual mais gravoso para uns do que para outros, a serviço de um conceito de democracia mais concreto, mais completo, que arma de defesa a minoria político-econômica – que pode corresponder à maior parcela da sociedade – frente à decisão de uma elite economicamente dominante". DERZI, Misabel Abreu Machado. *In:* BALEEIRO, Aliomar. *Limitações constitucionais ao poder de tributar, op. cit.*, p. 864.

[80] Regina Helena Costa esclarece que a evolução do princípio da capacidade contributiva e a sua relação com o princípio da igualdade passa por dois períodos: "o do seu apogeu, quando a noção de capacidade contributiva absorve por completo o princípio da igualdade; e o da crise dessa concepção, com o abandono da ideia de que a capacidade contributiva representa o conteúdo material do princípio da igualdade, para atribuir-se aos dois princípios funções distintas". Conforme ressalta a autora, a capacidade contributiva deriva do princípio mais geral da igualdade. COSTA, Regina Helena. *Princípio da capacidade contributiva*. São Paulo, Malheiros, 1993, p. 18-39.

A principal fonte de critérios discriminatórios está no princípio da capacidade contributiva, positivado no art. 145, §1º, e conectado à noção de justiça fiscal.[81] A Declaração dos Direitos do Homem e do Cidadão, de 1789, a qual projetou o princípio da igualdade como pedra de toque do Estado Moderno,[82] previa, em seu art. 13, que a contribuição para manutenção da força pública e das despesas de administração deveria "ser dividida entre os cidadãos de acordo com suas possibilidades", trazendo em si a ideia de justiça fiscal, na linha do que já enunciava Adam Smith.[83]

Além da capacidade contributiva, objetivos extrafiscais podem justificar tratamento diverso aos contribuintes. Utiliza-se o tributo como instrumento não somente direcionado a arrecadar recursos, mas também vocacionado a corrigir desigualdades de fato e a alcançar os objetivos do Estado no campo econômico-social preconizados pela Constituição,[84] tais como aqueles previstos nos artigos 3º e 170. São exemplos disso os benefícios fiscais concedidos para fomentar o desenvolvimento nacional e a geração de empregos e os tributos ambientais.

Desse modo, o princípio da igualdade é mais amplo do que o princípio da capacidade contributiva, pois se aplica também às normas tributárias que têm por finalidade primária a alteração de comportamentos. Portanto, o princípio da igualdade pode obrigar a adoção de comportamentos variados sem vinculação, ao menos total, com a capacidade contributiva.[85]

Fixadas essas premissas, é necessário indagar, para os fins propostos no presente trabalho, a extensão do princípio da igualdade tributária e qual o critério apto a desigualar sujeitos passivos, a fim de

---

[81] A capacidade contributiva, como emanação da justiça fiscal, é, além de pressuposto da tributação, critério de graduação e limite do tributo. Cf. OLIVEIRA, José Marcos Domingues de. *Direito tributário*: capacidade contributiva. 2. ed. rev. e atual. Rio de Janeiro: Renovar, 1998, p. 57.

[82] Embora o princípio já constasse da Constituição de Virgínia e da Pensilvânia, ambas de 1776. Cf. ROCHA, Carmen Lucia Antunes, *op. cit.*, p. 31-33.

[83] Em 1767, Adam Smith expressou a ideia de que os administrados deveriam contribuir para o sustento do Estado na proporção de suas respectivas capacidades. GIULIANI FONROUGE, Carlos M. *Derecho financiero*. Vol. I. 5. ed. Buenos Aires: Depalma, 1993, p. 337.

[84] LEJEUNE VALCÁRCEL, Ernesto, *op. cit.*, p. 272-277.

[85] Para Herrera Molina, a harmonização entre capacidade contributiva e extrafiscalidade passa por entender que a finalidade extrafiscal pressupõe uma restrição ao direito de contribuir com base na capacidade econômica. Demanda-se, dessa forma, a verificação da proporcionalidade da medida à luz do peso assumido pelos valores perseguidos pelo legislador e da lesão produzida à capacidade econômica do sujeito passivo. HERRERA MOLINA, Pedro Manuel. *Capacidad economica y sistema fiscal*. Madrid: Marcial Pons, 1998, p. 107.

analisar sua compatibilidade com os regimes jurídicos destinados a devedores contumazes.

2.2.2 Extensão da igualdade tributária: deveres instrumentais e sanções

Se, por um lado, a igualdade tributária incide sobre os vários aspectos do fato gerador, vedando distinções arbitrárias sob os vieses pessoal, material, temporal, espacial e quantitativo, não é tão clara, de outro, a incidência desses limites quanto às demais relações jurídicas instauradas entre Fisco e sujeito passivo à margem da obrigação de pagar tributo.

Ao redor da regra-matriz de incidência tributária gravitam as demais relações jurídicas que surgem da capacidade tributária ativa. Citem-se, por exemplo, as obrigações acessórias ou, para alguns, deveres instrumentais,[86] manifestadas pela imposição de obrigações de fazer, não fazer ou tolerar, bem como os procedimentos de fiscalização e arrecadação a cargo das autoridades administrativas.

A atividade de fiscalização é corolário do princípio da capacidade contributiva e deve respeitar os direitos individuais dos sujeitos passivos, conforme previsto no art. 145, §1º, da Constituição. Tal função decorre da capacidade tributária ativa[87] e mantém relação de harmonia,[88] e não de vinculação, com a competência tributária, já que subsiste mesmo na ausência de tributo devido, a exemplo da fiscalização sobre as operações de entidades imunes (artigos 122 e 194, parágrafo único, do CTN).

Também constituem decorrência lógica da capacidade tributária ativa as atividades de lançamento e cobrança do crédito tributário. Dispõe o CTN, em seus artigos 3º e 142, parágrafo único, que a atividade de lançamento ostenta caráter vinculado e obrigatório, sob pena de responsabilidade funcional do agente público. Essa natureza é compartilhada pela atividade de cobrança. As causas de dispensa de

---

[86] Paulo de Barros Carvalho, entre outros, critica a expressão obrigação acessória, já que os deveres instrumentais se despem dos requisitos da transitoriedade e patrimonialidade, naturais ao vínculo obrigacional. CARVALHO, Paulo de Barros, *op. cit.*, p. 325-327.

[87] Capacidade tributária, como ensina Geraldo Ataliba, é "a aptidão, ou melhor, a titularidade que a lei – já não é mais a Constituição – confere a certas pessoas, para serem sujeitos ativos de obrigações tributárias". ATALIBA, Geraldo, 1975, p. 17.

[88] SCHOUERI, Luís Eduardo. *Direito tributário*. 9. ed. São Paulo: Saraiva Educação, 2019, p. 910.

cobrança, a exemplo da remissão, são excepcionalmente definidas pelo legislador com fundamento na praticabilidade e na justiça e devem se guiar pelo princípio da igualdade em matéria de tributação.[89] São aqueles valores, por exemplo, que justificam o art. 172, III, do CTN, que prevê a remissão no caso de diminuta importância do crédito. Tais objetivos norteiam também a dispensa de ajuizamento de execuções fiscais para cobrança de valores ínfimos, amparada em um juízo de custo-benefício.

Para a concretização da capacidade contributiva no plano fático, é necessário que não sejam realizadas distinções infundadas também na atividade de fiscalização e cobrança do tributo, de forma que violações à igualdade tributária não sejam criadas, indiretamente, mediante dispensa arbitrária da execução das leis tributárias.[90] A igualdade impositiva, portanto, tem como seus componentes a igualdade da hipótese de incidência da mesma forma que a igualdade na execução do tributo, ou seja, na consequência fática da imposição.[91]

O STF já reputou aplicável o princípio da igualdade tributária para casos que transcendem a análise da regra-matriz de incidência tributária. No julgamento do RE nº 640.905/SP,[92] a Corte declarou a constitucionalidade de ato normativo federal que criava distinções para fins de adesão a parcelamento relativo à COFINS, excluindo os débitos tributários que houvessem sido objeto de depósito judicial. Retornar-se-á ao caso adiante, mas, ao que interessa agora, o princípio da igualdade foi analisado para aferir a validade de discriminações criadas em relação a meio de estímulo ao pagamento voluntário do crédito

---

[89] *Ibidem*, p. 698.
[90] TIPKE, Klaus. *Moral tributaria del Estado y de los contribuyentes*. Tradução: Pedro M. Herrera Molina. Madrid: Marcial Pons, 2002, p. 78-81.
[91] Conforme destacado pelo Min. Luis Roberto Barroso no julgamento do RE nº 601314/SP, ao examinar o alcance do sigilo bancário tratado na LC nº 105/2001: "Em última análise, essa dimensão instrumental *(nota: de instrumentos fiscalizatórios* à *disposição do Fisco)* decorre também do princípio da efetividade das normas constitucionais aplicado à justiça fiscal (art. 150, II, da CF/88), na medida em que busca impedir que entre a ocorrência do fato gerador e o efetivo pagamento das obrigações tributárias, essa ideia-força, que dá sustentação ao sistema tributário, seja corroída por práticas como a sonegação, a evasão e a fraude fiscal. *Mecanismos que confiram à Administração Tributária instrumentos eficazes de combate à fuga ilegítima da tributação potencializam a ideia de justiça fiscal e ajudam a impedir que o ônus do custeio do Estado fique desequilibrado, recaindo, essencialmente e de forma absolutamente iníqua, sobre aqueles contribuintes que cumprem de forma regular suas obrigações*" (grifos nossos). BRASIL. Supremo Tribunal Federal. Tribunal Pleno. Recurso Extraordinário nº 601.314/SP. Relator: Min. Edson Fachin. Julgamento em 24/02/2016. D.J.e. 16/09/2016. Voto do Min. Luis Roberto Barroso, p. 60.
[92] BRASIL. Supremo Tribunal Federal. Tribunal Pleno. Recurso Extraordinário (Repercussão Geral) nº 640.905/SP. Relator: Min. Luiz Fux. Julgamento em 15/12/2016. D.J.e. 01/02/2018.

tributário. Também no julgamento do RE 154.027/SP,[93] interpretando os artigos 5º, *caput*, e 150, I, da Constituição, o STF considerou que a previsão de maior número de prestações para contribuintes menos favorecidos financeiramente no âmbito de parcelamento estadual de IPVA não violava o princípio da igualdade tributária.

Dessa forma, a atividade de fiscalização e cobrança do crédito tributário está abarcada pela hipótese de incidência do art. 150, II, da Constituição.[94]

Na seara do Direito Tributário sancionador, também a igualdade deve ser observada, com fundamento direto seja no art. 150, II, da Constituição,[95] seja nos artigos 5º, *caput*, e 37, *caput*, da Constituição.[96] Com base em um ou outro fundamento constitucional, a igualdade pauta, necessariamente, a atuação do legislador e do Fisco na previsão e aplicação das sanções tributárias, vedando ao Poder Público a criação de distinções arbitrárias nesse campo.[97]

2.2.3 Critério de desequiparação de sujeitos passivos

Fixada a premissa da necessidade de observância da igualdade tributária após a prática do fato gerador e o surgimento da obrigação tributária, é necessário indagar qual critério legitima a criação de tratamentos jurídicos distintos entre sujeitos passivos.

Não há, aprioristicamente e em caráter definitivo, critério passível de ser erigido como diferenciador de sujeitos passivos, tampouco critério

---

[93] BRASIL. Supremo Tribunal Federal. Segunda Turma. Recurso Extraordinário nº 154.027/SP. Relator: Min. Carlos Velloso. Julgamento em 25/11/1997. D.J. 20/02/1998.

[94] Ainda que não se tratasse de corolário da igualdade tributária e da capacidade contributiva, a impossibilidade de se criarem distinções arbitrárias no campo fiscalizatório e na cobrança do crédito decorreria do princípio da impessoalidade (art. 37, *caput*, da Constituição), que norteia a atividade administrativa do Estado, na qual se insere a administração tributária.

[95] Luís Eduardo Schoueri defende que "todo o conjunto de garantias que permeiam o relacionamento entre Fisco e contribuinte, na matéria de instituição de tributos, deve aplicar-se às penalidades tributárias". Dessa forma, os limites constitucionais ao poder de tributar seriam aplicáveis, no que cabíveis, ao direito sancionador, constituindo o fundamento, por exemplo, para limitar a aplicação de multas confiscatórias. Essa conclusão alinha-se com a visão adotada pelo autor de que, no Direito Tributário, a base constitucional do ilícito administrativo é o *ius tributandi*, e não o *ius puniendi* estatal. SCHOUERI, Luís Eduard, *op. cit.*, p. 840-842 e 862.

[96] Para Gustavo Masina, o art. 150, II, da Constituição refere-se a "*contribuintes*", evidenciando a exclusão das sanções do âmbito de incidência do dispositivo. Sobre a discussão doutrinária acerca da aplicabilidade dos princípios constitucionais tributários às sanções, ver: MASINA, Gustavo. *Sanções tributárias*: definição e limites. São Paulo: Malheiros, 2016, p. 50-54.

[97] Nesse sentido: ANDRADE FILHO, Edmar Oliveira, *op. cit.*, p. 85-87; e PADILHA, Maria Ângela Lopes Paulino. *As sanções no direito tributário*. São Paulo: Noeses, 2015, p. 117-121.

de diferenciação que possa ser considerado sempre justo.⁹⁸ Até mesmo gênero, raça, cor, idade e religião podem, desde que motivadamente, configurar fator de discrímen, caso exista conexão direta entre a desequiparação e o interesse protegido socialmente, como ocorre nas leis que garantem cotas raciais. Como destacam Klaus Tipke e Joachim Lang, "a regra de igualdade é uma carta branca na medida em que não oferece o próprio critério de comparação".⁹⁹

Celso Antônio Bandeira de Mello,¹⁰⁰ em estudo dedicado ao princípio, destaca alguns parâmetros para a análise da compatibilidade de diferenciações legais com a igualdade. Dentre eles, ressalta corresponder o ponto nodular do referido exame à existência de correlação lógica entre o fator erigido como critério de discrímen e a desequiparação efetuada pelo legislador em função desse critério. Em outras palavras, deve haver pertinência lógica entre o critério de discrímen e a diferenciação dele resultante. Também é importante averiguar se o tratamento jurídico distinto resultante do discrímen estabelecido é consonante com os interesses protegidos constitucionalmente.

Para Humberto Ávila,¹⁰¹ a igualdade tributária se instrumentaliza por meio dos seguintes elementos: (i) dois ou mais sujeitos, já que a intersubjetividade é da essência da igualdade; (ii) medida de comparação entre sujeitos, baseada em diferenças factuais e reais, que sirva para atingir determinada finalidade eleita pelo legislador (por exemplo, no regime do "Simples", o porte da empresa); (iii) elemento indicativo ou *proxy* da medida de comparação (a exemplo da receita bruta anual no regime do "Simples", que indica o porte da empresa); e (iv) a finalidade da comparação, que deve encontrar suporte na Constituição (ainda no caso do "Simples", a proteção às empresas de pequeno porte, contida nos artigos 146, III, "d", 170, IX, e 179 da CRFB/88, como forma de mitigar desigualdades naturalmente existentes entre micro e pequenas empresas, de um lado, e as demais empresas, de outro).

Como forma de ilustrar a aplicação da igualdade de acordo com os critérios expostos, analisaremos o RE nº 640.905/SP, em que o STF, por maioria, declarou a constitucionalidade, à luz do princípio da isonomia, do art. 4º da Portaria MF nº 655/1993, que excluía da adesão

---

[98] ROCHA, Cármen Lúcia Antunes, *op. cit.*, p. 45.
[99] TIPKE, Klaus; LANG, Joachim. *Direito tributário (Steuerrecht)*. Tradução da 18. ed. alemã por Luiz Dória Furquim. Vol. I. Porto Alegre: Sergio Antonio Fabris Editor, 2008, p. 195.
[100] MELLO, Celso Antônio Bandeira de. *O conteúdo jurídico da igualdade*. 3. ed. São Paulo: Ed. Malheiros, 2009, p. 37-44.
[101] ÁVILA, Humberto. *Teoria da igualdade tributária*. 3. ed. São Paulo: Ed. Malheiros, 2015, p. 46-52.

a parcelamento ordinário os débitos relativos à COFINS que haviam sido objeto de depósito judicial.[102]

O STF, no julgamento, pontuou que a *finalidade* da disciplina seria estimular o cumprimento voluntário da obrigação tributária, ao permitir a regularização dos contribuintes com débitos em aberto por meio da adesão a parcelamento em até 80 (oitenta) meses. Até o julgamento da ADC nº 01/DF, na qual o STF afirmara a constitucionalidade da COFINS, o tema vinha sendo alvo de intenso debate na jurisprudência. Assentada a constitucionalidade do tributo, a Fazenda Nacional optou por privilegiar a solução da questão em âmbito administrativo, viabilizando aos contribuintes, exceto àqueles que optaram pelo depósito do valor em juízo, o parcelamento do débito.

A *medida de comparação* utilizada pelo legislador correspondeu, desse modo, à existência ou não de depósito judicial dos débitos relativos à COFINS.

Por sua vez, a *correlação* da medida de comparação com a finalidade considerou que, nos casos em que o contribuinte optara por discutir a validade da imposição tributária, obtendo a suspensão da exigibilidade do crédito por meio de depósito judicial, não haveria a possibilidade de cumprimento *voluntário* da obrigação. A partir do momento em que o devedor opta pelo depósito, estabelece-se uma nova relação de natureza processual, que é dúplice, servindo de garantia ao Fisco, caso vencedor da demanda, e ao contribuinte, ao: (i) impedir a prática de atos de cobrança; (ii) permitir que ele permaneça em situação de regularidade fiscal; (iii) obstar a fluência de juros, encargos e imposição de multa; e (iv) garantir o imediato levantamento do valor, caso vitorioso. Além disso, o depósito judicial, uma vez efetuado, permanece indisponível, ou seja, não fica ao arbítrio do depositante levantá-lo.

Por fim, a finalidade eleita pelo legislador, conforme destacado pelo STF, estaria em consonância com os interesses protegidos pela Constituição, pois prestigiaria a *racionalização* na cobrança do crédito público, consubstanciada na preferência à resolução do conflito pela via extrajudicial.

---

[102] BRASIL. Supremo Tribunal Federal. Tribunal Pleno. Recurso Extraordinário nº 640.905/SP. Relator: Min. Luiz Fux. Julgamento em 15/12/2016. D.J.e. de 01/02/2018. Na ocasião, a Corte reformou decisão do Tribunal de origem que declarara arbitrária a distinção operada pela Portaria nº MF 655/1993 por violação aos princípios da isonomia e da universalidade da jurisdição.

Na visão da Corte, portanto, a exclusão dos créditos objeto de depósito judicial seria legítima e estaria conectada com a finalidade da regra, que guarda assento constitucional.

O julgamento ilustra bem o raciocínio subjacente à aplicação do princípio da igualdade, embora não seja imune a críticas.[103]

2.2.4 A igualdade tributária e o devedor contumaz

A legislação dos entes estaduais, que será objeto de análise detalhada no capítulo seguinte, prevê um regime próprio e mais rígido de deveres exigíveis de sujeitos passivos enquadrados como devedores contumazes, a exemplo da imposição de tolerar fiscalização ininterrupta no estabelecimento fiscal e da alteração na forma de pagamento do ICMS.

Definida a aplicação da igualdade tributária no campo dos deveres instrumentais e do Direito Tributário sancionador, indaga-se se os atos normativos que se propõem a tratar de modo diferenciado o devedor contumaz observam o mencionado princípio.

2.2.4.1 Finalidades

No caso, qual a finalidade que justifica a instituição de tratamento mais rígido para devedores contumazes? Essa finalidade encontra fundamento constitucional?

A disciplina do devedor contumaz insere-se em um contexto normativo e fático e se ampara axiologicamente em princípios constitucionais.

Com base nessa premissa, e tendo em vista a existência de um considerável grau de identidade entre a finalidade das diversas

---

[103] O voto vencido de lavra do Min. Edson Fachin, que instaurou a divergência, reputou afrontado o art. 150, II, da Constituição pelo ato normativo em discussão, considerando inexistir correlação lógica entre a medida de comparação e a finalidade da norma ("O fato de um ter depositado, e outro não, diz respeito a uma situação material e concreta que não os retira – como disse, no meu modo de ver, acertadamente, a decisão recorrida – do mesmo quadro da situação jurídica atinente àquela exação"). Consignou, ainda, que o depósito visa à obtenção da suspensão da exigibilidade do crédito em razão de legítima discussão judicial, motivo pelo qual a discriminação promovida pela norma violaria o art. 5º, XXXV, da Constituição, que trata do acesso à jurisdição ("Porque, à medida que essa portaria diz 'não parcela quem vai a juízo', o que ela está a dizer é, a rigor, na direção de um limite do acesso à jurisdição"). BRASIL. Supremo Tribunal Federal. Tribunal Pleno. Recurso Extraordinário nº 640.905/SP. Relator: Min. Luiz Fux. Julgamento em 15/12/2016. D.J.e. de 01/02/2018, p. 30/32 do acórdão. Restaram vencidos também os Ministros Rosa Weber, Ricardo Lewandowski, Gilmar Mendes e Marco Aurélio.

leis estaduais sobre o tema, analisar-se-á, por amostragem, a Lei nº 13.711/2011 do Estado do Rio Grande do Sul, precursora da definição objetiva do conceito de devedor contumaz entre os Estados, centrando-se no argumento teleológico empregado pelo Tribunal de Justiça daquele Estado ao referido ato normativo e no contexto de sua concepção, todos elementos que, em conjunto, auxiliam a constatação da finalidade da norma.

O Tribunal de Justiça do Estado do Rio Grande do Sul,[104] ao cotejar as medidas previstas na Lei nº 13.711/2011 com a jurisprudência do STF sobre sanções políticas, declarou sua constitucionalidade e explicitou as finalidades do texto legal: (i) desestimular a inadimplência contumaz, tornando-a menos vantajosa; (ii) impedir o acúmulo de débitos tributários pelo contribuinte submetido ao regime especial de fiscalização; e (iii) recompor o equilíbrio econômico do mercado, ao colocar todos os concorrentes em igualdade de condições.

Apesar de relevante controvérsia quanto ao valor dos trabalhos preparatórios para a formulação de argumentos teleológicos,[105] é importante registrar, com objetivo de mero reforço, que as finalidades explicitadas pela Corte estadual coincidem com aquelas mencionadas na exposição de motivos da Lei nº 13.711/2011, a saber, a redução da inadimplência e a indução a um ambiente concorrencial mais saudável mediante o combate a práticas evasivas.[106]

Frise-se, por fim, o contexto em que a norma foi concebida. O STF sinalizara, no julgamento da AC nº 1.657/RJ e do RE nº 550.769/RJ,[107] que a inadimplência contumaz e injustificada se traduz em estratégia empresarial de concorrência desleal, introduzindo um objetivo de prevenção de distúrbios concorrenciais por meio do combate à evasão fiscal. Vislumbra-se também uma crescente organização dos atores

---

[104] BRASIL. Tribunal de Justiça do Estado do Rio Grande do Sul. Tribunal Pleno. Incidente de Arguição de Inconstitucionalidade nº 70048229124.

[105] Sobre o ponto, ver MACCORMICK, Neil. *Rhetoric and the rule of law: a theory of legal reasoning*. Oxford: Oxford University Press, 2005, p. 132-137; e GUASTINI, Riccardo. *Interpretar e argumentar*. Belo Horizonte: Editora D'Plácido, 2020, p. 243-247.

[106] Nesse sentido, ver o Projeto de Lei nº 42/2011, que deu origem à Lei estadual nº 13.711/2011.

[107] BRASIL. Supremo Tribunal Federal. Tribunal Pleno. Medida Cautelar em Ação Cautelar nº 1.657/RJ. Relator: Min. Joaquim Barbosa. Relator para acórdão: Min. Cezar Peluso. Julgamento em 27/06/2007. D.J.e. 31/08/2007; e BRASIL. Supremo Tribunal Federal. Tribunal Pleno. Recurso Extraordinário nº 550.769/RJ. Relator: Min. Joaquim Barbosa. Julgamento em 22/05/2013. D.J.e. de 03/04/2014.

econômicos no desmonte de agentes caracterizados como devedores contumazes, por razões de natureza concorrencial.[108] Essas observações apontam como finalidade das medidas especiais destinadas a devedores contumazes a prevenção e desestímulo a condutas violadoras do sistema tributário e da justiça fiscal e, ao lado disso, a proteção da lealdade na concorrência.[109]

Para fins didáticos, esses objetivos podem ser reunidos em três grupos: (i) o combate a práticas danosas à ordem jurídica tributária; (ii) a cobrança eficiente de créditos tributários pelo Fisco; e (iii) a valorização da concorrência leal entre os *players* do mercado.

Esses fins encontram proteção constitucional, como visto, no princípio da capacidade contributiva (art. 145, §1º), bem como na utilização dos tributos como forma de prevenção a desequilíbrios de concorrência (art. 146-A), na proteção à livre concorrência (art. 170, IV) e no princípio da eficiência (art. 37, *caput*). Conforme ressaltado pelo Min. Cezar Peluso no voto proferido no julgamento da AC 1.657-MC/RJ, a inadimplência contumaz, especialmente em mercados concentrados, representa "tentativa de fraude ao princípio da igualdade e de fuga ao imperativo de que a generalidade dos contribuintes deva pagar tributos",[110] causando danos à concorrência, ao consumidor, ao erário e à sociedade.

2.2.4.2 Medida de comparação e elemento indicativo

A medida de comparação em regra empregada nas disciplinas sob exame consiste no *grau de aderência às obrigações tributárias*, fator que, por meio da avaliação da situação fiscal dos sujeitos passivos, permite identificar os devedores contumazes.

---

[108] Destaca-se, por todos, o desempenho do ETCO (Instituto Brasileiro de Ética Concorrencial) no combate ao devedor contumaz, inclusive recorrendo como terceiro prejudicado de sentença desfavorável à União proferida pelo Tribunal *a quo* no caso originário do RE nº 550.769/RJ. Sobre a atuação da entidade: INSTITUTO BRASILEIRO DE ÉTICA CONCORRENCIAL. *A luta contra o devedor contumaz de tributos*, 2015. Disponível em: https://www.etco.org.br/projetos/a-luta-contra-o-devedor-contumaz-de-tributos/. Acesso em: 5 jul. 2020.

[109] A referência à concorrência desleal neste trabalho desvincula-se do significado imputado à expressão pela Lei federal nº 9.279/1996, a qual disciplina direitos e obrigações relativos à propriedade industrial e regulamenta os crimes de concorrência desleal em seu art. 195, relacionados ao escopo do ato normativo.

[110] BRASIL. Supremo Tribunal Federal. Tribunal Pleno. Medida Cautelar em Ação Cautelar nº 1.657/RJ. Relator: Min. Joaquim Barbosa. Relator para acórdão: Min. Cezar Peluso. Julgamento em 27/06/2007. D.J.e. 31/08/2007, p. 283.

Sujeitos passivos que cumprem suas obrigações tributárias regularmente e sem a utilização de subterfúgios se diferenciam daqueles que agem em sentido oposto e, portanto, ao legislador é dado criar regimes díspares de deveres instrumentais, métodos de cobrança e sanções para devedores contumazes, atuando mais rigorosamente em relação a estes.

O elemento indicativo ou *proxy* da medida de comparação varia de acordo com a legislação dos entes, como será analisado no item 3.3.3.1. Contudo, podemos agrupá-los em dois conjuntos: de um lado, critérios *gerais*, correspondentes ao valor reconhecidamente devido e não pago pelo sujeito passivo e ao tempo pelo qual se deixou de cumprir as obrigações tributárias; de outro, critérios *específicos*, consistentes na prática de atos fraudulentos, a exemplo da ocultação patrimonial por meio de interposta pessoa.

Os dois conjuntos de critérios – gerais e específicos – correlacionam-se com a medida de comparação adotada. O contribuinte que, por período significativo, deixa de pagar valor substancial por ele reconhecido como devido se afasta da conformidade esperada pelo Fisco e, principalmente, pelo Estado de Direito, já que o descumprimento contumaz da lei representa uma subversão da ordem jurídica, salvo, por certo, se justificado, ou seja, se legitimamente contestada a imposição pelo contribuinte. Também a prática reiterada de atos fraudulentos por segmento de sujeitos passivos equivale à recusa de cumprimento de deveres tributários perante o Fisco e, assim, está apta a caracterizar a contumácia.

Entretanto, é necessário ressaltar, desde já, que há evidente disparidade entre os critérios gerais adotados pelas legislações estaduais que tratam do tema, o que compromete eventual conclusão no sentido da total observância do princípio da igualdade. Sujeitos passivos em situação fiscal idêntica se deparam com parâmetros distintos de enquadramento como devedor contumaz, a depender do Estado em que atuam. Essa discrepância deve ser mitigada com a edição de norma geral sobre o tema.[111]

2.2.4.3 Relação entre a medida de comparação e as finalidades propostas

A seu turno, o grau de aderência às obrigações tributárias, medida de comparação adotada para distinguir o devedor contumaz dos demais

---

[111] Conforme item 2.3.3.6.

sujeitos passivos, guarda relação fundada e conjugada com as finalidades anteriormente expostas. A busca pela conformidade fiscal demanda postura mais rígida para aquele que, deliberada e reiteradamente, não cumpre suas obrigações. Do mesmo modo, a cobrança eficiente de créditos tributários pelo Fisco impõe atuação preventiva por meio de maior rigor na fiscalização e na imposição de sanções em relação a tais devedores, a fim de desestimular o acúmulo de valores irrecuperáveis.

Há quem entenda que o critério da relevância arrecadatória, que leva grandes empresas a se submeterem a contínuas e severas inspeções, não se afigura legítimo como fator exclusivo de discrímen, tendo em vista que a obrigação de financiar os gastos públicos é de todos, inclusive das pequenas e médias empresas, à luz do princípio da capacidade contributiva.[112] Não é esse o caso, contudo. O critério do potencial arrecadatório não é considerado, ao menos de forma exclusiva, para impor regimes mais rígidos ao devedor contumaz. A inadimplência substancial e reiterada, definida mediante uma *conjugação de critérios*, inclusive o quantitativo, é conduta que, longe de preservar, fere a capacidade contributiva e o ideal de justiça fiscal.[113]

Por sua vez, o grau de aderência às obrigações tributárias correlaciona-se com a valorização da concorrência leal entre os *players* do mercado, considerando que aqueles que não pagam seus tributos conseguem, via de regra, oferecer preços mais favoráveis ou obter lucros extraordinariamente elevados e, por esse motivo, galgar vantagens concorrenciais.[114] O tópico foi abordado pelo STF no julgamento do RE nº 627.543/RS, no qual a Corte, ao mesmo tempo em que reafirmou a constitucionalidade do Simples Nacional à luz do princípio da isonomia tributária, reputou válida a exigência de regularidade fiscal para acesso ao regime, prevista no art. 17, V, da LC nº 123/2006, assim entendida a existência de créditos constituídos sem exigibilidade

---

[112] VELLOSO, Andrei Pitten. *O princípio da isonomia tributária:* da teoria da igualdade ao controle das desigualdades impositivas. Porto Alegre: Livraria do Advogado Editora, 2010, p. 231.

[113] Nesse sentido, Joachim Englisch, ao tratar das sanções tributárias no ordenamento alemão, ressalta que a justiça tributária, como emanação da justiça distributiva, guarda íntima conexão com o cumprimento das obrigações tributárias, meio pelo qual se assegura *"la igualdad en la aplicación y ejecución de las leyes tributarias"* ("a igualdade na aplicação e execução das leis tributárias", em tradução livre). ENGLISCH, Joachim. Infracciones y Sanciones Tributarias Administrativas y sus Implicaciones Constitucionales em Alemania. *In: Grandes temas do direito tributário sancionador.* COIMBRA SILVA, Paulo Roberto (coord.). São Paulo: Quartier Latin, 2010, p. 244.

[114] Celso Antônio Bandeira de Mello já mencionava, antes da edição do art. 146-A da Constituição, a possibilidade de utilização do princípio da livre concorrência como valor constitucionalmente prestigiado para desequiparar contribuintes. MELLO, Celso Antônio Bandeira de, *op. cit.*, p. 43.

suspensa. Segundo o acórdão, eventual previsão do legislador em sentido contrário implicaria beneficiar contribuintes inadimplentes, que, então, "participariam do mercado com uma vantagem competitiva em relação àqueles que cumprem pontualmente com suas obrigações".[115] O STF conectou, como se vê, a aderência às obrigações tributárias e o princípio da livre concorrência, como fez em outras oportunidades, a exemplo do julgamento da AC nº 1.657/RJ e do RE nº 550.769/RJ, objeto de análise específica no item 2.3.

2.2.4.4 Síntese

Os regimes instituídos pelo Fisco para inibir a prática do inadimplemento reiterado, substancial e injustificado de obrigações tributárias atendem ao princípio da igualdade tributária, ao menos parcialmente, já que, como será visto, verifica-se nítida disparidade na disciplina dos critérios de enquadramento do devedor contumaz pelos diversos entes estaduais.

O critério de discrímen – grau de aderência às obrigações tributárias – guarda relação de pertinência com seus elementos indicativos, de natureza geral e específica, e com as finalidades do regime, a saber, (i) a proteção à ordem jurídica tributária e o combate a práticas nocivas ao sistema tributário, (ii) a cobrança eficiente de créditos tributários pelo Fisco e (iii) o prestígio à concorrência leal, valores que encontram fundamento na Constituição.

Possível concluir, em reiteração, que a igualdade, levada em conta a diferenciação em tese de devedores contumazes com base na aderência às obrigações tributárias, é respeitada pela criação de regimes diferenciados pelo Fisco, cabendo dirigir especial atenção para as leis estaduais que regulamentam o tema, mormente quanto às divergências de critérios ali encontradas, aspecto que atrai uma releitura sobre a referida conclusão, despertando, ademais, uma sensível preocupação sobre a necessidade de homogeneização.

---

[115] BRASIL. Supremo Tribunal Federal. Tribunal Pleno. Recurso Extraordinário (Repercussão Geral) nº 627.543/RS. Relator: Min. Dias Toffoli. Julgamento em 30/10/2013. D.J.e. de 29/10/2014, p. 13 e 14.

2.3 A livre concorrência e o devedor contumaz: o papel do art. 146-A da Constituição

Conforme analisado no item 2.2.4.1, uma das finalidades da legislação dedicada à disciplina do devedor contumaz corresponde a assegurar um ambiente de lealdade concorrencial. Nesse sentido, é necessário perquirir, de forma mais atenta, como o fenômeno da inadimplência contumaz se relaciona com o princípio da livre concorrência. Para esse propósito, serão traçadas, no presente tópico, linhas gerais sobre a conexão entre tributação e livre concorrência, de sorte a, em sequência, introduzir a relação entre o princípio da neutralidade concorrencial nos tributos, para muitos incorporado à Constituição por intermédio do art. 146-A, e o devedor contumaz. Após, considerando as não raras dúvidas existentes na doutrina acerca do papel a ser desempenhado pela lei complementar mencionada no art. 146-A, fundamental se faz investigar a competência do legislador nacional para a uniformização da disciplina do devedor contumaz. Essa análise traz, em si, outras reflexões relevantes, a exemplo do espaço de conformação do legislador federal, estadual e municipal na matéria e do âmbito de competência do CADE no exame dos reflexos anticoncorrenciais da inadimplência contumaz, que também integram o objeto deste item.

2.3.1 O princípio da livre concorrência e a tributação

Lançar-se em atividades econômicas e ter seu destino pautado pelas leis que regem o mercado é um direito assegurado pela Constituição. Entretanto, há práticas que podem descaracterizar a justa competição e violar a proteção outorgada aos agentes econômicos pelos princípios constitucionais referentes ao livre mercado.[116]

A livre concorrência atua como meio para a consecução dos objetivos centrais traçados pela Constituição nos artigos 1º, IV, e 170, *caput*, dispositivos que atribuem papel significativo à valorização do trabalho humano e à livre iniciativa, prescrevendo-os como diretrizes para a promoção de uma existência digna. Dessa forma, a livre concorrência, sob o olhar do constituinte, é essencial para que a livre iniciativa

---

[116] BASTOS, Celso Ribeiro. O princípio da livre concorrência na Constituição Federal. *Revista Tributária e de Finanças Públicas*, vol. 10, (p. 190-204), jan-mar/1995, p. 195-197.

seja considerada legítima e para que promova a realização do bem comum, produzindo efeitos sociais positivos.[117]

Partindo desse ponto de vista, é correto afirmar que o princípio da livre iniciativa pressupõe a livre concorrência, embora ambos não se confundam semanticamente.[118] A livre iniciativa assegura a escolha da atividade e dos meios para que o agente econômico atinja suas metas. Para garanti-la, necessário se faz conter o abuso[119] de poder econômico no mercado (condutas abusivas) e refrear estruturas impeditivas da livre iniciativa produzidas pelo mercado (condutas estruturais).[120] Diante disso, impõe-se ao Estado atuar com a finalidade de coibir o abuso de poder econômico (art. 173, §4º), protegendo, assim, o mercado interno, ao qual a Constituição atribui papel central no desenvolvimento do país (art. 219).

Nesse cenário, as intervenções do Estado no mercado podem ser reunidas em dois grupos: as intervenções *no* domínio econômico e as intervenções *sobre* o domínio econômico. No primeiro grupo, o Estado atua diretamente como agente econômico, seja por absorção, em regime de monopólio, seja por participação, em regime de competição com empresas privadas. No segundo – o que aqui nos interessa –, o Estado atua como agente regulador das atividades econômicas, tanto *por direção*, ao estabelecer regras cogentes para o exercício da atividade econômica

---

[117] Luís Roberto Barroso divide os princípios do art. 170 da Constituição em dois grandes grupos, conforme se trate de princípios de funcionamento da ordem econômica, que estabelecem os parâmetros de convivência básicos a serem observados pelos agentes econômicos, e princípios-fins, que descrevem realidades materiais desejadas pelo constituinte. A atuação do Poder Público com base na livre concorrência, inserida no primeiro grupo, deve ter como vetor interpretativo os fundamentos do Estado, *i.e.*, a livre iniciativa e a valorização do trabalho. BARROSO, Luís Roberto. A ordem econômica constitucional e os limites à atuação estatal no controle de preços. *Revista de Direito Administrativo*. Rio de Janeiro, v. 226, out/dez. 2001, p. 193-198.

[118] BASTOS, Celso Ribeiro. *Direito econômico brasileiro*. São Paulo: IBDC, 2000, p. 132.

[119] Como ensina Otacílio dos Santos Silveira Neto, "a repressão referida pela Constituição Federal não recai sobre a dominação dos mercados, nem no aumento dos lucros e muito menos na eliminação da concorrência. Ela recai, atente-se, sobre o seu abuso, ou seja, em outras palavras, a repressão nesse caso recai sobre os desvios de propósitos da liberdade econômica outorgada pela Constituição Federal ao mercado". SILVEIRA NETO, Otacílio dos Santos. O cumprimento da função social da propriedade no novo direito antitruste brasileiro. *Revista de Direito Público da Economia*, Belo Horizonte, ano 11, nº 44, out./dez. 2013. Disponível em: http://www.bidforum.com.br/bid/PDI0006.aspx?pdiCntd=98992. Acesso em: 16 abr. 2020, p. 7 (versão digital).

[120] FERRAZ JUNIOR, Tercio Sampaio. Obrigação tributária acessória e limites de imposição: razoabilidade e neutralidade concorrencial do Estado. *In: Princípios e limites da tributação*. FERRAZ, Roberto Catalano Botelho (coord). São Paulo: Quartier Latin, 2005, p. 727-728.

em sentido estrito, como *por indução*, ao editar normas dispositivas a fim de incentivar o comportamento dos agentes.[121]

Dentro da atuação por direção, o art. 173, §4º, da Constituição determina ao Estado o exercício da função legislativa no sentido de reprimir o abuso do poder econômico perpetrado com a finalidade de dominação dos mercados, de eliminação da concorrência e de aumento arbitrário dos lucros. Essa função é atribuída ao Sistema Brasileiro de Defesa da Concorrência, composto pelo Conselho Administrativo de Defesa Econômica (CADE) e pela Secretaria de Acompanhamento Econômico, conforme art. 3º da Lei nº 12.529/2011. Juntamente às sanções administrativas aplicáveis pelo CADE em resposta a infrações à ordem econômica, o legislador prevê, na esfera criminal, penas decorrentes da condenação do agente pela prática de delitos contra a ordem econômica, nos termos do artigo 4º da Lei nº 8.137/1990.

Paralelamente a isso, repise-se que a atuação estatal pode adquirir caráter de indução do comportamento de agentes econômicos, inclusive por meio do exercício da competência tributária.[122] São exemplos de normas tributárias indutoras voltadas para a regulação de mercados as hipóteses constitucionais de afastamento do princípio da anterioridade (art. 150, III, "b" e "c", c/c 150, §1º) e atenuação do princípio da legalidade (art. 150, I, c/c 153, §1º).[123]

Conquanto relevante, a indução de comportamentos na esfera tributária, ao buscar a promoção de outros princípios da ordem econômica, pode atuar como elemento originador de distorções concorrenciais, como ocorre com a prática de "guerra fiscal" instaurada pelos Estados por meio da concessão de incentivos fiscais de ICMS.[124]

---

[121] GRAU, Eros Roberto. *A ordem econômica na Constituição de 1988:* (interpretação e crítica). 19. ed. atual. São Paulo: Malheiros, 2018, p. 141-144.

[122] Segundo Luís Eduardo Schoueri, a norma tributária indutora "exerce seu papel privilegiando o comportamento desejado ou discriminando o indesejado, direcionando, daí, o ambiente econômico ou social". Nesses casos, trata-se de normas dispositivas, por meio das quais "o agente econômico não se vê sem alternativas; ao contrário, recebe ele estímulos e desestímulos que, atuando no campo de sua formação de vontade, levam-no a se decidir pelo caminho proposto pelo legislador". SCHOUERI, Luís Eduardo. *Normas tributárias indutoras e intervenção econômica.* Rio de Janeiro: Ed. Forense, 2005, p. 44 e 204.

[123] *Ibidem*, p. 94.

[124] Não se quer dizer com isso que todo incentivo fiscal revela um fator de distorção à livre concorrência. Muitas vezes, a exemplo dos benefícios que visam a incentivar o desenvolvimento regional, tais instrumentos criam condições de competição para regiões ou setores com algum tipo de deficiência, estimulando o ambiente concorrencial. No caso de incentivos fiscais de ICMS concedidos no contexto da "guerra fiscal", esse processo ocorre à margem da Constituição Federal e "ocasiona, no âmbito concorrencial, a quebra da neutralidade econômica do ICMS", como esclarece Lucas Bevilacqua. BEVILACQUA,

Nesse contexto, dentre as áreas em que a tributação se relaciona com a ordem econômica de forma mais próxima está a livre concorrência.[125]

Se o Estado pode atuar como agente indutor de comportamentos dos agentes econômicos, inclusive por meio dos tributos, é preciso perquirir, então, a função exercida pelo princípio da neutralidade da tributação e sua compatibilidade com a livre concorrência.

2.3.2 A neutralidade concorrencial e o devedor contumaz

Como visto, nem sempre medidas adotadas pelo Estado no campo tributário produzirão como efeito a preservação da livre concorrência. Muitas vezes é o próprio Estado o causador ou o agravador de distúrbios concorrenciais, como deixa explícito o art. 146-A da Constituição, dispositivo que, para muitos, admite a criação de critérios especiais de tributação para prevenir distúrbios concorrenciais provocados pela própria tributação.[126]

A tributação nunca é completamente neutra em seus efeitos. Todo tributo, ainda que não tenha efeitos predominantemente extrafiscais, atua sobre o comportamento dos agentes de mercado. Isso apenas não ocorre nos tributos conhecidos como *lump-sum*, em que o contribuinte nada pode fazer para alterar a imposição tributária, como em tributos impostos a todos os cidadãos de forma idêntica, independentemente da manifestação de signos presuntivos de riqueza, ou em tributos incidentes sobre bases imutáveis, como idade e gênero.[127] Esses tributos, porém, seriam considerados odiosos por aniquilarem por completo o ideal de justiça fiscal, do qual a capacidade contributiva faz parte.[128]

Lucas. *Incentivos fiscais de ICMS e desenvolvimento regional* – Série Doutrina Tributária Vol. IX. São Paulo: Quartier Latin, 2013, p. 100.

[125] SCHOEURI, Luís Eduardo. Livre concorrência e tributação. *In: Grandes questões atuais do direito tributário.* v. 11. ROCHA, Valdir de Oliveira (coord.). São Paulo: Dialética, 2007, p. 242-252.

[126] Nesse sentido: SCHOUERI, Luís Eduardo. Livre concorrência e tributação. *In: Grandes questões atuais do direito tributário.* v. 11. ROCHA, Valdir de Oliveira (coord.). São Paulo: Dialética, 2007, p. 265-267; BOMFIM, Diego. *Tributação e livre concorrência.* São Paulo: Saraiva, 2011, p. 195; e SILVEIRA, Rodrigo Maito. *Tributação e concorrência* – Série Doutrina Tributária vol. IV. São Paulo: Quartier Latin, 2011, p. 100-113.

[127] STIGLITZ, Joseph E., ROSENGARD, Jay K. *Economics of the public sector.* 4. ed. New York: W.W. Norton & Company, Inc., 2015, p. 516-517.

[128] Conforme assinala André Mendes Moreira, "a neutralidade econômica deve ser amoldada aos princípios e regras informadores da República, dentre os quais está o art. 145, §1º, da CR/88". MOREIRA, André Mendes. *Neutralidade, valor acrescido e tributação.* Belo Horizonte:

Com base nessa onipresente interferência da tributação na eficiência econômica, há quem defenda a superação da neutralidade tributária.[129] Contudo, é possível buscar um conteúdo para a neutralidade que a torne compatível com a livre concorrência.

A neutralidade concorrencial, da qual deriva a tributária, advém diretamente do princípio da livre iniciativa, inibindo a interferência estatal que, no plano jurídico ou fático, obste a criação ou continuidade de empresas dedicadas a atividades lícitas.[130]

Sob essa perspectiva, a neutralidade concorrencial, no campo tributário, assume viés negativo e positivo.[131] Em seu sentido negativo, a política fiscal não deve intervir no acesso e no desempenho do mercado enquanto este funcionar adequadamente, produzindo resultados que vão ao encontro da política econômica e social. Deve-se, assim, coibir que a norma tributária reduza o grau de concorrência no mercado.[132] Nessa acepção, a neutralidade é uma manifestação da própria igualdade quando se conecta com o princípio da livre concorrência,[133] já que impede distinções arbitrárias de agentes econômicos pelo Estado. Muitas vezes, porém, as condições para o pleno funcionamento da concorrência inexistem, são insuficientes ou produzem resultados contraditórios. Assim, em seu sentido positivo, a política fiscal deve atuar nos casos em que seja necessário eliminar ou mitigar imperfeições concorrenciais.[134]

Fórum, 2019. Disponível em: https://www.forumconhecimento.com.br/livro/3987. Acesso em: 20 jul. 2020, p 45.

[129] Paulo Caliendo defende que a neutralidade fiscal deve ceder lugar ao princípio da livre concorrência em matéria tributária. CALIENDO, Paulo. Princípio da livre concorrência em matéria tributária – Para uma superação do conceito de neutralidade fiscal. *Revista Interesse Público*. Belo Horizonte, ano 13, nº 67, p. 205-227, maio/jun. 2011, p. 213.

[130] FERRAZ JUNIOR, Tércio Sampaio, *op. cit.*, p. 732.

[131] NEUMARK, Fritz, 1970, p. 262, *apud*: ROTHMANN, Gerd Willi. Tributação, sonegação e livre concorrência. In: *Princípios e limites da tributação 2 – os princípios da ordem econômica e a tributação*. FERRAZ, Roberto Catalano Botelho (coord.). São Paulo: Quartier Latin, 2009, p. 341.

[132] SCHOEURI, Luís Eduardo, 2007, p. 255.

[133] ÁVILA, Humberto. *Teoria da igualdade tributária*. 3. ed. São Paulo: Ed. Malheiros, 2015, p. 103. Diego Bomfim esclarece, no entanto, que o princípio da livre concorrência é muito mais específico em sua zona de aplicabilidade do que o princípio da igualdade. Existem casos de práticas com efeitos anticoncorrenciais que buscam *fomentar* o aspecto material da igualdade, a exemplo de incentivos fiscais criados para incentivar a instalação de empresas em regiões menos desenvolvidas do país. BOMFIM, Diego, *op. cit.*, p. 184-185.

[134] Para parte da doutrina, essa atuação não se insere no campo da neutralidade, que diria respeito somente à *ausência* de intervenção estatal. ELALI, André; LUCENA JR., Fernando. Visão crítica sobre as teorias da neutralidade e não discriminação da tributação. *Revista Direito Tributário Atual*. São Paulo: Dialética, v. 26, p. 158-168, 2011, p. 163-164.

Exemplo de violação à neutralidade provocada pela tributação é a cumulatividade de tributos, que gera incentivos à verticalização artificial da produção, isto é, à concentração vertical de estágios da produção de bens ou serviços em uma mesma empresa a fim de afastar a incidência tributária. Resulta disso a criação, pelo Estado, de desvantagens concorrenciais para empresas de menor porte, que não têm condições de concentrar todas as etapas do processo produtivo e, assim, são compelidas a arcar com a tributação incidente cumulativamente nos variados estágios produtivos.[135]

Mesmo práticas *lícitas* provocadas por outros atores podem interferir na neutralidade fiscal. Como exemplo, no julgamento da MS nº 24.159 QO/DF, o STF analisou caso envolvendo distribuidora de combustíveis que formulara múltiplos pedidos semelhantes junto ao Judiciário a fim de obter autorização para recolhimento de PIS/COFINS na sistemática anterior à da Lei nº 9.718/1998 e da MP nº 1.991/2000.[136] Após diversas tentativas frustradas seguidas de pedidos de desistência do processo, juízo aparentemente incompetente proferiu decisão favorável à empresa, o que lhe permitiu lucrar 720% *a mais* do que a média do setor. Diante disso, a requerimento da União, o STF restabeleceu a decisão que concedeu suspensão de segurança em favor do ente, por entender que a referida empresa, com a salvaguarda do Judiciário, promoveu desequilíbrio concorrencial no respectivo setor.

É nesse contexto de violações concorrenciais decorrentes da tributação que se insere a inadimplência contumaz. O sujeito passivo que infringe reiterada e injustificadamente suas obrigações tributárias apresenta um traço distintivo em comparação aos contribuintes regulares que lhe permite obter vantagens artificiais no mercado.[137]

A seguir, explicar-se-á como essa conduta pode interferir na concorrência leal, tomando-se, de forma ilustrativa, o caso do devedor

---

[135] Sobre o ponto, ver DERZI, Misabel Abreu Machado. Não-cumulatividade, neutralidade, PIS e Cofins e a Emenda Constitucional nº 42/03. In: *Grandes questões atuais do direito tributário*, v. 8, ROCHA, Valdir de Oliveira (coord.). São Paulo: Dialética, 2004, p. 339- 345.

[136] BRASIL. Supremo Tribunal Federal. Tribunal Pleno. Questão de Ordem em Mandado de Segurança nº 24.159/DF. Relatora: Min. Ellen Gracie. Julgamento em 26/06/2002. D.J. de 31/10/2003.

[137] Na mesma linha, Eduardo Moreira Lima Rodrigues de Castro assinala que o princípio da neutralidade concorrencial em matéria tributária requer uma atuação positiva pelo Estado "no sentido de impedir que determinados agentes econômicos possam sobressair-se em relação aos demais em maior medida em razão do não pagamento das obrigações tributários do que de sua eficiência negocial". CASTRO, Eduardo Moreira Lima Rodrigues de. *Tributação e fazenda pública: meios alternativos de cobrança de tributos como instrumentos de justiça fiscal*. Curitiba: Juruá, 2016, p. 183.

contumaz de ICMS, imposto indireto projetado para garantir neutralidade em termos concorrenciais.

2.3.2.1 ICMS, evasão e impactos concorrenciais

O ICMS incide após a formação do preço da mercadoria, integrando sua própria base de cálculo, na forma do art. 155, §2º, XII, 'i', da Constituição.[138] A dinâmica da não cumulatividade fundamenta o destaque, nas notas fiscais relativas às operações de circulação de mercadorias, do valor do ICMS, medida destinada a facilitar o controle arrecadatório pelo Fisco. Esse valor, somado ao da venda do produto, corresponde à operação mercantil, que é a base de cálculo do imposto. Em outras palavras, o ICMS integra o valor final da operação, que, por sua vez, corresponde à base de cálculo do imposto.

Recentemente, o STF, no julgamento do RE nº 574.706/PR, consolidou o entendimento de que o contribuinte do ICMS, ao agregar ao preço da mercadoria o valor do imposto, atua como mero intermediário, recebendo do consumidor a quantia e repassando-a ao Estado. Desse modo, o ICMS é contabilizado escrituralmente, mas o respectivo valor não se incorpora ao patrimônio da empresa e não integra o conceito de faturamento, razão pela qual deve ser excluído da base de cálculo do PIS e da Cofins.[139]

Portanto, a empresa não pode, ao registrar o valor em sua escrituração contábil, considerar como seu o montante recebido dos consumidores a título de ICMS, destinando-o ao pagamento de suas despesas, já que, com isso, financiaria sua atividade com recursos públicos, de acordo com a orientação firmada pelo STF no RE nº 574.706/PR.

---

[138] Essa sistemática foi declarada constitucional pelo STF no julgamento do RE 212.209/RS (BRASIL. Supremo Tribunal Federal. Tribunal Pleno. Recurso Extraordinário nº 212.209/RS. Relator: Min. Marco Aurélio. Relator para acórdão: Min. Nelson Jobim. Julgamento em 23/06/1999. D.J. de 14/03/2003) e do RE 582.461/SP (BRASIL. Supremo Tribunal Federal. Tribunal Pleno. Recurso Extraordinário nº 582.461/SP. Relator: Min. Gilmar Mendes, Julgamento em 18/05/2011. D.J.e. de 18/09/2011).

[139] Ficou vencida, à época, posição que considerava o *quantum* de ICMS destacado na nota fiscal como faturamento. Segundo a corrente vencida, o valor desembolsado pelo contribuinte, ainda que possa ser utilizado para arcar com o **ônus** financeiro do imposto, não configura juridicamente tributo, integrando a totalidade do valor auferido com a venda de mercadorias e, portanto, a base de cálculo do PIS e da Cofins. BRASIL. Supremo Tribunal Federal. Tribunal Pleno. Recurso Extraordinário nº 574.706/PR. Relatora: Min. Cármen Lúcia. Julgamento em 15/03/2017. D.J.e. de 02/10/2017.

Sobre o ponto, explicam Eduardo Muniz Machado Cavalcanti e Luciana Marques Vieira da Silva Oliveira que:

> O ICMS, pode-se dizer, não afeta a composição do custo do produto ou da mercadoria, como ocorre com outros tributos diretos, por exemplo. Não se discute que todo tributo é repassado de uma forma ou de outra para o consumidor, por meio do preço. Esse é o repasse econômico. Para saber por qual preço deve vender sua mercadoria, o comerciante coloca na composição do preço suas despesas com a produção e obviamente seus custos tributários, como Imposto de Renda, Contribuição Social sobre Lucro Líquido, Imposto sobre Propriedade Territorial Urbana etc. Esses tributos, no entanto, são considerados para a formação dos gastos necessários para a venda da mercadoria. Já o ICMS incide após a formação do preço da mercadoria pelo comerciante e integra a própria base de cálculo do ICMS, por isso adotada a prática de "imposto calculado por dentro", sendo repassado integralmente ao consumidor de forma econômica, mas também jurídica.
>
> Por isso mesmo é considerado um tributo sobre o consumo, neutro no que diz respeito à concorrência, porque onera a todos os comerciantes de igual forma. O valor do tributo não varia de acordo com a melhor gestão da empresa. A empresa que segue as práticas contábeis corretas não pode contar com o recurso advindo do pagamento de impostos sobre vendas para pagamento de fornecedores ou outras despesas, porque isso constituiria verdadeiro financiamento público de sua atividade privada.[140]

Além disso, marca essencial do ICMS é a não-cumulatividade, a qual assegura a repercussão jurídica do ônus econômico-financeiro para o consumidor final e garante a neutralidade fiscal. Como ensina André Mendes Moreira,[141] "a não-cumulatividade atua como um facilitador para que o ônus financeiro do gravame seja transportado até o consumidor, viabilizando a cobrança fracionada do tributo sobre o valor acrescido em cada etapa". Nesse sentido, o agente econômico acrescenta o imposto ao preço de venda do bem ou serviço, transferindo-o ao elo seguinte da cadeia produtiva. Dessa forma, a competitividade entre os agentes econômicos depende apenas de fatores relacionados à "eficiência, custo e qualidade",[142] não sofrendo interferência da tributação.

---

[140] CAVALCANTI, Eduardo Muniz Machado; OLIVEIRA, Luciana Marques Vieira da Silva, *op. cit.*, p. 4-5 (versão digital).

[141] MOREIRA, André Mendes. *A não-cumulatividade dos tributos*. 4. ed. rev. e atual. São Paulo: Ed. Noeses, 2020, p. 85.

[142] *Ibidem*, p. 86.

Essa neutralidade, contudo, é abalada quando os devedores contumazes se utilizam da inadimplência para a obtenção de vantagens concorrenciais[143] por meio do financiamento de atividades empresariais seja com valores que, segundo entendimento perfilhado pelo STF, pertencem ao Fisco, no caso do ICMS declarado e não pago, seja por intermédio da sonegação reiterada do imposto.

Em parecer elaborado por empresa de consultoria no âmbito da Consulta nº 0038/99 do CADE,[144] constatou-se que a redução da alíquota geral de ICMS de 18% para 0% aumenta a margem de lucro da empresa em: (a) 388% para a venda de sabonetes; e (b) 212,5% para a venda de louça sanitária. Para empresas favorecidas com benefício de redução do ICMS de 12%, a elevação do lucro pode chegar aos seguintes patamares: (a) 188,75% para vestuário; (b) 457,14% para aparelhos de televisão; (c) 211,11% para fumo; (d) 600% para lacticínios; (e) 232% para brinquedos; e (f) 1.850% para automóveis. Esse aumento propicia condições de funcionamento desiguais e vantajosas em comparação às empresas regulares.

Referida conclusão, apesar de relacionada ao campo dos incentivos fiscais, é de todo apreensível para a inadimplência contumaz: a diferença entre os dois reside principalmente no caráter lícito ou não da conduta do sujeito passivo, mas ambos são aptos a produzir efeitos anticoncorrenciais ao criarem um distanciamento de custos entre os agentes econômicos.

O devedor contumaz do ICMS revela-se apenas um dos exemplos de interferência da tributação na livre concorrência, a demandar do Estado atuação firme para coibir a prática.

---

[143] BUISSA, Leonardo; BEVILACQUA, Lucas. Neutralidade tributária no ICMS e criminalização do devedor contumaz: imposto declarado e não pago. *Revista Direito Tributário Atual*, p. 263-280, nº 39, 2018, p. 267.

[144] CADE. Consulta nº 0038/99. Rel. Conselheiro Marcelo Calliari, Julgamento em 22/03/2000, p. 8 do voto.

2.3.3 O art. 146-A da Constituição e a prevenção a práticas de evasão fiscal

2.3.3.1 Notas introdutórias sobre o art. 146-A da Constituição

O princípio da neutralidade tributária tornou-se explícito com a EC nº 42/2003,[145] que inseriu o art. 146-A na Constituição[146] e possibilitou à lei complementar a criação de "critérios especiais de tributação, com o objetivo de prevenir desequilíbrios da concorrência, sem prejuízo da competência de a União, por lei, estabelecer normas de igual objetivo".

Mesmo antes de sua positivação, o princípio da neutralidade inspirava diversas regras previstas na Constituição, como (i) o art. 155, §2º, XII, "g", que visa a evitar a guerra fiscal entre os Estados no que tange à concessão de isenções, incentivos e benefícios de ICMS,[147] e (ii) a proibição de tratamento tributário discriminatório entre as unidades federativas e de limitação do tráfego de pessoas e bens, conforme artigos 150, V, e 151, I, da Constituição.[148]

A norma extraída do art. 146-A da Constituição exprime a ideia de que cabe ao Estado, por meio de instrumentos tributários, criar condições para que a livre concorrência exista, tanto por inação, que expressa o exercício da liberdade, como mediante a adoção de ações concretas de combate ao abuso do poder econômico, que expressa o exercício da isonomia.[149]

---

[145] DERZI, Misabel Abreu Machado, 2004, p. 339-355; GRECO, Marco Aurélio, *op. cit.*, p. 333; SILVEIRA, Rodrigo Maito da., *op. cit.*, p. 112, entre outros. Contrariamente, não vislumbrando no art. 146-A da Constituição fonte explícita do princípio da neutralidade: BOMFIM, Diego, *op. cit.*, p. 186; e NOGUEIRA, Vinícius Alberto Rossi. *Direito tributário e livre concorrência:* da interpretação e aplicação do artigo 146-A da Constituição Federal. Dissertação (Mestrado em Direito) – Faculdade de Direito, Universidade de São Paulo, São Paulo, 2014, p. 64.

[146] A lei complementar prevista no art. 146-A da Constituição nunca foi editada. Tramita no Senado, desde 2017, o Projeto de Lei Complementar nº 284/2017, que objetiva estabelecer critérios especiais de tributação para prevenir desequilíbrios concorrenciais e atualmente se encontra na Comissão de Transparência, Governança, Fiscalização e Controle e Defesa do Consumidor do Senado Federal (última consulta realizada em 21/02/2021). O Projeto de Lei Complementar nº 161/2013, que possuía semelhante finalidade, foi arquivado com base no art. 332 do RISF.

[147] TORRES, Ricardo Lobo. *Tratado de direito constitucional financeiro e tributário.* v. II. Rio de Janeiro: Renovar, 2005, p. 334. Para o autor, a neutralidade econômica do ICMS representa um subprincípio da capacidade contributiva.

[148] SCHOUERI, Luís Eduardo, 2005, p. 95.

[149] SCAFF, Fernando Facury. Efeitos da coisa julgada em matéria tributária e livre concorrência. In: *Grandes questões atuais do direito tributário*, v. 9, ROCHA, Valdir de Oliveira (coord.). São Paulo, Dialética, 2005, p. 115.

O significado do dispositivo, que, como adverte José Luis Ribeiro Brazuna, não decorreu de uma reflexão madura no âmbito do Congresso Nacional,[150] é objeto de divergência doutrinária, especialmente quanto à extensão dos desequilíbrios concorrenciais a que se refere.

Uma dessas controvérsias gira em torno das condutas compreendidas no âmbito de incidência da norma. Para alguns,[151] a regra do art. 146-A da Constituição é inclusiva tanto de falhas estruturais de mercado[152] como de desvios concorrenciais provocados. Para outros,[153] ao contrário, a norma abarca apenas os desvios provocados pela tributação, em razão de os distúrbios decorrentes de falhas estruturais de mercado poderem ser combatidos por meio de normas tributárias indutoras antes mesmo da edição da EC nº 42/2003. O tópico, apesar de relevante, foge aos limites do presente trabalho, já que a inadimplência

---

[150] O autor esclarece que, apesar de se referir ao desequilíbrio concorrencial provocado pela competição desleal e por regimes tributários relativos ao ICMS, a PEC 41/03 não trouxe, tanto em seu texto inicial como nos projetos a ela apensados e nas 466 emendas apresentadas, dispositivo com conteúdo semelhante ao art. 146-A. Ressalta que "o artigo 146-A tomou forma em 03 de setembro de 2003, por ocasião da discussão e votação, em primeiro turno, na Câmara dos Deputados, da Emenda Aglutinativa Substitutiva Global de Plenário nº 27, concluída às duas horas e dez minutos do dia seguinte, após acaloradas discussões em torno do trâmite então adotado para votação de alterações legislativas de tamanha importância", sem que fossem traçadas maiores considerações sobre o seu texto até o momento da promulgação da EC nº 42/03. BRAZUNA, José Luis Ribeiro. *Defesa da concorrência e tributação* – à luz do artigo 146-A da Constituição. Série Doutrina Tributária, vol. II. São Paulo: Quartier Latin, 2009, p. 55-59.

[151] BRAZUNA, José Luis Ribeiro. *Ibidem*, p. 137-139; e SANTIAGO, Igor Mauler. Tributação e livre concorrência: alcance do art. 146-A da Constituição Federal e análise dos projetos de lei complementar destinados a regulamentá-lo. *In: 30 anos da Constituição da República Federativa do Brasil*: virtudes, obstáculos e alternativas. MARTIS, Ives Gandra da Silva; FLORA, Luis Antonio; PRADO, Ney (coords.). São Paulo: Conselho Superior de Direito da Fecomercio-SP. Academia Internacional de Direito e Economia, 2018, p. 256.

[152] Fábio Nusdeo esclarece que a estrutura legal própria do liberalismo se mostrou incapaz de captar e tratar alguns pressupostos para a mecânica operacional do sistema de mercado. Na ausência desses pressupostos, produzem-se resultados falhos. São cinco as falhas de mercado, segundo o autor: i) falhas de mobilidade, consistente na incapacidade de o mercado se autocorrigir em razão da rigidez de fatores; ii) falhas de transparência, que impedem o acesso a informações relevantes aos operadores do mercado; iii) falhas de estrutura, que levam à concentração econômica e impedem a atomização do mercado; iv) falhas de sinalização, uma vez que, em uma economia de mercado, nem sempre os custos e os respectivos benefícios recaem sobre a unidade responsável, quer produtora, quer consumidora, viciando a identificação e imputação adequada de custos ou benefícios, que passam a recair sobre terceiros determinados ou indeterminados, gerando externalidades negativas ou positivas; e, por fim, v) falhas de incentivo, considerando que uma economia fundada apenas no mercado tende a discriminar bens coletivos e a exagerar na produção de bens exclusivos. NUSDEO, Fábio. *Curso de economia*: introdução ao direito. 8. ed. rev., atual. e ampl. São Paulo: Revista dos Tribunais, 2014, p. 141-166.

[153] Opinião de SCHOUERI, Luís Eduardo, 2007, p. 265-267. Em idêntico sentido: SILVEIRA, Rodrigo Maito da, *op. cit.*, p. 104-108; e BOMFIM, Diego, *op. cit.*, p. 194.

contumaz é um desvio provocado pela tributação, razão pela qual não será aqui aprofundado.[154]

Outra importante questão concernente à aplicação do art. 146-A, central ao tema deste trabalho, é saber se os critérios especiais nele referidos podem abarcar preceitos destinados a prevenir a inadimplência contumaz, tal como a criação de obrigações acessórias setoriais específicas. Inexiste unanimidade quanto ao ponto.

Podem ser observadas, na doutrina, três posições principais sobre o tema, assim segmentadas: (i) orientação favorável à inclusão de medidas destinadas a prevenir a inadimplência contumaz no âmbito de aplicação da regra do art. 146-A da Constituição; (ii) orientação contrária, inadmitindo a inserção de medidas voltadas para coibir o descumprimento reiterado da legislação tributária no campo de incidência da norma; e (iii) orientação intermediária, segundo a qual tais medidas se relacionam com a livre concorrência, mas não se fundamentam direta e exclusivamente no art. 146-A, por envolverem outros princípios constitucionais.

2.3.3.2 Orientação favorável

Segundo a corrente de pensamento ora reunida sob a expressão "orientação favorável", a inadimplência contumaz representa um dos fenômenos provocados pela tributação aptos a desestabilizar a livre concorrência, atraindo, assim, a competência do legislador complementar para a fixação de critérios especiais direcionados à sua prevenção, consoante a previsão do art. 146-A da Constituição.[155] A título ilustrativo,

---

[154] Para uma visão completa da discussão, ver BRAZUNA, José Luis Ribeiro, *op. cit.*, p. 131-140.

[155] Essa é a opinião de: LIMA, Ricardo Seibel de Freitas. *Livre concorrência e o dever de neutralidade tributária*. Dissertação (Mestrado em Direito) – Faculdade de Direito, Universidade Federal do Rio Grande do Sul. Porto Alegre, 2005, p. 111-126; BOMFIM, Diego, *op. cit.*, p. 283; REIS, Elcio Fonseca. O artigo 146-A da Constituição Federal e o exercício da competência legislativa pelos Estados na defesa da concorrência. *In: Competência tributária*. DERZI, Misabel Abreu Machado (coord.). Belo Horizonte: Del Rey, 2011, p. 194; PAULA, Daniel Giotti de. A constitucionalização da neutralidade concorrencial dos tributos. *Revista Dialética de Direito Tributário* nº 153, jun/2008. São Paulo, p. 25; FARO, Maurício Pereira e ROCHA, Sérgio André. Neutralidade tributária para consolidar concorrência. *Consultor jurídico*, 2012, Disponível em: https://www.conjur.com.br/2012-ago-21/neutralidade-tributaria-fator-fundamental-livre-concorrencia. Acesso em: 22 dez. 2019; SCHOUERI, Luís Eduardo, 2007, p. 265-270; RIBEIRO, Maria de Fátima. Reflexos da tributação no desequilíbrio da livre concorrência. *In: Novos horizontes da tributação* – um diálogo luso-brasileiro. GRUPENMACHER, Betina Treiger, et. al. (coord). Coimbra: Almedina, 2012, p. 268-284; Rodrigo Maito da Silveira, *op. cit.*, p. 110; e MACHADO SEGUNDO, Hugo de Brito. Tributação e livre concorrência. *In: Princípios e limites da tributação 2* – Os princípios da ordem econômica e a tributação. Roberto Catalano Botelho Ferraz (coord.). São Paulo: Quartier Latin, 2009, p. 422; entre outros.

apresenta-se, a seguir, o desenvolvimento do tema por parte de autores adeptos à posição ora apresentada.

Filiando-se a essa corrente, Luís Eduardo Schoueri[156] destaca que a grande inovação do art. 146-A consiste justamente em autorizar o legislador a instituir normas tributárias indutoras para prevenir distúrbios concorrenciais decorrentes da sistemática da tributação, a exemplo de práticas evasivas e fraudulentas. Podem ser fixados, portanto, critérios para a imposição de responsabilização pelo recolhimento de tributo, bem como podem ser criadas obrigações acessórias, desde que, sob o pretexto de proteger a concorrência, não a restrinjam.

Maria de Fátima Ribeiro[157] afirma que a regra em exame se presta a evitar a incidência não equânime dos efeitos de determinado tributo para os contribuintes e a consequente criação de vantagens competitivas artificiais. Dessa forma, a seu ver, os critérios especiais de tributação podem se relacionar com a criação de novas obrigações acessórias, de forma a assegurar o correto recolhimento do tributo caso o regime geral se mostre insuficiente, e podem abranger medidas destinadas a evitar ou eliminar os efeitos da sonegação e do inadimplemento.

Ives Gandra da Silva Martins[158] ressalta que, mesmo anteriormente à EC nº 42/2003, a lei tributária não poderia gerar descompetitividade empresarial e deslealdade concorrencial, pois, caso contrário, iria de encontro aos princípios fundamentais do Direito Tributário. Segundo o autor, a edição da lei complementar a que se refere o art. 146-A constitui um poder-dever e se volta, ao lado de outros objetivos, para a prevenção da concorrência desleal ocasionada pela sonegação fiscal e pela inadimplência contumaz.

Diego Bomfim[159] anota que os critérios especiais não podem modificar aspectos da regra-matriz de incidência tributária, e sim instituir, entre outras hipóteses, obrigações acessórias setoriais mais rígidas. Esclarece o autor que a arrecadação dos tributos de maneira eficiente encontra fundamento no princípio da livre concorrência, "evitando-se o surgimento de vantagem competitiva ilícita por parte

---

[156] SCHOUERI, Luís Eduardo, 2007, p. 265-270.
[157] RIBEIRO, Maria de Fátima, *op. cit.*, p. 268-284.
[158] MARTINS, Ives Gandra da Silva. Descompetitividade empresarial e lei tributária. *In: Grandes questões atuais do direito tributário*, v. 9, ROCHA, Valdir de Oliveira (coord.). São Paulo: Dialética, 2005, p. 290-291.
[159] BOMFIM, Diego, *op. cit.*, p. 195-196.

do inadimplente ou do sonegador", o que não significa permissão para criação das chamadas sanções políticas.[160]

Daniel Moreti,[161] por sua vez, afirma que a lei complementar a que se refere o art. 146-A da Constituição veicula norma geral de Direito Tributário e pode prever instrumentos de administração e fiscalização tributária, estabelecendo deveres instrumentais mais rígidos para setores econômicos propensos à prática de sonegação e evasão, de forma a prevenir distúrbios concorrenciais. A norma, entretanto, não permitiria a repressão de práticas anticoncorrenciais e, portanto, não abarcaria os regimes especiais de controle e fiscalização, ainda que destinados a devedores contumazes.

Hamilton Dias de Souza[162] também imputa ao art. 146-A importante papel na prevenção à inadimplência contumaz. Porém, ao contrário da orientação perfilhada por Daniel Moreti, o autor insere no possível espaço de criação de critérios especiais de tributação os regimes especiais de controle e fiscalização, desde que alinhados com os princípios constitucionais, assinalando que "exatamente para assegurar a isonomia e a livre concorrência se justificam os regimes especiais".

2.3.3.3 Orientação contrária

Uma segunda corrente, em sentido diametralmente oposto à primeira, defende a inaptidão da lei complementar do art. 146-A da Constituição na prevenção à evasão fiscal.

Para José Luis Ribeiro Brazuna,[163] a norma possibilitaria tão somente a alteração de elementos da própria regra de incidência do tributo, a exemplo da imposição de uma tributação mais ou menos gravosa dirigida à prevenção de desequilíbrios concorrenciais – *v. g.*, por meio da instituição de empréstimo compulsório sobre agentes oligopolistas ou monopolistas em mercados expressivamente concentrados.

---

[160] *Ibidem*, p. 263-264.
[161] MORETI, Daniel. *Regime especial de controle e fiscalização de tributos e a livre-concorrência*. São Paulo: Noeses, 2017, p. 156-164 e 202-204.
[162] SOUZA, Hamilton Dias de. Desvios concorrenciais tributários e a função da Constituição. *Consultor jurídico*. 21 set. 2006. Disponível em: https://www.conjur.com.br/2006-set-21/desvios_concorrenciais_tributarios_funcao_constituicao. Acesso em: 26 jun. 2020.
[163] BRAZUNA, José Luis Ribeiro, *op. cit.*, p. 207-208. No mesmo sentido: FREIRE, Rodrigo Veiga Freire e. *Livre concorrência tributária*: limites legais e institucionais do CADE para prevenir e reprimir condutas anticompetitivas baseadas nos efeitos das normas tributárias. Dissertação (Mestrado em Direito) – Escola de Direito, Faculdade Getulio Vargas, São Paulo, 2017, p. 43.

Não serviria, assim, para induzir o contribuinte ao cumprimento da obrigação tributária a ele imposta, já que, nessa situação, o sujeito passivo pratica infração de natureza distinta daquelas previstas na legislação de defesa da concorrência.

Em sentido próximo, apesar de admitir a criação de obrigações acessórias com base no art. 146-A, Igor Mauler Santiago[164] exclui do campo de aplicação da norma o contribuinte inadimplente, mesmo o contumaz, e o sonegador. Para o autor, vantagens obtidas pelo inadimplente contumaz inserido em mercado perfeitamente competitivo devem gerar preocupações "estritamente tributárias, isto é, preocupações relativas à justiça fiscal, à isonomia, à legalidade, entre outros princípios e regras que balizam a relação fisco-contribuinte", fugindo ao escopo da livre concorrência.

2.3.3.4 Orientação intermediária

Uma terceira corrente, intermediária, admite a necessidade de criação de mecanismos específicos para enfrentar as distorções concorrenciais provocadas pela inadimplência contumaz, mas não a correlaciona *exclusiva e diretamente* com o art. 146-A da Constituição.

Para Gerd Willi Rothmann,[165] o dever de correta fiscalização do cumprimento da obrigação tributária, embora conectado à livre concorrência, pode ser extraído do princípio da legalidade e dos demais princípios norteadores da atuação da Administração Pública, previstos no art. 37, *caput*, da Constituição. Segundo o autor, na qualidade de agente normativo e regulador da atividade econômica, o Estado é obrigado a exercer fiscalização em relação a distorções concorrenciais decorrentes da inobservância da aplicação uniforme da tributação.

Segundo Humberto Ávila,[166] a adoção de medidas de ordenação econômica pelo Estado no caso de descumprimento substancial, reiterado e injustificado de obrigação tributária principal ou acessória considera conflitos multilaterais que envolvem não só a relação entre Estado e contribuinte, mas também a relação entre o primeiro e os vários contribuintes, na qualidade de agentes econômicos afetados pela atuação ilícita e desleal de outro particular. Trata-se, pois, de um

---
[164] SANTIAGO, Igor Mauler, *op. cit.*, p. 255-256.
[165] ROTHMANN, Gerd Willi, *op. cit.*, p. 369-370.
[166] ÁVILA, Humberto. Comportamento Anticoncorrencial e Direito Tributário. In: *Princípios e Limites da Tributação 2 – Os Princípios da Ordem Econômica e a Tributação*. FERRAZ, Roberto Catalano Botelho (coord). São Paulo: Quartier Latin, 2009, p. 434-435.

processo de ponderação entre várias liberdades, em especial a liberdade de concorrência.

Tércio Sampaio Ferraz Junior,[167] por seu turno, refere-se à concorrência proibida relativa, caracterizada pelo descumprimento de obrigações impostas pelo Estado para o exercício de determinada atividade econômica. O autor aduz que, no caso de atuação ilícita por meio de evasão fiscal, a criação pelo Estado de obrigações tributárias acessórias para coibir a infração provoca o efeito de prevenir distorções na livre concorrência, enquanto condição para o exercício da livre iniciativa.

De acordo com esse ponto de vista, legitima-se o papel exercido pelo Estado na prevenção de distúrbios concorrenciais mediante maior controle da inadimplência contumaz, sem que se reconheça no art. 146-A fundamento de validade exclusivo.

2.3.3.5 A orientação perfilhada pelo Supremo Tribunal Federal

2.3.3.5.1 O julgamento do caso "American Virginia" e o art. 146-A da Constituição

Em tempos pretéritos, não raro o Supremo Tribunal Federal se omitia em relação aos impactos concorrenciais da sistemática tributária.[168] Aos poucos, porém, a Corte tem revertido essa lógica e considerado os efeitos anticoncorrenciais de condutas tributárias como fator decisório relevante. Essa mudança de paradigma pode ser observada nos julgamentos da AC nº 1.657/RJ e do RE nº 550.769/RJ, em que a interseção do inadimplemento contumaz da obrigação tributária principal e da livre concorrência se pôs em destaque.

Ambos os casos dizem respeito a recurso interposto por empresa do ramo tabagista, devedora contumaz do Fisco federal, contra a aplicação da medida de cancelamento do registro especial prevista no art. 2º, II, do Decreto-lei nº 1.593/1977.[169]

---

[167] FERRAZ JUNIOR, Tércio Sampaio, op. cit., p. 729-733.

[168] MARTINS, Gustavo do Amaral. Mercado e tributação: os tributos, suas relações com a ordem econômica e a necessidade de considerá-la na interpretação e aplicação do sistema tributário. In: Direito tributário e políticas públicas. DOMINGUES, José Marcos (coord.). São Paulo, MP Ed., 2008, p. 138-139. O autor, no estudo datado de 2008, adverte ser pouco usual no STF a consideração dos reflexos da tributação sobre a esfera econômica.

[169] Segundo o Decreto-lei nº 1.593/1977, as empresas que atuam na fabricação de cigarros classificados no código 2402.20.00 da tabela do IPI devem manter registro especial na Secretaria da Receita Federal do Ministério da Fazenda. Esse registro especial poderá ser

Na AC nº 1.657/RJ, o STF, por maioria, indeferiu a cautelar pleiteada pela empresa para atribuição de efeito suspensivo ao recurso extraordinário. O voto condutor, de lavra do Min. Cezar Peluso, destacou os contornos extrafiscais assumidos pelo IPI no campo da saúde. Ressaltou, ao lado disso, constituir o imposto "rubrica preponderante no processo de formação do preço do cigarro", de forma que diferenças a menor no seu recolhimento têm sempre reflexo superlativo, aparentemente arbitrário, na definição do lucro da empresa. Dessa forma, a inadimplência contumaz, injustificada e aparentemente deliberada da empresa, que não apresentou razões convincentes para subsidiar o inadimplemento, traduz-se em estratégia empresarial de concorrência desleal, a justificar a medida imposta pelo Fisco.[170]

O art. 146-A da Constituição foi invocado pelo Min. Relator ao destacar a ausência de impedimento a que a norma tributária assuma funções de defesa da livre concorrência.[171]

---

cancelado pela autoridade concedente, segundo o art. 2º, II, no caso de não cumprimento de obrigação tributária principal ou acessória relativa a tributos administrados pela referida Secretaria. No mencionado recurso extraordinário, o STF rejeitou a interpretação do dispositivo tanto no sentido de sua validade para todo e qualquer caso, em razão do papel da tributação da indústria do cigarro na proteção à saúde pública, como na linha de sua irrestrita inconstitucionalidade. Para a Corte, mediante um juízo de proporcionalidade, a norma será válida em situações extremas e de grave desequilíbrio concorrencial. Além disso, encontra-se pendente a declaração do resultado da ADI nº 3.952/DF, ajuizada em face do mencionado dispositivo. Após a conclusão dos votos, o julgamento foi suspenso para proclamação do resultado em assentada posterior. BRASIL. Supremo Tribunal Federal. Tribunal Pleno. Ação Direta de Inconstitucionalidade nº 3.952/DF. Relator: Min. Joaquim Barbosa. Julgamento em 05/09/2018. D.J.e. de 11/09/2018.

[170] BRASIL. Supremo Tribunal Federal. Tribunal Pleno. Medida Cautelar em Ação Cautelar nº 1.657/RJ. Relator: Min. Joaquim Barbosa. Relator para acórdão: Min. Cezar Peluso. Julgamento em 27/06/2007. D.J.e. 31/08/2007, p. 279-283.

[171] "Essa finalidade extrafiscal que, diversa da indução do pagamento de tributo, legitima os procedimentos do Decreto-Lei nº 1.593/77, é a defesa da livre concorrência. Toda a atividade da indústria de tabaco é cercada de cuidados especiais em razão das características desse mercado, e, por isso, empresas em débito com tributos administrados pela SRF podem ver cancelado o registro especial – que é verdadeira autorização para produzir –, bem como interditados os estabelecimentos. Não há impedimento a que a norma tributária, posta regularmente, hospede funções voltadas para o campo da defesa da liberdade de competição no mercado, sobretudo após a previsão textual do art. 146-A da Constituição da República. Como observa MISABEL DE ABREU MACHADO DERZI, 'o crescimento da informalidade (...), além de deformar a livre concorrência, reduz a arrecadação da receita tributária, comprometendo a qualidade dos serviços públicos (...). A deformação do princípio da neutralidade (quer por meio de um corporativismo pernicioso, quer pelo crescimento da informalidade (...), após a Emenda Constitucional nº 42/03, afronta hoje o art. 146-A da Constituição da República. Urge restabelecer a livre concorrência e a lealdade na competitividade'". BRASIL. Supremo Tribunal Federal. Tribunal Pleno. Medida Cautelar em Ação Cautelar nº 1.657/RJ. Relator: Min. Joaquim Barbosa. Relator para acórdão: Min. Cezar Peluso. Julgamento em 27/06/2007. D.J.e. 31/08/2007, p. 277.

Por sua vez, no julgamento do RE nº 550.769/RJ, o STF, ao analisar o mérito do mencionado recurso extraordinário, rejeitou, também por maioria de votos, a tese de enquadramento da medida de cancelamento do registro especial como sanção política e concluiu pela ausência de violação aos artigos 5º, XIII e LIV, e 170 da Constituição.

Apesar de o voto do Ministro Relator não aludir ao art. 146-A de forma expressa, ao contrário do voto do Min. Luiz Fux,[172] adotam-se nele fundamentos diretamente atrelados à proteção da livre concorrência. O voto reafirma, de um lado, a proibição constitucional às sanções políticas, mas ressalta, de outro, o afastamento da jurisprudência tradicional da Corte para casos nos quais "as restrições à prática de atividade econômica objetivam combater estruturas empresariais que têm na inadimplência tributária sistemática e consciente sua maior vantagem concorrencial".[173]

Desse modo, o art. 146-A da Constituição foi mencionado como argumento de reforço tanto no voto do Min. Cezar Peluso como no voto do Min. Luiz Fux. Entretanto, o dispositivo *não* configurou a base normativa para a adoção do entendimento prevalecente. A racionalidade decisória decorreu de juízo de ponderação entre os princípios em jogo e da dimensão de peso atribuída pelo Tribunal à livre concorrência no caso concreto.

---

[172] "O SENHOR MINISTRO LUIZ FUX – senhor Presidente, eu também acompanho, e gostaria de trazer à baila um fato concreto. No início da minha vida profissional, eu trabalhei numa empresa anglo-holandesa, que foi obrigada a ir embora do Brasil porque havia uma concorrência absolutamente desleal, na medida em que os produtos dos concorrentes eram falsificados e eles não pagavam tributo, mas, como não acontecia nada, a concorrência se tornou absolutamente desleal. E eu me recordo que, por força dessas anomalias, é que a Emenda Constitucional nº 42/2003 trouxe uma alínea ao artigo 146, que na época foi muito debatido pelo meio tributário, exatamente sob esse enfoque que o Ministro Ricardo Lewandowski trouxe agora. Quer dizer, isso não é uma política arrecadatória, isso é uma imbricação entre o problema tributário e o problema da livre iniciativa e da livre concorrência. Então o artigo 146 passou a dispor: 'Art. 146-A. Lei complementar poderá estabelecer critérios especiais de tributação,' – como esse do tabaco, que é uma atividade tolerada pelo Estado – 'com o objetivo de prevenir desequilíbrios da concorrência,' – que é exatamente o caso específico – 'sem prejuízo da competência de a União, por lei, estabelecer normas de igual objetivo.'". BRASIL. Supremo Tribunal Federal. Tribunal Pleno. Recurso Extraordinário nº 550.769/RJ. Relator: Min. Joaquim Barbosa. Julgamento em 22/05/2013. D.J.e. de 03/04/2014, p. 39.

[173] Voto do Min. Joaquim Barbosa no RE 550.769/RJ, p. 9-10.

2.3.3.5.2 Os impactos concorrenciais do devedor contumaz e o STF

Após o acórdão proferido na AC n° 1.657/RJ, a conexão entre o inadimplemento contumaz e a violação ao princípio da livre concorrência foi destacada em outros julgamentos do STF, tal como na ADI n° 173/DF, ocasião em que, ao enquadrar como sanções políticas determinadas medidas previstas na Lei n° 7.711/88, o Min. Joaquim Barbosa ressalvou não servir a orientação firmada pela Corte "de escusa ao deliberado e temerário desrespeito à legislação tributária".[174] Em semelhante sentido, na ADI n° 5.135/DF, ao reconhecer a constitucionalidade do protesto da certidão de dívida ativa, o Min. Luís Roberto Barroso consignou que a medida contribui "para estimular a adimplência, incrementar a arrecadação e promover a justiça fiscal, impedindo que devedores contumazes possam extrair vantagens competitivas indevidas da sonegação de tributos".[175]

Portanto, extrai-se dos julgados que, na visão do STF, a inadimplência contumaz, se injustificada e substancial, produz, ou é capaz de produzir, efeitos negativos sobre o princípio da livre concorrência, permitindo ao agente econômico a obtenção de vantagens concorrenciais.

Há autores, no entanto, que consideram a extrafiscalidade do IPI voltada para a proteção da saúde condição *sine qua non* para a conclusão a que chegou o STF no julgamento da AC n° 1.657/RJ e do RE n° 550.769/RJ. Sem esse específico caráter indutor do comportamento dos contribuintes, representado pela inibição do consumo do cigarro, não seria possível replicar o raciocínio adotado pela Corte Suprema no caso *"American Virginia"*.

Nesse contexto, Igor Mauler Santiago[176] afirma que "é mesmo difícil pensar em outra atividade lícita que suscite repulsa semelhante à produção e à venda de cigarros, à qual restrições tão draconianas pudessem ser impostas com o beneplácito da opinião pública e do Judiciário". Hugo de Brito Machado Segundo e Raquel Cavalcanti

---

[174] BRASIL. Supremo Tribunal Federal. Tribunal Pleno. Ação Direta de Inconstitucionalidade n° 173/DF. Relator: Min. Joaquim Barbosa. Julgamento em 25/09/2008. D.J.e. de 20/03/2009, p. 14.
[175] BRASIL. Supremo Tribunal Federal. Tribunal Pleno. Ação Direta de Inconstitucionalidade n° 5.135/DF. Relator: Min. Roberto Barroso. Julgamento em 09/11/2016. D.J.e. de 07/02/2018, p. 13.
[176] SANTIAGO, Igor Mauler, *op. cit.*, p. 242-245.

Ramos Machado,[177] em linha similar, ressaltam que as peculiaridades do setor de cigarro, "que fabrica produtos sabidamente nocivos à saúde, e por isso mesmo já submetido a diversas limitações à livre iniciativa", pesaram de forma significativa para a conclusão firmada pelo STF.

De fato, a natureza extrafiscal do imposto foi destacada pelos Ministros nos votos proferidos nos referidos julgamentos, em especial na AC nº 1.657/RJ.[178] Todavia, a defesa da livre concorrência apareceu como fundamento autônomo para validar a medida de cassação da empresa.[179] Além disso, o aspecto extrafiscal do IPI foi suscitado pela Corte também para reafirmar o impacto na livre concorrência, uma vez que tal imposto, justamente por pretender induzir o comportamento dos consumidores, representa relevante parcela do preço do produto (70%), hábil a causar distúrbios concorrenciais no caso de inadimplência contumaz.

É o que se verifica dos seguintes trechos do acórdão:

> O IPI é rubrica preponderante no processo de formação do preço do cigarro, de modo que qualquer diferença a menor no seu recolhimento,

---

[177] Para os autores, "Não se tratava, propriamente, de uma forma indireta de cobrança, mas, antes, de uma forma de evitar que o cigarro continuasse sendo produzido sem se submeter aos ônus destinados a desestimular seu consumo. Seria algo assemelhado, por exemplo, à apreensão de cigarros que eventualmente estivessem sendo vendidos em pontos diversos dos autorizados para esse fim, e sem a afixação das imagens e das mensagens de alerta sobre seus malefícios". MACHADO SEGUNDO, Hugo de Brito. MACHADO, Raquel Cavalcanti Ramos. Regimes especiais de fiscalização e devedores contumazes: revisando o tema das sanções políticas em matéria tributária. *Revista Direito Econ. Socioambiental*, Curitiba, v. 9, nº 2, maio/ago. 2018, p. 99-101.

[178] No voto do Min. Cezar Peluso consta que "Dadas as características do mercado de cigarros, que encontra na tributação dirigida um dos fatores determinantes do preço do produto, parece-me de todo compatível com o ordenamento *limitar a liberdade de iniciativa* a bem de outras finalidades jurídicas tão ou mais relevantes, como a defesa da *livre concorrência* e o exercício da vigilância estatal sobre setor particularmente crítico para a saúde pública". BRASIL. Supremo Tribunal Federal. Tribunal Pleno. Medida Cautelar em Ação Cautelar nº 1.657/RJ. Relator: Min. Joaquim Barbosa. Relator para acórdão: Min. Cezar Peluso. Julgamento em 27/06/2007. D.J.e. 31/08/2007, p. 282.

[179] Também foram considerados nos referidos julgamentos, além da questão concorrencial, o princípio da isonomia e da generalidade e o dever fundamental de pagar tributos. No voto proferido na AC nº 1.657/RJ, o Min. Cezar Peluso destacou que "Donde se conclui que, perante as características desse mercado industrial concentrado, em que o fator *tributo* é componente decisivo na determinação dos custos e preços do produto, o descumprimento das obrigações fiscais é aqui acentuadamente grave, dados seus vistosos impactos negativos sobre a concorrência, o consumidor, o erário e a sociedade. E representa, ainda, tentativa de fraude ao princípio da igualdade e de fuga ao imperativo de que a generalidade dos contribuintes deva pagar tributos". (p. 282-283). No RE 550.769/RJ, o Min. Joaquim Barbosa salientou que "temos, de um lado, o direito fundamental à livre atividade econômica lícita e o direito fundamental de acesso à Jurisdição. De outro, estão o direito à livre-concorrência e o dever fundamental de pagar tributos" (p. 22).

por mínima que seja, tem sempre reflexo superlativo na definição do lucro (neste caso, aparentemente arbitrário) da empresa. Que dizer-se, pois, da repercussão do seu não recolhimento? (voto do Min. Cezar Peluso, AC n° 1.657, p. 274).

Esta finalidade extrafiscal que, diversa da indução do pagamento de tributo, legitima os procedimentos do Decreto-Lei n° 1.593/77, é a *defesa da livre concorrência*. (*ibidem*, p. 276-277, grifos no original)

A atuação fazendária não implicou, pelo menos à primeira vista, violação de nenhum direito subjetivo da autora, senão que, antes, a impediu de continuar a desfrutar posição de mercado conquistada à força de vantagem competitiva lícita ou abusiva. (*ibidem*, p. 281)

Tampouco apresenta a empresa, e isto é crucial, justificativas algo convincentes contra arguição de inadimplemento, aparentando adotar estudada estratégia empresarial de não recolhimento sistemático de tributos como instrumento de apropriação e acumulação de vantagens competitivas indevidas. (*ibidem*, p. 283)

A empresa que não cumpre obrigações tributárias, que não recolhe tributos, atua de modo desigual, em relação aos demais agentes econômicos, no mercado. É impressionante esta desigualdade se considerarmos a grandeza da incidência do IPI sobre a industrialização de cigarros. Isso nitidamente afronta os princípios constitucionais. (voto do Min. Eros Grau, AC n° 1.657, p. 300)

No julgamento do RE n° 550.769/RJ, o Min. Relator expressamente refutou a orientação adotada pelo Tribunal *a quo* no sentido de que o papel do IPI na proteção à saúde pública na indústria de cigarro representa, por si só, fator de legitimidade da regra do art. 2°, II, do Decreto-lei 1.593/1977. O acórdão se baseou precipuamente nos impactos concorrenciais decorrentes da inadimplência contumaz e injustificada, conforme observado nos seguintes trechos:

Discordo do raciocínio do qual partiu o acórdão recorrido para considerar válido o art. 2°, II, do Decreto-lei 1.593. Entendeu o Tribunal de origem que o papel da tributação da indústria do cigarro na proteção à saúde pública é suficiente para validar a obrigação imposta ao contribuinte para suspender a exigibilidade de todos os créditos tributários contra si lançados, como condição de garantia de seu funcionamento (...).

Por outro lado, também rejeito as razões do recurso extraordinário, no sentido de que o art. 2º, II, do Decreto 1.593 é inconstitucional em qualquer de suas interpretações possíveis. Como busquei demonstrar, a proibição da sanção política não confere imunidade absoluta e imponderada, pois não serve como uma espécie de salvo conduto geral aos contribuintes que fazem da frívola impugnação de lançamentos tributários uma ferramenta de vantagem competitiva. (voto do Min. Joaquim Barbosa, RE 550.769, p. 22 do acórdão)

Com efeito, ao perseverar no descumprimento de suas obrigações tributárias, a recorrente atua com indevida vantagem em relação às demais empresas do mesmo ramo de atividade, o que, quando mais não seja, constitui flagrante afronta ao princípio constitucional da livre concorrência (...). Em outras palavras, o descumprimento injustificado e reiterado de obrigações tributárias principais e acessórias por parte da recorrente acarreta notória distorção no sistema concorrencial do mercado tabagista, na medida em que lhe permite comercializar os seus produtos em patamar de preço inferior ao de seus concorrentes (voto do Min. Ricardo Lewandowski, RE 550.769, p. 35-36).

Ressalte-se que, independentemente da finalidade indutora do imposto, se ele constitui componente relevante do preço ou do custo do empreendimento, o inadimplemento sistemático pode impactar o ambiente concorrencial. É o caso, *v.g.*, do repasse do valor do IPI ao consumidor de bebidas alcoólicas, desacompanhado da transferência ao Fisco. Nesse exemplo, o potencial desestímulo ao consumo de álcool ocorreu tal como desejado pelo legislador, uma vez que o imposto integrou o preço da mercadoria. Ainda assim, observa-se a aptidão anticoncorrencial da conduta em razão da ilegal manutenção do valor do imposto pelo empresário. Há, ainda, circunstâncias em que o efeito indutor do tributo não será ultimado da forma desejada pelo Estado, como no caso de sonegação fiscal, embora também aí se faça presente a potencialidade de abalos concorrenciais.

Na disciplina do IPI incidente no setor de cigarros, há um aspecto ainda mais relevante: a lei tributária *presumiu* prática lesiva à concorrência ao prever a obrigação acessória de regularidade fiscal,[180] interpretada pelo STF como inadimplência fiscal contumaz.

Desse modo, o fato de os julgados realçarem a singularidade do caso nada mais representa do que a correta aplicação do princípio ou postulado da proporcionalidade. E não poderia ser diferente,

---

[180] SILVEIRA, Rodrigo Maito da, *op. cit.*, p. 208.

uma vez que, embora princípios e regras existam autonomamente no mundo abstrato das normas, "é no momento em que entram em contato com as situações concretas que seu conteúdo se preencherá de real sentido", conforme destaca Luís Roberto Barroso.[181] O ponto será melhor desenvolvido no Capítulo 4.

Extrai-se assim um traço distintivo que passou a moldar a jurisprudência do STF: a possibilidade de a lei presumir a aptidão da inadimplência contumaz e da sonegação fiscal para causar impactos relevantes no ambiente de lealdade concorrencial, com base nas peculiaridades de determinado mercado, tal como ocorreu no caso do art. 2º, II, do Decreto-lei nº 1.593/1977.

2.3.3.6 Nossa orientação: o papel do art. 146-A na disciplina do devedor contumaz

Diante dos possíveis impactos concorrenciais decorrentes da evasão, adota-se orientação no sentido da existência de relevante zona de convergência entre os critérios especiais de tributação mencionados no art. 146-A e a disciplina do devedor contumaz.

É necessário, contudo, separar duas fases distintas: (i) a criação de obrigações acessórias específicas para um determinado setor com vistas a prevenir a evasão fiscal (gênero no qual se inserem a inadimplência contumaz e a sonegação); e (ii) a previsão de critérios de enquadramento do sujeito passivo como devedor contumaz e de medidas específicas a ele aplicáveis. No primeiro caso, que será analisado no item 2.3.3.6.1, as obrigações não incidem em razão da especial qualificação do sujeito passivo como devedor contumaz, mas sim de forma genérica a todos os contribuintes de determinado setor ou àqueles em relação aos quais eventual evasão tem o potencial de gerar maiores impactos concorrenciais. No segundo caso, objeto dos itens 2.3.3.6.2 a 2.3.3.6.5, direciona-se uma disciplina específica ao devedor contumaz como forma de evitar a reiteração da prática de inadimplência sistemática e injustificada de obrigações tributárias.

---

[181] BARROSO, Luís Roberto. *Curso de direito constitucional contemporâneo*: os conceitos fundamentais e a construção do novo modelo. 8. ed. São Paulo: Saraiva Educação, 2019, p. 320.

2.3.3.6.1 Obrigações acessórias e prevenção da inadimplência contumaz

Entre aqueles que inserem a inadimplência contumaz e a sonegação fiscal no campo de incidência do art. 146-A da Constituição, há consenso sobre a possibilidade de previsão de obrigações acessórias específicas por lei complementar com o objetivo de prevenir distúrbios concorrenciais. Não se trata, pois, de obrigações dirigidas *ao* devedor contumaz, mas sim de obrigações que se prestam a evitar que o sujeito passivo acumule débitos e *se torne* devedor contumaz.

Impõe-se, assim, um controle prévio mais rígido do cumprimento da obrigação tributária em setores suscetíveis a impactos concorrenciais derivados da evasão fiscal.[182] Um exemplo de obrigação acessória criada com tal finalidade é o sistema de medição de vazão, outrora adotado pela Receita Federal do Brasil,[183] e o sistema de controle de produção de bebidas para o setor de cervejas, segmento fortemente marcado pela sonegação fiscal.[184] Relembre-se, tal como examinado no item 2.1.4.3, que sonegação e inadimplência contumaz são fenômenos diversos, embora por vezes possam coexistir – o sonegador, após sofrer autuação pelo Fisco em decorrência da prática de fraude fiscal, pode recusar-se, reiterada e injustificadamente, a satisfazer suas obrigações tributárias, tornando-se também devedor contumaz.

Ressalve-se, porém, que o limite à criação de obrigações acessórias ou deveres instrumentais com o objetivo de combater a evasão fiscal corresponde à própria livre concorrência. Caio Augusto Takano assinala,

---

[182] Na mesma linha, pontua Tercio Sampaio Ferraz Júnior que: "Em primeiro lugar, no pressuposto de que, por exemplo, se trate de setor em que a evasão fiscal tem levado a distorções na concorrência, a imposição de obrigações acessórias ganha uma significativa adequação à necessidade de evitá-las, decorrente do melhor controle da produção e dos respectivos estoques. As medidas estabelecidas contribuiriam para um efetivo controle prévio da evasão fiscal, o que atende ao controle dos riscos concorrenciais de sua utilização. Isto porque a prática ilícita aposta no fator tempo, ou seja, na eventual dificuldade de detecção do ilícito tributário e no ganho temporal aí implícito". FERRAZ JÚNIOR, Tercio Sampaio, *op. cit.*, p. 730.

[183] Ao analisar o assunto sob a égide da MP nº 2.158-35/2001 e da IN SRF nº 265/2002, Ives Gandra da Silva Martins pontuou que "Combater a evasão fiscal, restabelecer a livre concorrência e desestimular a sonegação são, a meu ver, imperativos éticos a que não pode a Receita se furtar, não vislumbrando eu, nos referidos artigos (36 e 37 da MedProv 2.158-35/2001 e 1º a 4º da IN SRF 265/2002), qualquer legalidade ou inconstitucionalidade". MARTINS, Ives Gandra da Silva, 2004, p. 10 (versão digital).

[184] Sobre a sonegação e o impacto do sistema de medição de vazão: INSTITUTO BRASILEIRO DE ÉTICA CONCORRENCIAL. *Cerveja paga até a última gota*. 21 out. 2005. Disponível em: https://www.etco.org.br/etco-na-midia/cerveja-paga-imposto-ate-ultima-gota/. Acesso em: 12 jul. 2020.

nessa linha, que, se deveres instrumentais são instituídos com vistas a combater a evasão fiscal (finalidade imediata) e a preservar a livre concorrência (finalidade mediata), "não seria coerente que o meio utilizado (dever instrumental) promova, ele mesmo, distorções concorrenciais, causando restrições ainda maiores àquele princípio".[185]

Portanto, a criação de obrigações acessórias específicas à luz das peculiaridades dos setores econômicos pode atuar na prevenção da inadimplência contumaz e, por reflexo, coibir distúrbios concorrenciais, inserindo-se no espaço de conformação do legislador complementar, com base no art. 146-A da Constituição.

2.3.3.6.2 O papel do art. 146-A na disciplina do devedor contumaz

Como visto, a inadimplência, quando contumaz, pode gerar reflexos no ambiente concorrencial, por permitir ao devedor praticar preços reduzidos ou obter lucros injustificados. Não se trata de analisar os impactos concorrenciais de infrações tributárias à luz da legislação antitruste, ponto que será abordado no item 2.3.3.6.6, mas de reconhecer que, tal como a política tributária pode impactar a concorrência, ainda que não objetive diretamente a produção de efeitos concorrenciais, também a inobservância sistemática de obrigações tributárias tem o condão de produzir semelhante resultado. É justamente nesse contexto que se correlacionam o devedor contumaz e o art. 146-A da Constituição.[186]

O art. 146-A atribui competência ao legislador infraconstitucional para, por meio de lei complementar, estabelecer os critérios especiais de tributação a serem observados pelas leis ordinárias dos entes.[187] Nesse

---

[185] TAKANO, Caio Augusto. Livre concorrência e fiscalização tributária. *Revista Dialética de Direito Tributário*, n° 233. São Paulo: Dialética, 2014, p. 61.
[186] Hamilton Dias de Souza destaca que "Nesse contexto, conduta que implique vantagem competitiva fundada na redução ou na eliminação do ônus tributário pode ser capaz de caracterizar o desequilíbrio concorrencial tributário a ensejar a utilização do dispositivo. Não se trata meramente de falta de recolhimento de qualquer tributo, mas uma conduta contínua que permita a obtenção de uma vantagem durante tempo suficiente capaz de interferir no regular funcionamento do mercado, provocando desequilíbrios estruturais. Não é preciso, contudo, que o desequilíbrio seja nacional, variando de acordo com a dimensão geográfica do mercado relevante afetado (municipal, estadual, regional ou nacional)". SOUZA, Hamilton Dias de, *op. cit.*
[187] SOUZA, Hamilton Dias. Critérios especiais de tributação para prevenir desequilíbrios da concorrência – Reflexões para a regulação e aplicação do art. 146-A da Constituição Federal. In: *A intervenção do Estado no domínio econômico: condições e limites* – Homenagem ao Prof.

caso, portanto, a lei complementar pode ser definida como norma de estrutura, ou, conforme lição de Bobbio, norma "para a produção jurídica", pois não regula o comportamento em si, mas sim o modo de regulamentação do comportamento.[188] Paulo de Barros Carvalho, em semelhante definição, classifica as normas de estrutura como "condição sintática para a elaboração de outras regras, a despeito de veicularem comandos disciplinadores que se vertem igualmente sobre os comportamentos intersubjetivos".[189]

O art. 146-A cria, desse modo, um campo para a lei complementar nacional referente a deveres instrumentais e demais medidas voltadas para prevenir a inadimplência sistemática de tributos,[190] podendo integrar esse âmbito, por exemplo, critérios para enquadramento do sujeito passivo como devedor contumaz, balizas normativas para a concessão de regimes especiais de tributação e a instituição de obrigações acessórias mais rígidas e setoriais.[191]

Registre-se, no entanto, que a lei complementar do art. 146-A, como norma geral,[192] deve deixar um espaço de conformação para os

---

Ney Prado. MARTINS FILHO, Ives Gandra da Silva; MEYER-PFLUG, Samantha Ribeiro (coords.). São Paulo: LTr, 2011. Disponível em: https://www.dsa.com.br/destaques/. Acesso em: 15 maio 2020, p. 385-400. Em sentido contrário, José Luis Ribeiro Brazuna defende que a outorga de poder é direta, ou seja, não é o caso de definição de normas gerais sobre os critérios especiais de tributação a serem implementados pelo legislador. BRAZUNA, José Luis Ribeiro, *op. cit.*, p. 129-130.

[188] BOBBIO, Norberto. *Teoria do ordenamento jurídico*. Trad. Por Maria Celeste C. J. Santos. 6. ed. Brasília: Editora Universidade de Brasília 1995, p. 45-48.

[189] CARVALHO, Paulo de Barros. *Direito tributário*: fundamentos jurídicos da incidência. 9. ed. São Paulo: Saraiva, 2012 (*ebook*), p. 49.

[190] Apesar de existir posicionamento doutrinário no sentido de que a referência a "obrigação" no art. 146, III, 'b', da Constituição abarca também os deveres instrumentais, o ponto não é unânime. Como exemplo, Misabel Abreu Machado Derzi e Frederico Menezes Breyner defendem que o art. 146, III, da Constituição traz um rol exemplificativo de conteúdos para a lei complementar e, além disso, o dispositivo não especifica a modalidade de obrigação a que se refere, *i.e.*, se principal ou acessória, permitindo inserir em seu âmbito de incidência as obrigações tributárias acessórias. DERZI, Misabel Abreu Machado. BREYNER, Frederico Menezes. Princípio da legalidade e os custos de conformidade na instituição de deveres instrumentais. *Instituto Brasileiro de Estudos Tributários (IBET)*. Disponível em: https://www.ibet.com.br/wp-content/uploads/2018/06/Misabel-Derzi.pdf. Acesso em: 6 jun. 2020, p. 943.

[191] Nesse sentido: BOMFIM, Diego, *op. cit.*, p. 195-196 e 261. Ressalva o autor, contudo, que as obrigações acessórias que, direta ou indiretamente, ofendam o princípio da livre iniciativa não podem ser instituídas pelo Fisco a pretexto de proteger a livre concorrência. Em sentido contrário, não admitindo a inclusão de regimes especiais de tributação no campo do art. 146-A: MORETI, Daniel, *op. cit.*, p. 202-204.

[192] REIS, Elcio Fonseca, *op. cit.*, p. 194; BOMFIM, Diego, *op. cit.*, p. 187; SOUZA, Hamilton Dias, 2011 (versão digital); e TORRES, Heleno Taveira. Atualização (arts. 145, 146, 146-A, 150, 155, 238) – In: *Comentários à Constituição do Brasil*. JJ Gomes Canotilho *et al.* (orgs.). São Paulo: Saraiva/Almedina, 2013, p. 1602. Contrariamente ao entendimento de que se trata de norma

legisladores estaduais e municipais, considerando as peculiaridades da competência tributária partilhada pela Constituição entre as diversas esferas federativas.[193] Caberá à lei complementar, nesse sentido, delimitar as balizas dentro das quais cada um dos entes poderá atuar quando da edição das respectivas leis ordinárias voltadas para a prevenção de distúrbios concorrenciais.[194]

Essa uniformização é recomendável e bem-vinda, se respeitado o espaço possível das normas gerais, pois afasta a confusão conceitual decorrente da fixação de critérios heterogêneos de definição do devedor contumaz e leva, inevitavelmente, à diminuição dos custos de *compliance* gerados pela sobreposição de obrigações e pela diversidade de regimes e à redução da insegurança jurídica.[195] Ademais, a atuação descoordenada dos entes pode, ao contrário de evitar, levar a *novos* distúrbios concorrenciais, se concentrada de forma aleatória em uma ou poucas empresas do mesmo segmento econômico, criando novos focos de evasão ou preservando antigos, sem produzir eficaz resultado no resguardo da justiça fiscal.

Aliomar Baleeiro, em parecer proferido no âmbito de projeto de Código Tributário Nacional (Projeto de Lei n° 4.834/1954), já salientava as dificuldades enfrentadas pela ausência de uniformidade de regras tributárias, em lição de todo apreensível à criação de normas gerais sobre o devedor contumaz:

> No mesmo local do território pátrio, o contribuinte é disputado por três competências fiscais que nem sempre coordenam as respectivas exigências para o bom convívio entre si e com os governados. Corrigir essa incômoda e caótica situação foi o pensamento vencedor na Constituinte de 1946, quando esta, após algumas hesitações iniciais,

---

geral, Igor Mauler Santiago argumenta que o critério topográfico do dispositivo, alheio às alíneas do art. 146, III, da Constituição, impede o enquadramento da lei complementar do art. 146-A como norma geral. SANTIAGO, Igor Mauler, *op. cit.*, p. 252.

[193] Geraldo Ataliba já ensinava, à luz da Constituição Federal de 1946, que: "da própria natureza da norma é ser 'geral'. Insistindo o legislador no pleonasmo, quis fazer patente sua deliberação no sentido de que essa competência se restrinja, realmente, àquelas normas cujo caráter de generalidade excluísse, de tôda forma, as minúcias, os pormenores – a abrangência de qualquer aspecto particular". ATALIBA, Geraldo. Normas gerais de direito financeiro. *Revista de Direito Administrativo*. v. 82, 1965, p. 42. E completa, no ponto, Ruy Barbosa Nogueira, ao esclarecer que a lei complementar tributária teve como inspiração a ideia de "obter um ato representativo, não apenas dos interesses da União, como fisco federal, mas do interesse de toda a nação". NOGUEIRA, Ruy Barbosa. *Curso de direito tributário*. 9. ed. atual. São Paulo: Saraiva, 1989, p. 61.

[194] Nesse sentido: BOMFIM, Diego, *op. cit.*, p. 187.

[195] SOUZA, Hamilton Dias de, 2011 (versão digital).

aprovou a emenda n° 938, de que resultou o art. 5, XV, b, da nova Carta Magna: "visa a disciplinar uniformemente em todo o País as regras gerais sôbre a formação das obrigações tributárias, prescrição, quitação, compensação, interpretação, etc., evitando o pandemônio resultante de disposições diversas não só de um Estado para outro, mas até dentro do mesmo Estado, conforme seja o tributo em foco. Raríssimas pessoas conhecem o Direito Fiscal positivo do Brasil, tal a Babel de decretos-leis e regulamentos colidentes em sua orientação geral" (justificação da emenda n° 938 ao projeto da Constituição).[196]

Diante disso, não se concorda com a interpretação atribuída por parte da doutrina no sentido de que o art. 146-A outorga competência *direta* aos Estados e Municípios para a edição de leis complementares com vistas à fixação de critérios relacionados ao devedor contumaz.[197] Referida interpretação esvazia de sentido o objetivo da norma, qual seja, propiciar a atuação *uniforme* dos entes destinada a evitar distúrbios concorrenciais. A própria Constituição, quando se referiu a leis complementares de competência dos entes subnacionais, fê-lo de forma expressa.[198] Além disso, o STF já pacificou o entendimento de que, ao se referir à lei complementar como veículo para edição de normas gerais, o art. 146, III, da Constituição alude à lei complementar *nacional*.[199] Idêntica lógica deve ser transplantada para o art. 146-A.

---

[196] CONGRESSO NACIONAL. Parecer do Relator Deputado Aliomar Baleeiro ao Projeto de Lei n° 4.834/1954. D.J. de 10 jun. 1959, p. 2.776 e 2.777. Disponível em: http://imagem.camara.gov.br/Imagem/d/pdf/DCD10JUN1959.pdf#page=8. Acesso em: 12 maio 2020.

[197] Essa é a opinião, por exemplo, de Fernando Facury Scaff, segundo o qual o art. 146-A da Constituição "permite a regulamentação pelos entes subnacionais, através de lei complementar, o que já foi feito pelo estado de São Paulo, através da Lei Complementar 1.320/18 – lei nos conformes". Cf. SCAFF, Fernando Facury. Tributação, concorrência e a criminalização do devedor contumaz. *Consultor jurídico*, jan/2020. Disponível em: https://www.conjur.com.br/2020-jan-13/tributacao-concorrencia-criminalizacao-devedor-contumaz. Acesso em: 11 jun. 2020.

[198] Assim o fazem, por exemplo, os artigos 25, §3° ("*Os Estados poderão, mediante lei complementar*, instituir regiões metropolitanas, aglomerações urbanas e microrregiões, constituídas por agrupamentos de municípios limítrofes, para integrar a organização, o planejamento e a execução de funções públicas de interesse comum"), 40, §4°-A ("Poderão ser estabelecidos *por lei complementar do respectivo ente federativo* idade e tempo de contribuição diferenciados para aposentadoria de servidores com deficiência, previamente submetidos a avaliação biopsicossocial realizada por equipe multiprofissional e interdisciplinar"), e 128, §4° ("Os Procuradores-Gerais nos Estados e no Distrito Federal e Territórios poderão ser destituídos por deliberação da maioria absoluta do Poder Legislativo, *na forma da lei complementar respectiva*").

[199] P. ex.: BRASIL. Supremo Tribunal Federal. Tribunal Pleno. Medida Cautelar na Ação Direta de Inconstitucionalidade n° 1.945/MT. Relator: Min. Octavio Gallotti. Relator para acórdão: Min. Gilmar Mendes. Julgamento em 26/05/2010. D.J.e. de 14/03/2011.

O que se conclui, assim, é que a lei complementar do art. 146-A pode ter relevante papel de coordenação da atuação dos entes no combate à inadimplência contumaz quando esta última se associa ao princípio da livre concorrência.

2.3.3.6.3 Restrições impostas pelo art. 146-A: reflexo concorrencial da inadimplência contumaz

Não é sempre, contudo, que a inadimplência contumaz se conecta com a livre concorrência. Se praticada por empresas detentoras de monopólio dentro de seu mercado de atuação exclusiva, a evasão não originará impactos na concorrência. A mesma lógica se estende a hipóteses de pessoas físicas enquadradas como devedoras contumazes por conta, *e.g.*, de débitos tributários de IRPF.[200] Por outro lado, há tributos que representam componente relevante da formação do preço, o que ocorre, em regra, com o IPI e ICMS incidentes sobre produtos supérfluos, em relação aos quais a inadimplência sistemática gera, potencialmente, danos concorrenciais.

De acordo com a redação do art. 146-A da Constituição, a lei complementar tributária deve atuar para prevenir desequilíbrios concorrenciais. O preceito em exame não se presta, portanto, à previsão de obrigações tributárias com viés preponderantemente arrecadatório. A atuação contra o devedor contumaz pode se fundamentar em outros princípios, como a capacidade contributiva e a eficiência, mas, para ser inserida no âmbito do art. 146-A, deve necessariamente se conectar com a proteção à livre concorrência. Como, então, delimitar os casos em que a inadimplência contumaz se relaciona com a livre concorrência?

Hamilton Dias de Souza estabelece um norte para esse questionamento: para gerar impactos concorrenciais no mercado, a vantagem tributária deve perdurar "por tempo suficiente para alterar a participação de mercado do agente", o que não ocorre no caso de ações pontuais. Desse modo, somente a inadimplência contumaz *e substancial* é apta a interferir no mercado.[201] Humberto Ávila relaciona os efeitos da inadimplência contumaz na livre concorrência a casos em que o descumprimento de obrigações principais atinja "montante expressivo que cause um

---

[200] Possibilidade prevista no Projeto de Lei federal nº 1.646/2019, objeto de exame no item 3.3.2. Não nos referimos, aqui, à responsabilidade atribuída a pessoas físicas por débitos originários de pessoas jurídicas.
[201] SOUZA, Hamilton Dias de, 2011 (versão digital).

impacto adverso e grave para a concorrência, tornando-a desleal", se injustificada.²⁰²

O Projeto de Lei Complementar nº 284/2017 (hoje em curso no Senado), que objetiva regulamentar o art. 146-A, também estabelece uma diretiva em relação à indagação. O Projeto prevê uma série de medidas destinadas a evitar a inadimplência contumaz, como o controle especial do recolhimento do tributo, de informações econômicas, patrimoniais e financeiras, bem como da emissão de documentos comerciais e fiscais.

Como forma de conectar tais critérios à finalidade precípua do dispositivo constitucional, o âmbito de incidência da proposição normativa foi restringido a alguns setores, como o de combustíveis e cigarros, permitindo-se a inclusão de "outros tipos de produtos e serviços, mediante requerimento da entidade representativa do setor, de órgão com competência para defesa da concorrência ou ainda iniciativa da administração tributária".²⁰³

O texto inicial do Projeto, proposto pela Senadora Ana Amélia, adotava postura mais abrangente e consentânea com o papel de norma geral assumido pela lei complementar, ao limitar sua incidência aos setores em que "o tributo seja componente relevante na composição de preços de produtos ou serviços", como ocorre com o IPI no segmento de cigarros, ou em que "a estrutura da cadeia de produção ou comercialização prejudique a eficiência do controle das diferentes formas de evasão fiscal", a exemplo do setor de fabricantes de bebidas, como visto no item 2.3.3.6.1. O Projeto propunha uma direção finalística para os entes, exigindo motivação à luz dos parâmetros nele elencados, sem delimitar desde já os setores destinatários da norma.

Há, porém, casos mais tormentosos, inseridos em uma zona cinzenta de conexão entre o devedor contumaz e a livre concorrência. Por exemplo, observa-se que determinados setores sobrevivem inteiramente da inadimplência contumaz, *i.e.*, todos os *players*, de sorte a se manter no mercado, descumprem suas obrigações tributárias, utilizando o montante que seria destinado ao pagamento de tributos como capital de giro. Nesse cenário, é importante verificar que, apesar de a conduta

---

²⁰² ÁVILA, Humberto, 2009, p. 438.

²⁰³ Junto a essas limitações, exige-se que a carga tributária seja, no mínimo, equivalente ao percentual de lucro para o setor na apuração do imposto de renda por lucro presumido *e* exista indícios de desequilíbrio concorrencial causado pela inadimplência tributária. Redação conforme os Pareceres nº 100/2018, da Comissão de Assuntos Econômicos, e nº 25/2018, da Comissão de Transparência, Governança, Fiscalização e Controle e Defesa do Consumidor, ambas do Senado Federal. Disponível em: https://www25.senado.leg.br/web/atividade/materias/-/materia/130467. Acesso em: 12 maio 2020.

do devedor contumaz não refletir de forma *imediata* na concorrência, já que todos os agentes adotam idêntica postura, a questão concorrencial opõe obstáculos ao retorno à conformidade. A manutenção do agente no mercado exige o emprego da inadimplência contumaz, considerando que o cumprimento tempestivo das obrigações tributárias representaria tamanha desvantagem que implicaria a perda de uma posição consolidada no mercado. A livre concorrência, nessa hipótese, correlaciona-se com a inadimplência contumaz de forma *mediata*.

É bem verdade que a inibição à inadimplência contumaz com a finalidade de evitar desequilíbrios concorrenciais sempre protegerá outros valores além da concorrência, como a justiça fiscal e a capacidade contributiva.[204] Além disso, a inadimplência contumaz provoca reflexos no incremento da carga tributária como forma de compensação pelo tributo não recolhido, especialmente em tributos incidentes sobre o consumo. Aumenta-se, com isso, a regressividade do sistema e novamente se afasta (o sistema tributário) do ideal de justiça fiscal.

É preciso, portanto, analisar o aspecto teleológico preponderante da norma para fins de análise de sua compatibilidade com o art. 146-A. Não se trata de forjar uma justificativa *a posteriori* relacionada ao princípio da livre concorrência, mas sim de verificar se o preceito normativo se destina efetivamente a inibir distúrbios concorrenciais.

2.3.3.6.4 O caráter preventivo da norma e o devedor contumaz

Ao lado das questões vistas acima, traçar a linha divisória entre prevenção e repressão não representa tarefa simples. Se, por um ângulo, o art. 146-A da Constituição reporta-se à prevenção de distúrbios concorrenciais, muitas vezes medidas restritivas impostas ao devedor contumaz adquirem, ao lado da função repressiva, um caráter preventivo que reflete no ambiente concorrencial, por impedirem a reiteração da conduta no tempo. Dessa forma, ao atuar preventivamente, o legislador pode considerar desequilíbrios potenciais ou mesmo atuais.[205]

---

[204] Sobre o ponto, esclarece Ricardo Seibel de Freitas Lima que, não obstante a lei tributária, na maior parte das vezes, imponha o mesmo ônus aos competidores no plano normativo, a inadimplência contumaz promove uma desigual distribuição dessa imposição no plano da realidade, a qual, embora não contamine a regra-matriz de incidência tributária, distorce o valor da justiça fiscal. LIMA, Ricardo Seibel de Freitas, *op. cit.*, p. 107.

[205] Nessa linha: SOUZA, Hamilton Dias de, 2011 (versão digital). O próprio STF firmou orientação nesse sentido ao considerar os danos potenciais decorrentes do inadimplemento

Afasta-se, aqui, o argumento de que toda e qualquer medida restritiva aplicável ao devedor contumaz se encontra fora do campo de atuação do legislador complementar, diante de seu caráter repressivo. Não se está a defender, é claro, a imposição de sanções de cunho arrecadatório, e sim que desequilíbrios atuais também podem ser alvo do preceito constitucional, já que sua coibição adquire nítido caráter preventivo.

O vocábulo "prevenirá", por si só, não soluciona a questão. O próprio art. 173, §4º, da Constituição, que dispõe sobre a repressão ao abuso de poder econômico, não exclui a função preventiva exercida pelo Sistema Brasileiro de Defesa da Concorrência, exteriorizada pela Lei nº 12.529/2011 em seu art. 1º e materializada, *v.g.*, pela submissão prévia ao CADE dos atos que impliquem concentração econômica (art. 88). Além disso, o art. 36, *caput*, da lei antitruste deixa claro que o mencionado diploma normativo busca coibir atos que, no futuro, "possam vir a gerar abusos ou prejuízos concorrenciais", como ensina Paula A. Forgioni,[206] também assumindo, dessa maneira, natureza preventiva.

Além disso, os regimes especiais de fiscalização, consequência mais difundida para o enquadramento do sujeito passivo como devedor contumaz, possuem como função primordial prevenir a reiteração da conduta, que goza de elevado grau de reprovabilidade social. Prevenção e repressão muitas vezes são funções que caminham juntas. O art. 146-A não abriga medidas exclusiva ou preponderantemente repressivas, mas há casos em que a função preventiva será acompanhada de algum grau de repressão.

Para Diego Bomfim,[207] a diferença entre o art. 146-A e o art. 173, §4º, não reside na natureza de prevenção ou repressão dos distúrbios "tendo por base o raciocínio de que, enquanto a lei de defesa da concorrência se preocuparia com a repressão, a nova autorização legislativa seria afeita apenas à prevenção". Ao contrário, a distinção envolve a essência dos distúrbios em si, *i.e.*, se endógenos ou exógenos. O primeiro caso, referente a distúrbios provocados pela tributação, demarcaria o campo de atuação da lei complementar do art. 146-A. Hamilton Dias de Souza afirma, sobre o ponto, que, apesar do caráter prospectivo da norma, seus efeitos tendem a reequilibrar o mercado

---

contumaz e substancial para validar a obrigação acessória de regularidade fiscal e a medida de cassação de registro no setor de cigarros, como visto.

[206] FORGIONI, Paula A. *Os fundamentos do antitruste*. 9. ed., rev., atual. e ampl. São Paulo: Editora Revista dos Tribunais, 2016, p. 148.

[207] BOMFIM, Diego, *op. cit.*, p. 193-194

e, portanto, podem abranger problemas preexistentes, desde que originados de ato de natureza tributária.[208]

Isso não significa, é claro, que qualquer medida prevista em lei complementar e destinada a prevenir a inadimplência contumaz será constitucional com fulcro no princípio da livre concorrência, porquanto submetida a controle judicial à luz do postulado da proporcionalidade.

2.3.3.6.5 A competência da União, dos Estados e dos Municípios na matéria

Como assentado, a lei complementar do art. 146-A configura instrumento hábil a uniformizar critérios de prevenção de distúrbios concorrenciais produzidos pela inadimplência contumaz.[209]

Seria naturalmente importante, nessa linha, o papel desempenhado pela lei ordinária dos entes competentes na criação de regimes voltados para a prevenção de práticas de evasão fiscal por devedores contumazes. Estados como o do Rio Grande do Sul e o de São Paulo editaram leis próprias criando regimes especiais destinados ao devedor contumaz. Sabe-se, a par disso, que a União apresentou o Projeto de Lei nº 1.646/2019 com semelhante objetivo, vindo, daí, a indagação: à luz do art. 146-A da Constituição, poderiam os aludidos entes legislar sobre o tema?

Referida discussão passa pela interpretação da parte final do art. 146-A da Constituição, que ressalva a competência da União para, por lei, "estabelecer normas de igual objetivo". Surgem, com base nisso, três caminhos interpretativos possíveis: (i) a identificação da parte final do art. 146-A com a competência de direito material da União em matéria concorrencial; e (ii) a prerrogativa atribuída ao legislador federal, não extensível aos demais entes federativos, para que considere distúrbios concorrenciais ao regulamentar os tributos de competência da União, (ii.1) sem que o ente federal se submeta aos critérios especiais fixados

---

[208] SOUZA, Hamilton Dias de, 2011 (versão digital).
[209] José Souto Maior Borges já ressaltava, em estudo datado de 1975, que, assim como a lei ordinária é obrigada a respeitar o campo privativo da lei complementar, esta deve respeitar o campo da lei ordinária, afastando a tese da hierarquia entre as duas fontes normativas ("os campos da lei complementar e da lei ordinária em princípio não se interpenetram, numa decorrência da técnica constitucional de distribuição *ratione materiae* de competências legislativas"). BORGES, José Souto Maior. *Lei complementar tributária*. São Paulo: Ed. Revista dos Tribunais, EDUC, 1975, p. 19-29.

por lei complementar ou (ii.2) até que sobrevenha lei complementar em sentido contrário.

De acordo com uma primeira posição,[210] a fração final do art. 146-A reafirmaria a competência predominante da União para legislar sobre direito material concorrencial, ao sinalizar a possibilidade de, com fulcro no art. 173, §4º, e 174 da Constituição, o ente federal editar leis ordinárias com vistas à repressão do abuso do poder econômico.

Esse entendimento, contudo, torna vazia de conteúdo a parte final do art. 146-A da Constituição. A prevenção de desequilíbrios concorrenciais por meio de instrumentos tributários não interfere na competência material atribuída à União para intervir na concorrência e reprimir abusos de poder econômico e que é tratada (tal competência) em dispositivos inseridos no capítulo relativo aos princípios gerais da ordem econômica.[211]

Por sua vez, uma segunda posição sobre o tema defende que a parte final do art. 146-A da Constituição se refere ao dever de neutralidade concorrencial do legislador ordinário federal, ao permitir que ele considere distúrbios concorrenciais para regulamentar aspectos dos tributos de competência da União.[212] Essa prerrogativa, a princípio, não seria extensível aos Estados e Municípios, que *não* detêm competência em matéria concorrencial.

---

[210] SILVA, José Afonso da. *Comentário contextual* à *Constituição*. 8. ed. São Paulo: Malheiros Editores, 2012, p. 660. No mesmo sentido: BOMFIM, Diego, *op. cit.*, p. 190-191; BRAZUNA, José Luis Ribeiro, *op. cit.*, p. 165; MORETI, Daniel, *op. cit.*, p. 172-174; e RIBEIRO, Maria de Fátima, *op. cit.*, p. 273.

[211] Nesse sentido, Hamilton Dias de Souza pontua que "A interpretação lógico-sistemática leva a entender que são normas tributárias. Primeiro, porque o art. 146-A está localizado topograficamente no Título da Constituição que trata da Tributação e do Orçamento, sendo lógico concluir que o dispositivo cuida de competência tributária e, portanto, da produção de normas dessa natureza. Segundo, porque a parte inicial do dispositivo cuida de competência tributária, confirmando que, por razões lógicas, a ressalva só pode ser em relação a uma competência de igual natureza. Terceiro, porque seria desnecessário ressalvar a competência da União para dispor sobre direito econômico, pois esta se funda no art. 24, I, da Constituição, que de nenhuma maneira é afetado pela norma do art. 146-A". SOUZA, Hamilton Dias de, 2011 (versão digital).

[212] NOGUEIRA, Vinícius Alberto Rossi, *op. cit.*, p. 66-69. PEREIRA, Luiz Augusto da Cunha. *A tributação, a ordem econômica e o artigo 146-A da Constituição Federal de 1988*. Dissertação (Mestrado em Direito) – Faculdade de Direito Milton Campos, Nova Lima, 2011, p. 107. No mesmo sentido: MIGUEL, Carolina Romanini. *Regimes especiais de ICMS*: natureza jurídica e limites. Tese (Doutorado em Direito) – Faculdade de Direito, Universidade de São Paulo, São Paulo, 2012, p. 234-235; SANTIAGO, Igor Mauler, *op. cit.*, p. 253; e MOURA, Frederico Araújo Seabra de. *Lei complementar e normas gerais em matéria tributária*. Dissertação (Mestrado em Direito) – Faculdade de Direito, Pontifícia Universidade Católica de São Paulo, São Paulo, 2007, p. 148.

Adepto a essa orientação, Luís Eduardo Schoueri salienta que "a leitura do art. 146-A da Constituição Federal sugere, de imediato, que o constituinte derivado contemplou dois instrumentos para a mesma finalidade: a lei complementar e a lei federal".²¹³ Nesse caso, para o mencionado autor, caberia à lei complementar harmonizar a legislação dos entes, evitando a interferência do uso descontrolado ou não coordenado da competência tributária na livre concorrência, considerando que a competência em matéria concorrencial é prioritariamente federal, ao passo que a competência para instituir tributos é repartida pela Constituição entre todos os entes federativos.²¹⁴ Hamilton Dias de Souza compartilha de tal concepção ao afirmar a ausência de competência do legislador municipal e estadual para instituir regras tributárias especiais com a finalidade de prevenir desequilíbrios concorrenciais.²¹⁵

Dentro dessa corrente, há quem afirme a exclusão da União do campo de incidência da lei complementar nacional, que seria destinada a uniformizar apenas as normas tributárias emanadas dos Estados e Municípios.²¹⁶ Esse ponto de vista, contudo, desconsidera o papel uniformizador da lei complementar em relação aos tributos federais, ao julgar que a lei ordinária já cumpriria esse papel.²¹⁷ O art. 146, I a III, da Constituição, ao tratar da lei complementar como meio de prevenir conflitos de competência em matéria tributária, regular limitações constitucionais ao poder de tributar e estabelecer normas gerais em matéria de legislação tributária, exerce papel uniformizador do mesmo modo e vincula não só Estados e Municípios, mas também a União. Como ressalta Paulo Ayres Barreto,²¹⁸ vislumbra-se hierarquia ontológico-formal entre a lei ordinária federal e a lei complementar nos casos em que a Constituição requer este veículo para a introdução de normas jurídicas.

---

²¹³ SCHOUERI, Luís Eduardo, 2019, p. 391.
²¹⁴ *Ibidem*, p. 393.
²¹⁵ SOUZA, Hamilton Dias de, 2011 (versão digital).
²¹⁶ PEREIRA, Luiz Augusto da Cunha, *op. cit.*, p. 107; e NOGUEIRA, Vinícius Alberto Rossi, *op. cit.*, p. 66-69.
²¹⁷ Destacando a função uniformizadora da lei complementar inclusive em relação à União, Diego Bomfim afirma que "editada, mediante lei complementar, norma geral que preveja os mencionados critérios especiais de tributação, cabe à lei ordinária da União instituí-los concretamente, desde que respeitados os limites e moldes estabelecidos pela norma geral". BOMFIM, Diego, *op. cit.*, p. 190.
²¹⁸ BARRETO, Paulo Ayres. *Elisão tributária*: limites normativos. Tese apresentada ao concurso à livre docência na área de Direito Tributário da Faculdade de Direito da Universidade de São Paulo: USP, 2008, p. 167.

Além disso, entende-se aqui que o caráter de norma geral do art. 146-A da Constituição leva à conclusão de que os Estados e Municípios possuem competência suplementar, caso editada a lei complementar do art. 146-A, ou plena, caso não editado referido ato normativo,[219-220] na forma do art. 24, §§2º e 3º, da Constituição, dentro dos limites de suas respectivas competências tributárias.

Semelhante entendimento fora adotado pelo STF quanto ao art. 146, III, "a", da Constituição, ao registrar que, na ausência de lei complementar nacional, "os Estados-membros estão legitimados a editar normas gerais referentes ao IPVA, no exercício da competência concorrente prevista no art. 24, §3º, da Constituição do Brasil".[221]

Registre-se, ainda, que, segundo entendimento prevalecente na doutrina, a tributação já poderia atuar na prevenção e correção de distúrbios concorrenciais anteriormente à edição do art. 146-A, na medida da competência dos entes federativos. Exemplo disso está nas obrigações acessórias criadas pelos Estados para o fim de combater práticas concorrenciais nocivas em determinados setores, tal como a obrigação de instalar medidores de vazão por estabelecimentos industriais envasadores de bebidas. Se a União detém competência predominante em matéria concorrencial,[222] afirmação que merece reflexões,[223] isso não lhe fornece competência exclusiva para, por meio

---

[219] Nesse sentido: REIS, Elcio Fonseca, *op. cit.*, p. 194.

[220] Para Ives Gandra da Silva Martins, a edição da lei complementar do art. 146-A é um poder-dever, embora, "se produzida não for, à luz de outros princípios, poderão os poderes tributantes adotar medidas objetivando evitar que a concorrência desleal se estabeleça, via tributos". MARTINS, Ives Gandra da Silva, 2005, p. 291.

[221] BRASIL. Supremo Tribunal Federal. Segunda Turma. Agravo Regimental no Recurso Extraordinário nº 414.259/MG. Relator: Min. Eros Grau. Julgamento em 24/06/2008. D.J.e. de 15/08/2008, p. 160-165.

[222] Essa posição também é defendida por José Luis Ribeiro Brazuna e Daniel Moreti. Segundo os autores, a concentração dos instrumentos de intervenção na concorrência deve ficar nas mãos da União, que detém melhores condições de avaliar o mercado relevante sobre o qual a intervenção se faz necessária. BRAZUNA, José Luis Ribeiro, *op. cit.*, p. 158-161; e MORETI, Daniel, *op. cit.*, p. 164-172.

[223] A competência para legislar sobre Direito Econômico, dentro do qual se encontra, a princípio, o Direito Concorrencial, é concorrente, como afirma o art. 24, I, da Constituição. Dessa forma, cabe à União a fixação de normas gerais, que são definidas por Thiago Magalhães Pires como "comandos voltados em caráter primário aos legisladores estaduais e distrital, e enunciados de tal forma que, como regra, não sejam capazes, por si mesmas e em tese, de incidir diretamente sobre a realidade. São, assim, parâmetros, diretrizes, critérios mínimos e máximos, e mecanismos e procedimentos de cooperação entre os entes federativos, que deixam aos entes periféricos a discricionariedade de optar por diversas soluções, procedimentos e meios, formulando uma política local autônoma, mas desenvolvida nos quadros da legislação federal". PIRES, Thiago Magalhães. *As competências legislativas na constituição de 1988*: uma releitura de sua interpretação e da solução de conflitos à luz do

de seus tributos, atuar na prevenção de desequilíbrios de concorrência, ao menos até a edição da lei complementar do art. 146-A, quando as ordens jurídicas parciais deverão a ela se conformar.

2.3.3.6.6 O papel do CADE

Se os entes, no exercício de sua competência tributária, podem atuar na prevenção de desequilíbrios concorrenciais decorrentes do inadimplemento reiterado, substancial e injustificado de obrigações tributárias, é preciso perquirir o papel do CADE na repressão a tais práticas.[224]

Sob a ótica do CADE, diversas decisões afirmam que, apesar de o descumprimento das obrigações tributárias ter o potencial de gerar vantagem competitiva ilícita, mediante redução artificial de custos, o órgão antitruste não é responsável por reprimir distorções resultantes de infrações tributárias delimitadas no tempo. Desse modo, eventual aplicação de sanções em resposta a infrações tributárias se circunscreveria à esfera do Fisco.[225]

Essa foi, por exemplo, a posição adotada na Averiguação Preliminar nº 08012.004657/2006-12, ocasião na qual o CADE afirmou que o Sistema Brasileiro de Defesa da Concorrência não possui competência para analisar distorções concorrenciais decorrentes de inobservância legal cuja fiscalização caiba a outra autoridade, caso da infração tributária.[226]

Direito Constitucional contemporâneo. Belo Horizonte: Fórum, 2015, p. 203. Ademais, nos termos do voto do Min. Eros Grau no julgamento da ADI 2.163, "não apenas a União pode atuar sobre o domínio econômico, isto é, na linguagem corrente, intervir na economia", por se tratar de competência concorrente dos entes federativos. BRASIL. Supremo Tribunal Federal. Tribunal Pleno. Ação Direta de Inconstitucionalidade nº 2.163/RJ. Relator: Min. Luiz Fux Relator para acórdão: Ricardo Lewandowski. Julgamento em 12/04/2018. D.J.e. de 01/08/2019. *Em sentido contrário*, o Min. Maurício Côrrea, no julgamento da ADI 1.918, entendeu ser de competência privativa da União "a intervenção do Poder Público na propriedade privada e na ordem econômica", nos termos do art. 22, II e III, e 173 da Constituição, mencionando posição de Hely Lopes Meirelles. BRASIL. Supremo Tribunal Federal. Tribunal Pleno. Ação Direta de Inconstitucionalidade nº 1.918/ES. Relator: Min. Maurício Corrêa. Julgamento em 13/08/2001. D.J. de 01/08/2003.

[224] A exposição que se segue se beneficiou da pesquisa exposta na obra *Concorrência e tributação*. CARVALHO, Vinicius Marques de; MATTIUZZO, Marcela; PROL, Flávio Marques; e LANGANKE, Amanda Lopes. São Paulo: Ed. Cedes, 2019.

[225] Portal do CADE. Disponível em: http://www.cade.gov.br/servicos/perguntas-frequentes/perguntas-sobre-infracoes-a-ordem-economica. Acesso em: 20 dez. 2019.

[226] CADE. Averiguação Preliminar nº 08012.004657/2006-12, 23/07/2009, p. 381-392. Em sentido semelhante: CADE. Averiguação Preliminar nº 08012.003648/2005-23, 23/08/2005, p. 363-366, e 10/07/2009, p. 652-658.

No mérito, portanto, o tribunal administrativo nunca condenou particulares por condutas anticoncorrenciais derivadas de infrações tributárias e reiteradamente arquivou denúncias semelhantes em momento inicial de investigação.[227]

Em abstrato, o CADE analisou, por meio da Consulta nº 0038/1999, os efeitos da tributação na concorrência. A Consulta foi apresentada pelo Pensamento Nacional das Bases Empresariais buscando manifestação da autarquia acerca da nocividade ou não da guerra fiscal de ICMS em termos concorrenciais. A consulente relatava que, por conta de benefícios fiscais, determinada empresa do setor conseguia oferecer preços muito reduzidos e, com isso, adquiriria potencial para dominar o mercado.

O voto proferido pelo Conselheiro Marcelo Calliari ressaltou a repercussão da desoneração de ICMS na livre concorrência, seja porque a empresa beneficiada arca com menor ônus tributário na sua estrutura de formação do preço, seja porque, mantido o mesmo preço, obtém lucro adicional dramaticamente superior em relação a suas concorrentes.

Com isso, produzem-se efeitos na dinâmica dos mercados relevantes, ainda que a empresa não adote práticas predatórias, como destacado no voto:

> O empresário incentivado pode, por exemplo, ainda de forma mais lucrativa do que a média do mercado, reduzir seu preço a um ponto que os outros não serão capazes de acompanhar, dado que têm de cumprir obrigações tributárias cujo peso considerável foi amplamente demonstrado acima. E note-se que a empresa beneficiada não teria necessidade de elevar seu preço posteriormente para recuperar uma prática "predatória", na medida em que não estaria perdendo dinheiro, de forma que poderia em tese manter um preço inviável para outros competidores indefinidamente.[228]

Apesar de analisar a questão sob a ótica da guerra fiscal, as conclusões alcançadas pelo CADE aplicam-se ao campo do inadimplemento reiterado de obrigações tributárias: ainda que atuando ilicitamente, ao contrário da mencionada hipótese, o devedor contumaz que opera em determinado setor obtém vantagem concorrencial sobre os contribuintes regulares.

---

[227] CARVALHO, Vinicius Marques de; MATTIUZZO, Marcela; PROL, Flávio Marques; e LANGANKE, Amanda Lopes. *Concorrência e tributação*. São Paulo: Ed. Cedes, 2019, p. 29-136 e 234.

[228] CADE. Consulta nº 0038/99. Rel. Conselheiro Marcelo Calliari, Julgamento em 22/03/2000, p. 20 do voto.

Em outros processos, o CADE analisou representações formuladas por empresas com base em alegações de prática de preços predatórios por concorrentes, supostamente viabilizada por meio do inadimplemento reiterado de tributos.[229] É o caso, por exemplo, da Averiguação Preliminar nº 08012.003648/2005-23, apresentada sob a acusação de prática de conduta anticompetitiva pelo não recolhimento do IPI e pela fixação de preços substancialmente inferiores aos dos demais concorrentes.

Na oportunidade, o CADE, reafirmando sua incompetência para a análise concreta da questão, destacou algumas diretrizes para um possível exame da prática de preços predatórios, na forma do art. 36, XV, da Lei nº 12.529/2011 e da Portaria Seae nº 70, de 12 de dezembro de 2002, que introduziu o "Guia para análise econômica da prática de preços predatórios". São elas: (i) o mercado não pode ser competitivo o bastante, impedindo o domínio pela empresa; (ii) a empresa não pode deter posição diminuta no mercado; (iii) a existência de barreiras significativas à entrada de novos competidores após o aumento dos preços é relevante, pois, do contrário, essa atitude levará à entrada de novas empresas no mercado; (iv) o preço deve ser fixado abaixo do custo variável médio; e (v) a distorção no equilíbrio competitivo não pode ser pontual. Na linha da teleologia explicitada na Portaria Seae nº 70/2002,[230] esclarece o voto do Conselheiro César Costa Alves de Mattos que "a racionalidade para tais sacrifícios é a expectativa de que essas perdas sejam recuperadas no futuro, *obtendo lucros de monopólio no setor*".[231]

Assim, não é claro se a conduta do devedor contumaz causa, em todo caso de venda de mercadorias abaixo do preço de custo,[232] danos

---

[229] Sobre o ponto, ver interessante análise de FREIRE, Rodrigo Veiga Freire e, *op. cit.*, p. 87-94.

[230] Mencionado ato normativo assim esclarece: "O conceito de preços predatórios pode ser ilustrado através de uma firma dominante que impõe preços abaixo do custo médio de produção, durante um período de tempo suficientemente longo, tendo por intenção expulsar alguns rivais ou deter a entrada de outras para que, no momento seguinte, possa elevar seus preços, significativamente, na tentativa de recuperar suas perdas iniciais em um mercado menos competitivo. De acordo com esta ordem, a estratégia de preços predatórios constitui um investimento em perdas, por um determinado período de tempo, com a perspectiva de se obter retornos suficientemente altos no futuro". Apêndice 1, Portaria Seae nº 70/2002, p. 11.

[231] CADE. Averiguação Preliminar nº 08012.003648/2005-23, 23/08/2005, p. 685.

[232] Celso Ribeiro Bastos defende que a simples venda de mercadorias abaixo do preço de custo constitui infração à ordem econômica. Segundo o autor, "a prática predatória é uma estratégia de uma empresa com posição dominante com o escopo de prejudicar, excluir, disciplinar ou ferir concorrentes através de atos que, se não fossem por seus efeitos anticompetitivos, não seriam percebidas pelo mercado. Esta conduta poderia parecer até mesmo ser benéfica por

concorrenciais sob a ótica da legislação antitruste. Para o CADE, os requisitos acima apontados também devem estar presentes.[233]

O mesmo ocorre com a obtenção de lucros arbitrários. Observa-se divergência na doutrina sobre a necessidade de domínio do mercado relevante como pressuposto para que o agente econômico possa arbitrar seu próprio lucro,[234] o que nem sempre ocorre no caso do devedor contumaz. A limitação do mercado relevante é tarefa extremamente complexa[235] e, vinculando-se o aumento arbitrário dos lucros ao mercado relevante, nem sempre a inadimplência tributária se identifica com um ato anticoncorrencial sob esse viés. Para Tércio Sampaio Ferraz Junior, "se a lei é condição mínima da lealdade concorrencial, os atos que visam a lucros, obtidos com violação da lei, configuram uma

---

resultar uma queda no preço final do produto mas, por ser artificial e injustificada, resulta, na verdade, em dano ao comércio. Em função disso, deve ser combatida. O objetivo de fixar preços finais de venda abaixo do preço de custo, para ser lícito, deve ser justificável de maneira plausível, não em prejuízo ao mercado". BASTOS, Celso Ribeiro, 1995, p. 192-193.

[233] A denominada "Cartilha do CADE", que visa a dirimir dúvidas sobre o conceito e a interpretação dos institutos relacionados à lei antitruste, reforça essa visão ao declarar que: "Como a venda de produtos abaixo do custo significa prejuízo para a empresa que adota a prática de preços predatórios, do ponto de vista econômico essa prática só faz sentido se a empresa puder recuperar tal prejuízo em um segundo momento, ou seja, se ele tiver como obter lucros no médio/longo prazo. A conduta ocorre se essa obtenção de lucro decorrer da eliminação de seus concorrentes". Disponível em: http://www.cade.gov.br/acesso-a-informacao/publicacoes-institucionais/cartilha-do-cade.pdf. Acesso em: 28 jun. 2020.

[234] Pedro Paulo Salles Cristofaro esclarece que, à época da Constituição de 1946, havia duas posições sobre o art. 148, que trouxe a previsão de aumento arbitrário dos lucros. A primeira conjugava-o com a necessidade de detenção de domínio relevante de mercado, ao passo que a segunda o considerava base independente sobre a qual o Congresso poderia elaborar a legislação antitruste. A Lei nº 4.137/1962, por sua vez, vinculou o aumento arbitrário de lucros aos casos de monopólio natural ou de fato. Com a Constituição de 1967 e a EC de 1969, o aumento arbitrário dos lucros passa a ser uma das características do abuso do poder econômico. A Constituição de 1988, assim como a de 1946, volta a falar do aumento arbitrário do lucro como objetivo do agente ("*que vise à*"). Para o autor, a experiência do monopólio é pressuposto para que o agente econômico possa arbitrar seu próprio lucro, pois só assim pode ele alcançar, por meio de ato unilateral, o maior nível de lucratividade possível, considerando a demanda. O aumento arbitrário de lucros não constituiria, por si só, ato ilícito contra a concorrência. CRISTOFARO, Pedro Paulo Salles. O aumento arbitrário de lucros na lei de defesa da concorrência. *Revista do IBRAC*. vol. 25/2014, jan-jul 2014, p. 101-123.

[235] O mercado relevante corresponde àquele "em que se travam as relações de concorrência ou atua o agente econômico cujo comportamento está sendo analisado. Sem sua identificação, é impossível determinar a incidência de qualquer das hipóteses contidas nos incisos do art. 36, *caput*, da Lei 12.529, de 2011". Para sua identificação, é necessário analisar, à luz do caso concreto, dois aspectos indissociáveis: o mercado relevante geográfico e o material. FORGIONI, Paula A., *op. cit.*, p. 221-245.

arbitrariedade", ferindo, assim, a lei antitruste (atualmente, art. 36, III, da Lei n° 12.529/2011).[236] Examinado o modo como o CADE enfrenta os efeitos anticompetitivos derivados de infrações tributárias, é preciso aferir se o papel atribuído ao tribunal administrativo anula ações por parte da Administração Tributária voltadas à proteção da livre concorrência.

Diverge-se aqui da posição adotada por parte da doutrina[237] de que as condutas anticoncorrenciais decorrentes de infrações tributárias, por se sujeitarem à análise e repressão pelo CADE, não podem motivar a aplicação de regimes especiais de controle e fiscalização pela Administração Tributária. Luís Eduardo Schoueri e Guilherme Galdino,[238] perfilhando referida conclusão, vislumbram caber à Administração Tributária tão somente tutelar o erário pelas vias tradicionais de cobrança. Careceria, assim, competência a esta última para atuar na proteção ao livre mercado, por cinco razões principais, dentre as quais se destacam as seguintes: (i) a ausência de meios à disposição do Fisco para aferir a produção de efeitos anticoncorrenciais decorrentes da inadimplência reiterada de tributos; (ii) a impossibilidade de produção de provas acerca da ausência de efeitos anticoncorrenciais produzidos pela conduta do sujeito passivo; e (iii) as distintas essências do poder de punir em matéria tributária e na esfera concorrencial.

Embora relevantes as razões para a compartimentação apontada, entende-se que o espaço de atuação do CADE, tipicamente repressivo, é autônomo em relação àquele dirigido ao legislador complementar (art. 146-A), até mesmo porque, caso contrário, o conteúdo desse dispositivo seria vazio de significado. O que o art. 146-A pretende é prevenir atos tributários que *possam eventualmente* causar desequilíbrios na concorrência. A efetiva análise dos seus efeitos anticoncorrenciais será procedida na esfera do CADE. Assim, a aptidão *em tese* das condutas

---

[236] O autor ressalta, ainda, que "tratando a lei concorrencial de infrações por atos que provoquem ou possam provocar certos efeitos, independentemente de culpa, a estratégia competitiva de agentes que visam a lucro e que se baseia em concorrência proibida caracterizam objetiva e presuntivamente o aumento arbitrário de lucros". FERRAZ JUNIOR, Tercio Sampaio. Práticas tributárias e abuso de poder econômico. *Revista de Direito da Concorrência*, n° 9. Jan-mar, 2006. Disponível em: http://www.cade.gov.br/acesso-a-informacao/publicacoes-institucionais/acesso-a-informacao/publicacoes-institucionais/Revista_de-Defesa-da-Concorrencia/capa-interna/publicacoes-anteriores-da-revista-de-defesa-da-concorrencias. Acesso em: 15 jun. 2020 (versão digital).

[237] MORETI, Daniel, *op. cit.*, p. 177-210.

[238] SCHOUERI, Luís Eduardo; GALDINO, Guilherme. Considerações sobre o caso *American Virginia*: entre sanção política e infração à ordem econômica. In: *Direito econômico contemporâneo*: estudos em homenagem ao Professor Fábio Nusdeo. PINTO, Alexandre Evaristo; SCAFF, Fernando Facury (coord.). São Paulo: Ed. IASP, 2020, p. 763-774.

tributárias para a produção de distúrbios concorrenciais é o móvel do art. 146-A.

Para ilustrar tal assertiva, tome-se o exemplo da cumulatividade. Como visto, a cumulatividade dos tributos vai de encontro à neutralidade concorrencial, por estimular a concentração vertical artificial das etapas produtivas. Essa conclusão, entretanto, leva em conta a potencial produção de efeitos anticoncorrenciais, e não o exame concreto do *market share* detido por cada sujeito passivo e da existência de barreiras à entrada de concorrentes. O mesmo ocorre em relação ao inadimplemento contumaz: o Fisco deve atuar na direção do princípio da livre concorrência, adotando medidas para evitar que a tributação provoque distúrbios concorrenciais. A lógica é correlata ao papel exercido pela Administração Pública na preservação da concorrência leal em contratações públicas:[239] não se cogita que a competência do CADE anule a função do Estado de prevenir distorções na livre concorrência.

Ademais, diversamente de como opera a lei antitruste, os critérios especiais não podem ser *casuísticos*, em razão do imperativo de isonomia tributária. Seria impossível, desse modo, fixar critérios especiais levando em conta a noção de mercado relevante, que só pode ser construída em cada caso concreto pelo órgão dotado de *expertise* técnica para tanto.[240] Do mesmo modo, o *market share* detido por cada empresa, central à verificação das infrações à ordem econômica, e a existência de barreiras à entrada de concorrentes no mercado são elementos a serem aferidos pelo CADE, no exercício de sua competência.

Dessa maneira, a admissão do enquadramento da inadimplência contumaz no campo de atuação do art. 146-A implica a aceitação do exercício, pela Administração Tributária, de algum papel nesse campo, manifestamente preventivo. O próprio CADE, relembre-se, já afastou sua competência no caso de infrações tributárias, por entender competir ao Fisco o restabelecimento da normalidade jurídica e, com isso, a retomada das condições concorrenciais habituais. Esse entendimento, contudo, não é isento de críticas, existindo na doutrina proposta de

---

[239] Sobre o tema, Victor Aguiar de Carvalho ressalta que "Por sua importância, a tutela estatal da concorrência como valor jurídico não pode ficar restrita à seara do Direito Antitruste, que possui tipicamente atuação repressiva". Nessa linha, o autor prossegue afirmando que a seara da contratação pública também deve se preocupar com a livre concorrência, cumprindo ex-ante a função de evitar distorções na livre competição ou impedir que o Estado facilite práticas restritivas da concorrência pelos particulares. CARVALHO, Victor Aguiar de. *Cartéis em licitações*. Rio de Janeiro: Lumen Juris, 2018, p. 64-68.

[240] FORGIONI, Paula A., *op. cit.*, p. 245.

adoção de filtro para identificação de infrações à ordem econômica derivadas diretamente da evasão fiscal.²⁴¹

Isso não impede, é claro, a existência de diálogo entre o CADE e a Administração Tributária com o desígnio de aprimorar os critérios especiais de tributação e a atividade fiscalizatória do Fisco. O próprio Projeto de Lei Complementar nº 284/2017, que objetiva regulamentar o art. 146-A da Constituição e será objeto de análise no Capítulo 3, atribui aos órgãos do Sistema Brasileiro de Defesa da Concorrência a possibilidade de solicitar a expansão dos tipos de produtos e serviços afetados pelos critérios especiais de tributação, desde que atendidas determinadas condições.²⁴²

Dessa forma, apesar da controvérsia sobre a possibilidade de o art. 146-A da Constituição servir de base para a disciplina do devedor contumaz, a conduta praticada por tais sujeitos passivos guarda relação com o princípio da livre concorrência. A Constituição atribuiu ao legislador complementar a tarefa de evitar que a tributação desequilibre a livre concorrência, e um dos meios para tanto é regulamentar, em âmbito nacional, o conceito e o regime possível do devedor contumaz, submetido ao crivo da proporcionalidade.

---

[241] Trata-se de estudo elaborado por Vinicius Marques de Carvalho, Marcela Mattiuzzo, Flávio Marques Prol e Amanda Lopes Langanke. Os autores propõem a adoção de cinco filtros: (i) reiteração da prática evasiva; (ii) a existência de mercado de alta tributação e baixa margem de lucro; (iii) o aumento significativo da participação no mercado relevante; (iv) correlação entre maior participação no mercado e a prática evasiva; e (v) aferição de dano efetivo à concorrência. CARVALHO, Vinicius Marques de; MATTIUZZO, Marcela; PROL, Flávio Marques; e LANGANKE, Amanda Lopes, *op. cit.*, p. 239-251.

[242] Redação do art. 2º, IV, do projeto após o Parecer (SF) nº 25/2018: Art. 2º Enquadram-se no campo de aplicação desta lei complementar os produtores, importadores e comerciantes de: (...) IV – outros tipos de produtos e serviços, mediante requerimento da entidade representativa do setor, de órgão com competência para defesa da concorrência ou ainda iniciativa da administração tributária, desde que atendidas as seguintes condições cumulativas: a) a carga tributária seja, no mínimo, equivalente ao percentual de lucro adotado para o setor na apuração do imposto de renda por lucro presumido; e b) haja indícios de desequilíbrio concorrencial causados pela inadimplência tributária.

CAPÍTULO 3

CONCEITO DE DEVEDOR CONTUMAZ

O termo contumaz, na língua portuguesa, origina-se do latim *contümax* e se identifica com os seguintes significados: teimoso e obstinado; constante e firme; arrogante, orgulhoso, rebelde e recalcitrante.[243] Não obstante exista algum interesse na pesquisa da origem etimológica da palavra e da sua definição informativa,[244] a lei nem sempre se aproveita do uso linguístico comum, este próprio por vezes plurívoco e impreciso, e, ademais, a atribuição de significado jurídico a um enunciado depende de um processo interpretativo muito mais complexo.[245]

No plano jurídico, o termo *contumácia* tradicionalmente esteve ligado à teoria processual, representando o desatendimento do ônus de atuação ou de comparecimento das partes no processo,[246] embora também adquira importância no âmbito do direito material, especialmente

---

[243] FARIA, Ernesto (org). *Dicionário escolar Latim-Português*. 3. ed. Campanha Nacional de Material de Ensino. 1962, p. 247.

[244] Conforme pontua Carlos Santiago Nino, "os dicionários pretendem formular definições informativas acerca do uso das palavras" (tradução livre). Sobre a diferença entre definições informativas e estipulativas, ver: SANTIAGO NINO, Carlos. *Introducción al análisis del derecho*. Buenos Aires: Ed. Astrea, 2012, p. 254.

[245] Esse processo interpretativo pauta-se por argumentos não só literais, mas sistemáticos, teleológicos, históricos, entre outros. Quanto ao argumento literal, Riccardo Guastini esclarece que "as regras, tanto semânticas quanto sintáticas, da língua são às vezes muito elásticas, de modo que nem sempre permitem que se chegue a um significado (a) unívoco e (b) preciso". Além disso, "aplicando as regras da língua, pode-se trazer à tona a equivocidade e a vagueza dos textos normativos, mas não as resolver", observação que tem especial relevância no contexto deste capítulo. GUASTINI, Riccardo, 2020, p. 242.

[246] Calmon de Passos considera equivalentes as palavras revelia e contumácia. Segundo o autor, "Estamos em face de termos perfeitamente sinônimos que traduzem o fenômeno do desatendimento, pelas partes, do dever ou do ônus, tanto de atuar como de comparecer". PASSOS, José Joaquim Calmon de. *Comentários ao Código de Processo Civil, Lei n° 5.869, de 11 de janeiro de 1973*, vol. III, 9. ed., Rio de Janeiro: Forense, 2005, p. 372-373.

do Direito Civil.[247] Apesar de produzir efeitos em outras esferas, recentemente o termo vem ganhando destaque ímpar no Direito Tributário: a delimitação da categoria do devedor contumaz, como visto no capítulo anterior, pode gerar consideráveis e, na maioria das vezes, drásticos reflexos para os sujeitos passivos, submetendo-os a medidas interventivas mais rígidas e até mesmo à responsabilização criminal (art. 2º, II, da Lei nº 8.137/1990).

Desse modo, o estudo do conceito do devedor contumaz assume crescente relevância, constituindo o objeto deste capítulo. Em outras palavras, concentra-se no antecedente da norma tributária, com vistas a responder à seguinte indagação: "qual conduta é vedada pela lei no caso do devedor contumaz?". Para tanto, será inicialmente examinada a semântica da expressão devedor contumaz, especialmente do ponto de vista de seus destinatários e do sentido assumido pelo termo débito na área tributária. Após, referido conceito será objeto de análise à luz da legislação tributária atualmente vigente, com ênfase em seus elementos dissonantes e comuns. A partir desses elementos, serão propostos o núcleo do conceito de devedor contumaz e as possibilidades de aperfeiçoamento da legislação posta. Por fim, o trabalho enfatizará a orientação firmada pelo STF quanto à interpretação do art. 2º, II, da Lei nº 8.137/1990 e seus possíveis reflexos na definição do devedor contumaz.

---

[247] A exemplo do art. 1.337, *caput* e parágrafo único, do CC/02, que prevê a figura do "condômino nocivo" ou "condômino antissocial", utilizando-se de cláusula aberta para se referir àqueles que descumprem reiteradamente os seus deveres em relação ao condomínio. Sobre o dispositivo, o STJ afirmou sua aplicabilidade ao devedor contumaz de despesas condominiais e, com isso, permitiu a fixação de multa de até um quíntuplo da cota condominial a ele direcionada. BRASIL. Superior Tribunal de Justiça. Quarta Turma. Recurso Especial nº 1.247.020/DF, Relator: Min. Luis Felipe Salomão. Julgamento em 15/10/2015. D.J.e. 11/11/2015. A condição de devedor contumaz também já se mostrou importante para fins de incidência da Súmula 385 do STJ ("Da anotação irregular em cadastro de proteção ao crédito, não cabe indenização por dano moral, quando preexistente legítima inscrição, ressalvado o direito ao cancelamento"). Nessa linha: BRASIL. Superior Tribunal de Justiça. Quarta Turma. Agravo Regimental no Recurso Especial nº 1.356.572/RS, Relator: Min. Luis Felipe Salomão. Julgamento em 05/03/2013. D.J.e. de 12/03/2013; BRASIL. Superior Tribunal de Justiça. Quarta Turma. Agravo Regimental no Recurso Especial nº 1.144.274/PB, Relator: Min. Maria Isabel Gallotti. Julgamento em 13/12/2011. D.J.e. 19/12/2011; entre outros. Há, ainda, outros campos do Direito Civil em que a contumácia assume relevância, como no âmbito da prestação de alimentos, para fins da incidência da prisão civil do alimentante, e mesmo no campo da responsabilidade civil, dentro do qual parte da doutrina defende a necessidade de se estabelecer tratamento diferenciado para infratores contumazes. Nesse sentido: SANTIAGO, Mariana Ribeiro. A lacuna axiológica no âmbito da quantificação da indenização derivada da responsabilidade civil no Direito Civil brasileiro e sua integração pelo princípio da igualdade. *Revista dos Tribunais*. v. 997, nov./2018, p. 309-330.

Ressalte-se que, não obstante a amplitude do conceito inserido no art. 113, §§1º e 3º, do CTN, a expressão obrigação tributária será utilizada neste capítulo em referência à obrigação tributária principal decorrente do não adimplemento de tributos, pois é a violação sistemática desta última que motiva as restrições impostas ao devedor contumaz.

3.1 Semântica da expressão devedor contumaz

3.1.1 Sujeito passivo, contribuinte, responsável tributário e devedor

A expressão devedor contumaz, de muito uso hoje em dia, precisa sofrer um refinamento para clarear o sentido jurídico em que aqui a empregamos. Isso porque ela se relaciona, em uma certa sobreposição e alguma penumbra, com conceitos tradicionais do Direito Tributário, relacionados ao sujeito passivo da obrigação tributária.

Até o momento, utilizou-se o termo contribuinte em sentido amplo, por vezes como sinônimo de sujeito passivo. Neste capítulo, o vocábulo será empregado em seu sentido técnico, para fins de delimitar a abrangência da figura objeto do presente estudo.

A obrigação tributária, como espécie do gênero obrigação, apresenta dois polos contrapostos: o sujeito ativo e o sujeito passivo. O sujeito passivo da obrigação de pagar tributo, que interessa especificamente a este trabalho, consiste na pessoa submetida à imposição decorrente da realização do fato descrito na hipótese de incidência da regra tributária.

O art. 121, parágrafo único, do CTN divide o sujeito passivo da obrigação principal em dois grupos: o do contribuinte, que, segundo o Código, é aquele que guarda "relação pessoal e direta com a situação que constitua o respectivo fato gerador", e o do responsável, quando, "sem revestir a condição de contribuinte, sua obrigação decorra de disposição expressa de lei".

A designação do contribuinte decorre da própria natureza do fato gerador. É o contribuinte que pratica, no plano concreto, o fato signo presuntivo de riqueza eleito pelo legislador como apto a gerar a incidência tributária. Em decorrência disso, sua definição se extrai, em regra, da análise do próprio fato gerador.[248]

---

[248] JARACH, Dino. *O fato imponível*: teoria geral do direito tributário substantivo. Tradução de Dejalma de Campos. São Paulo: Editora Revista dos Tribunais, 1989, p. 155-170.

Os demais sujeitos passivos, apesar de se relacionarem de alguma forma com o fato gerador, não estão a ele diretamente conectados por natureza e por isso respondem por seu pagamento com fundamento em expressa previsão em lei tributária,[249] como dispõe o art. 128 do CTN. O responsável tributário surge, então, como outra pessoa, distinta do contribuinte, a quem o legislador atribui responsabilidade a fim de garantir a satisfação do crédito, em vista da sua conexão com o fato gerador. Trata-se do fenômeno da sujeição passiva indireta.[250]

A categoria de responsável tributário suporta subdivisão em dois grupos: do substituto tributário e do responsável *stricto sensu* ou por transferência.

Como esclarece Alfredo Augusto Becker,[251] o substituto se diferencia do responsável tributário *stricto sensu* do seguinte modo: para este último, a lei outorga ao Estado o poder de exigir de outrem a satisfação da prestação tributária *apenas* após a verificação da ausência de sua observância pelo contribuinte. Já o fenômeno da substituição se opera quando, realizado o fato gerador, a lei impõe a outra pessoa que assuma, originalmente e no lugar do contribuinte, a condição de sujeito passivo, arcando com a consequência da imposição tributária.

Assim, na substituição tributária,[252] a obrigação pode ser vista por dois prismas: o dever de pagamento do tributo surge de início para o substituto, que é sujeito passivo de uma *obrigação de pagar* e, ao mesmo tempo, sujeito ativo de uma *obrigação de fazer*, já que, não manifestando capacidade contributiva, a ele cabe reter e transferir o dinheiro do substituído à Fazenda.[253]

---

[249] *Ibidem*, p. 155-170.

[250] SOUZA, Rubens Gomes de. *Compêndio de legislação tributária*. Coordenação: IBET, obra póstuma. São Paulo: Ed. Resenha Tributária, 1975, p. 92-94. Para o autor, a sujeição passiva indireta apresenta duas modalidades: transferência (solidariedade, sucessão e responsabilidade) e substituição.

[251] BECKER, Alfredo Augusto. *Teoria geral do direito tributário*. São Paulo: Saraiva, 1972, p. 500-511.

[252] É o caso do empregador obrigado a reter rendimentos do empregado e repassá-los ao Fisco federal. Também se incluem nesse gênero a chamada substituição tributária para frente ou progressiva, cujo fundamento é extraído do art. 150, §7º, da Constituição, representada, *e.g.*, pela obrigação do industrial de recolher o ICMS decorrente da etapa subsequente de venda do produto pelo varejista ao consumidor final, e a substituição para trás ou regressiva, a exemplo do industrial obrigado a recolher o ICMS incidente na operação anterior de aquisição de produtos lacticínios de cooperativas.

[253] PAULSEN, Leandro. *Responsabilidade e substituição tributárias*. 2. ed. Porto Alegre: Livraria do Advogado Editora, 2014, p. 218. Ressalte-se que, para parte da doutrina, o substituto não pode ser enquadrado como devedor tributário, e sim como obrigado ao pagamento. Nesse sentido: TIPKE, Klaus; LANG, *op. cit.*, p. 360.

Por sua vez, o responsável tributário *stricto sensu* é sujeito passivo de duas obrigações sucessivas entre si. A primeira, consistente em uma obrigação de fazer, tem como conteúdo impedir o descumprimento da obrigação de pagar tributo pelo contribuinte e normalmente está implícita nos enunciados que atribuem responsabilidade, a exemplo da obrigação do sócio-gerente de assegurar a boa administração fiscal da empresa, agindo "com zelo, cumprindo a lei e atuando sem extrapolação dos poderes legais e contratuais de gestão".[254] A segunda corresponde a uma obrigação de pagar e surge quando descumprida a obrigação de fazer.[255] A regra-matriz de responsabilidade tributária não se confunde com o nascimento da obrigação direta do contribuinte, embora dele seja dependente, como já decidiu o STF.[256] Nesse contexto, cite-se a lição de Alfredo Augusto Becker:

> Desde logo, cumpre fixar este ponto: não é juridicamente possível distinguir débito e responsabilidade, isto é, considerar que o responsável estaria obrigado a satisfazer débito de outro. *O responsável sempre é devedor de débito próprio*. O dever que figura como conteúdo da relação jurídica que vincula o Estado (sujeito ativo) ao responsável legal tributário (sujeito passivo) é dever jurídico *do próprio responsável legal tributário* e não de outra pessoa.[257]

Dessa forma, o substituto tributário e o responsável tributário em sentido estrito são, assim como o contribuinte, sujeitos passivos de relação obrigacional própria.

Embora alicerçados em diferenças quanto ao nascimento do vínculo de cada qual, os conceitos de contribuinte, substituto e responsável não se distanciam quando analisado o comportamento que ao final deles se espera perante o Fisco: adimplir a obrigação tributária.

Se, como visto, a ideia de disciplinar um regime para o devedor contumaz tem a ver com incentivar o retorno à conformidade tributária e alterar padrões comportamentais nocivos ao Fisco, aos demais contribuintes e à sociedade, logo se vê que o conceito de devedor, empregado para esse fim, tem a aptidão de compreender todo aquele que se sujeita a uma obrigação de pagar tributo perante o Fisco, quer seja contribuinte, quer seja substituto ou responsável tributário.

---

[254] BRASIL. Supremo Tribunal Federal. Tribunal Pleno. Recurso Extraordinário n° 562.276/PR. Relatora: Min. Ellen Gracie. Julgamento em 03/11/2010. D.J.e. de 10/02/2011, p. 451.
[255] PAULSEN, Leandro, 2014, p. 152 e 212-218.
[256] RE n° 562.276/PR, p. 429-430.
[257] BECKER, Alfredo Augusto, *op. cit.*, p. 508-509.

Examinando o direito em vigor, percebe-se que a maior parte da legislação tributária restringe a qualificação de devedor contumaz ao contribuinte, seguindo, aparentemente, a concepção técnica do art. 121, parágrafo único, do CTN.[258] Outras vezes, o termo contribuinte é empregado em sentido atécnico, por abarcar também hipóteses de sujeição passiva indireta.[259] E, ainda, determinadas leis se referem genericamente ao sujeito passivo do ICMS[260] sem diferenciá-lo quanto à sujeição direta ou indireta.

Parece possível cogitar de uma explicação para esse fenômeno, relacionado a uma certa predisposição do legislador para, em cada esfera, olhar o devedor contumaz por um ângulo único, algumas vezes mirando (i) na consequência que esse regime atrai e, outras, (ii) no pressuposto eleito para a qualificação.

Os regimes estaduais, via de regra, buscam instituir como consequências da inadimplência contumaz sanções e deveres instrumentais mais rígidos, a fim de impedir a consolidação do endividamento sistemático como estratégia negocial. Concentram-se, assim, em tornar mais intenso o controle das atividades do contribuinte.

Sob essa ótica, é o contribuinte que exerce a atividade econômica e exterioriza capacidade contributiva ao praticar o fato signo presuntivo de riqueza. Caso o regime mire na fiscalização da atividade empresarial, o foco passa a ser aquele que a exerce, *i.e.*, o contribuinte. Também o substituto tributário poderia ser incluído como destinatário do regime, no caso de descumprimento da obrigação de repassar o imposto retido ao Fisco. Grande parte das leis em vigor, de maneira pouco técnica, não separa contribuinte e substituto para esses fins.

Por sua vez, há regimes em que o foco do legislador se centraliza nos pressupostos para a qualificação do devedor contumaz, como aquele previsto no Projeto de Lei federal nº 1.646/2019, cuja essência corresponde ao combate à prática de atos fraudulentos.

Nesses modelos, atribuir medidas mais onerosas apenas ao contribuinte não se mostra adequado à luz da isonomia e da eficiência nas atividades de fiscalização e cobrança. Em muitos casos, a fraude ocorre

---

[258] É o caso dos Estados da Bahia, do Rio Grande do Sul, do Paraná, do Espírito Santo e de Pernambuco, a seguir analisados.

[259] O Estado de Pernambuco, por meio da Lei nº 15.061/2013, dispôs que o devedor contumaz é aquele contribuinte que se enquadra em alguma das hipóteses inseridas na norma. Entre elas, consta o não recolhimento de imposto retido em razão de substituição tributária, o que demonstra que também o substituto tributário se insere na concepção de devedor contumaz.

[260] Tal como a legislação tributária dos Estados de São Paulo, Goiás e Alagoas.

mediante a utilização de interpostas pessoas, *e.g.*, por meio da criação de nova pessoa jurídica para a realização da mesma atividade empresarial e do esvaziamento patrimonial do contribuinte. Direcionar o controle do Fisco para eventuais responsáveis tributários, especialmente em hipóteses de fraude estruturada, pode ser essencial para a recuperação dos respectivos créditos.

A rigor, considerando critérios de isonomia e eficiência, nada justifica restringir o devedor contumaz apenas ao contribuinte ou ao responsável tributário, porque ambos estão potencialmente sujeitos à obrigação tributária. O inadimplemento sistemático, substancial e injustificado pode ser objeto de conduta do contribuinte, do substituto tributário, ao não repassar valores retidos ao Fisco, e do responsável tributário *stricto sensu*. Assim deve ser interpretada a legislação vigente sobre o tema, objeto de estudo no item 3.3.

Uma visão que considere o regime do devedor contumaz em todas as suas potencialidades, quer nos pressupostos, quer nas consequências, tende a evitar restrições injustificadas.

Em todo caso, é recomendável que, por se tratar de regime restritivo, o legislador indique, *expressa* e *objetivamente*, de forma técnica, qual é o sujeito passivo alvo do texto normativo, conferindo, assim, segurança jurídica àqueles que se relacionam com a Administração Tributária.

3.1.2 Devedor x inadimplente. Inadimplência contumaz

A condição de devedor se perfaz com o surgimento da obrigação tributária, que, para o contribuinte e o substituto, ocorre no momento da realização do fato gerador e, para o responsável tributário *stricto sensu*, no momento da verificação, no mundo fenomênico, dos fatos descritos na regra-matriz de responsabilidade tributária.

Pontes de Miranda, sobre o vínculo obrigacional, acentua que "os negócios jurídicos de direito das obrigações irradiam pretensões pessoais, isto é, pretensões a que alguém possa exigir de outrem, debitor, que dê, faça, ou não faça, em virtude de relação jurídica só entre eles".[261] Acrescenta o autor que "a pretensão supõe o crédito; a obrigação, a

---

[261] MIRANDA, Pontes de. *Direito das obrigações, obrigações e suas espécies, fontes e espécies das obrigações*. Atualizado por Nelson Nery Jr. e Rosa Maria de Andrade Nery. São Paulo: Editora Revista dos Tribunais, 2012, (coleção tratado de direito privado: parte especial; 22), p. 56.

dívida", bem como afirma constituir o crédito "direito que se dirige à pessoa do devedor, para que êle preste (=porque êle deve a prestação)".[262]

A exigibilidade, elemento inerente à obrigação, é definida por Cândido Rangel Dinamarco como a "ausência de impedimentos jurídicos para que o devedor satisfaça a pretensão do credor, sem portanto se confundir com a existência do direito subjetivo".[263]

No Direito Tributário, apesar de dependente da realização do fato gerador, a obrigação somente se torna exigível após o lançamento tributário, com a apuração da existência e da extensão da pretensão outorgada à Administração Tributária.[264]

Além disso, no plano da relação tributária, se inadimplida a obrigação, a exigibilidade avança para o plano da exequibilidade por intermédio da produção da Certidão de Dívida Ativa,[265] título executivo extrajudicial que viabiliza o ajuizamento da execução fiscal, nos termos da Lei nº 6.830/1980.

Alberto Xavier, em síntese, ressalta que a obrigação tributária nasce com a realização do "facto tributável", embora somente após o lançamento a situação jurídica se torne plenamente operante para efeito de cumprimento voluntário ou execução coercitiva.[266] Para o autor, a obrigação se torna: (i) atendível no momento da prática do lançamento; (ii) exigível pelo credor e realizável pelo devedor no momento da verificação do prazo legal; e (iii) exequível no momento em que se esgota o período de cobrança voluntária,[267] com a ressalva da necessária inscrição do crédito tributário em dívida ativa para a cobrança judicial.

O que se pretende transmitir com essas colocações é que o termo *devedor*, na orientação ora adotada, ostenta significado inconfundível com *inadimplente*. O sujeito passivo é devedor desde o nascimento da obrigação tributária, anteriormente à sua exigibilidade.

O próprio Código Tributário Nacional distingue devedor e inadimplente quando afirma, no art. 161, §2º, não se aplicarem os

---

[262] *Ibidem*, p. 56.
[263] DINAMARCO, Cândido Rangel. *Instituições de direito processual civil*: volume IV, 4. ed., rev. e atual. Segundo o Código de Processo Civil/2015, de acordo com a Lei 13.256, de 4.2.2016, e a Lei 13.363, de 25.11.2016. São Paulo: Malheiros, 2019, p. 161.
[264] NOGUEIRA, Ruy Barbosa. *Teoria do lançamento tributário*. São Paulo: Resenha Tributária, 1965, p. 31.
[265] CONRADO, Paulo Cesar. *Execução fiscal*. 3. ed. São Paulo: Noeses, 2017, p. 100.
[266] XAVIER, Alberto Pinheiro. *Conceito e natureza do lançamento tributário*. São Paulo: Editora Juriscredi Ltda., p. 533-536.
[267] *Ibidem*, p. 601-602. A condição de atendibilidade significa que, na presença do título (lançamento), as partes ficam vinculadas a exigir e a prestar em harmonia com o seu teor literal.

encargos decorrentes da mora e outras penalidades e medidas de garantia "*na pendência de consulta formulada pelo devedor dentro do prazo legal para pagamento do crédito*".

Desse modo, a rigor, a expressão "inadimplente contumaz" é semanticamente mais adequada[268] em comparação ao termo "devedor contumaz", hoje consagrado na legislação, além de não criar um estigma em torno do débito tributário e de seu titular.

O só fato de ser o sujeito passivo devedor tributário nada diz sobre seu comportamento, porquanto entre a constituição do crédito e a inadimplência existe um feixe de condutas possíveis e irrepreensíveis, como, por exemplo, a discussão administrativa acerca da validade da autuação e a incidência de outras causas de suspensão da exigibilidade do crédito (art. 151 do CTN).

Feitas as devidas ressalvas e tendo em vista que os termos débito e inadimplemento, em seu sentido técnico, não exteriorizam fenômenos idênticos entre si, este trabalho tomará as expressões "devedor contumaz", consagrada pelo legislador, e "inadimplente contumaz" como sinônimos.

3.2 Construindo conceitos classificatórios

Todo ato normativo que compartilhe a pretensão de delimitar, mediante abstrações generalizantes, uma classe de indivíduos deverá buscar as propriedades comuns que reflitam esse agrupamento que a lei quer espelhar.[269] Classificar significa, assim, agrupar teoricamente objetos ou fatos em uma categoria, levando em conta determinadas

---

[268] Ressalva-se o uso, nesta obra, dos termos inadimplemento e mora como sinônimos, independentemente da utilidade ou impossibilidade da prestação, embora, em acepção técnica, o inadimplemento não corresponda à contraface do adimplemento e não configure sinônimo de não adimplemento, como ressalta Cândido Rangel Dinamarco. Em sentido técnico, inadimplemento é empregado nos casos de ausência de cumprimento de uma obrigação aliada à impossibilidade ou inutilidade do cumprimento, ao passo que o não cumprimento da obrigação pelo modo, no lugar ou no tempo previstos caracteriza-se como simples mora. Para o autor, onde o Código de Processo Civil menciona inadimplemento, mais correto seria se referir à insatisfação da pretensão do exequente. Contudo, ressalva não ser o caso de eliminar o uso do vocábulo inadimplente, "bastando, para evitar desvios conceituais, metodológicos e mesmo práticos, que se tenha plena consciência de seu real significado no contexto do direito executório". DINAMARCO, Cândido Rangel, *op. cit.*, p. 156-159.

[269] SCHAUER, Frederick. *Playing by the Rules*: A Philosophical Examination of Rule-Based Decision-Making in Law and in Life. Oxford: Clarendon Press, 2002, p 27-32.

propriedades comuns.[270] Tais propriedades devem ser *necessárias* e *suficientes* para a configuração do conceito.[271]

Nessa linha, é possível vislumbrar agrupamentos a partir de diferentes níveis de abstração, a depender das propriedades comuns selecionadas. São exemplos disso as categorias de *sujeito passivo*, *inadimplente* e *devedor contumaz*.[272] Enquanto que a classe dos sujeitos passivos partilha a obrigação de pagamento de tributo ou penalidade pecuniária, nos termos do art. 121, *caput*, do CTN, a classe dos inadimplentes comunga a nota do inadimplemento do crédito tributário. Por sua vez, no caso do devedor contumaz, intenciona-se alcançar o sujeito passivo que, *reiterada, injustificada e substancialmente*, inadimple o crédito tributário. A escolha de *quais* propriedades comuns serão selecionadas pelo legislador depende, portanto, da *necessidade* a ser satisfeita com aquele conceito.[273]

No caso do devedor contumaz, reitere-se, não quis o legislador atingir qualquer inadimplência, mas apenas aquela dotada de caráter reiterado, injustificado e substancial, que adquire maior grau de reprovabilidade. São essas, portanto, as propriedades comuns centrais ao conceito de devedor contumaz. Com o intuito de mitigar a vagueza ínsita a esses termos,[274] a legislação tributária avançou para definir, de modo estipulativo,[275] os atributos do conceito de devedor contumaz, tornando-o mais preciso.

---

[270] SANTIAGO NINO, Carlos. *Introducción al análisis del derecho*. 2. ed. Buenos Aires: Ed. Astrea, 2012, p. 252.

[271] Nas palavras de Humberto Ávila, "necessárias no sentido de que, sem elas, o conceito não se manifesta; suficientes no sentido de que, com elas, o conceito se confirma". ÁVILA, Humberto. *Competências tributárias*: um ensaio sobre a sua compatibilidade com as noções de tipo e conceito. São Paulo: Malheiros, 2018, p. 11.

[272] Como ressalta Humberto Ávila, "A abstração, todavia, é uma propriedade relativa: qualquer conceito é abstrato em maior ou menor medida. Quanto mais para cima se mover o conceito na hierarquia gênero-espécie, tanto maior será a abstração". ÁVILA, Humberto, 2018, p. 41.

[273] SANTIAGO NINO, Carlos, *op. cit.*, p. 252-253.

[274] A vagueza, frise-se, é propriedade ínsita não apenas a palavras ou a termos específicos, e sim à linguagem. Riccardo Guastini esclarece que todos os predicados compartilham, ao menos potencialmente, tal propriedade. Acrescenta o autor, ainda, que a vagueza não depende de técnicas interpretativas ou dogmáticas, não podendo ser suprimida, mas tão somente reduzida (por meio de definições). GUASTINI, Riccardo. *Filosofia del diritto positivo*. Lezioni, a cura di Vito Velluzzi.Torino: Ed. Giappichelli, 2017, p. 322.

[275] Carlos Santiago Nino esclarece que as definições estipulativas são empregadas não para descrever o uso linguístico, e sim para expressar uma decisão ou diretiva sobre o significado a ser dado a uma palavra, de forma a facilitar a comunicação ou a construir um esquema conceitual preciso. *Ibidem*, p. 254-255. A definição estipulativa pode: (i) propor um modo novo de usar um termo ou sintagma preexistente; (ii) estabelecer como usar um termo ou sintagma de novo cunho; ou (iii) propor como usar um termo ou sintagma de modo mais

Dessa maneira, ao exprimir a contumácia por meio, por exemplo, de critérios relativos ao *lapso temporal da inadimplência* (*e.g.*: seis meses no período de um ano) e de fatores de *justificação do débito* (*e.g.*, a suspensão da exigibilidade do crédito e a prestação de garantias), o legislador modelou os contornos do conceito normativo de devedor contumaz, de forma que sobre essa classe incida tratamento jurídico diferenciado, mais restritivo em relação aos *demais inadimplentes*.

Assim como ocorre em todo processo de generalização, o conceito de devedor contumaz poderá abarcar pessoas cujo comportamento se distancie da teleologia da regra (*over-inclusiveness*) e excluir outras que se aproximariam de sua finalidade (*under-inclusiveness*).[276] Exemplo desses fenômenos está no fato de que, ao prever um limite de velocidade de 80 km/h para veículos automotores, o Poder Público predispõe-se a multar motoristas que, dirigindo acima desse limite, com habilidade suficiente, não representem perigo para o trânsito. Nesse caso, a regra, por selecionar propriedades (direção em velocidade superior a 80 km/h), tem a aptidão de alcançar indivíduos não conectados com a sua finalidade (evitar acidentes). Do mesmo modo, a regra pode excluir de seu âmbito de incidência indivíduos que deveriam nele constar – no caso, *e.g.*, motoristas não habilidosos que dirijam a 70 km/h.[277]

Semelhante raciocínio é aplicável ao devedor contumaz. O legislador, ao selecionar propriedades como o lapso temporal contínuo de não pagamento de tributos (por exemplo, de seis meses), pode, de um lado, alcançar sujeitos passivos que passam por crise econômica e, portanto, não possuem recursos para adimplir suas obrigações tributárias, fugindo à finalidade buscada pelo legislador de coibir um deliberado *padrão comportamental*. Por outro lado, pode excluir devedores que adotam esse padrão, mas se organizam de forma a evitar a incidência da regra, por meio, *v.g.*, da adesão e descumprimento recorrente de parcelamentos.

Uma alternativa possível para remediar esse fenômeno seria permitir ao Fisco a análise do enquadramento do sujeito passivo como devedor contumaz à luz dos elementos particulares do caso concreto. Nesse quadro, a marca de maior precisão do conceito seria

---

preciso em relação ao uso ordinário. Neste último sentido, aqui empregado, a definição estipulativa é chamada de "redefinição". GUASTINI, Riccardo, 2017, p. 3-4.

[276] Como aponta Frederick Schauer, "nós generalizamos probabilisticamente, e não inexoravelmente" (tradução livre). SCHAUER, Frederick, 2002, p. 31-34.

[277] O exemplo foi extraído da obra de Frederick Schauer, com algumas adaptações. SCHAUER, Frederick, 2002, p. 32.

removida, outorgando-se flexibilidade ao administrador. Essa foi a opção adotada no art. 33, V, da Lei nº 9.430/1996 e em algumas legislações estaduais, a exemplo do art. 71, §1º, da Lei nº 6.374/1989 (São Paulo). Nos referidos preceitos, o legislador utilizou-se de conceitos jurídicos indeterminados[278] para especificar as hipóteses de aplicação do regime especial de fiscalização, referindo-se à "prática reiterada de infração da legislação tributária" (regime federal) e à "infração contumaz à legislação" e "habitual inadimplência do contribuinte" (regime estadual de São Paulo).

Nesses casos, o intérprete depara-se com a indeterminação do termo e deve densificá-lo segundo cada caso, motivadamente e com base na razoabilidade e proporcionalidade, definindo quem é o infrator contumaz ou o inadimplente habitual. Essa solução, contudo, deve ser temperada à luz do princípio da segurança jurídica.[279]

Não se defende, aqui, um pretenso caráter de completude de conceitos definidos pelo legislador, uma vez que a indeterminação é aspecto próprio da linguagem. O que se reconhece é o modo como uma ou outra escolha de disciplina normativa contribui para a efetiva compreensão, pelo sujeito passivo, dos deveres relacionados ao cumprimento da obrigação tributária – deveres que, como será visto no Capítulo 4, são afetados pelo seu enquadramento como devedor contumaz, atraindo a incidência de regimes mais restritivos.

Por conseguinte, considera-se que o conceito de devedor contumaz deve ser definido da forma mais precisa e menos vaga *possível*, de modo a propiciar maior previsibilidade ao sujeito passivo. É o que as recentes leis estaduais editadas sobre o tema se propõem a fazer, embora com amplo espaço para aperfeiçoamento dos elementos mínimos que a

---

[278] Vale lembrar, aqui, a diferença entre conceitos, ainda que indeterminados, e tipos. Conforme leciona Misabel Abreu Machado Derzi, "o tipo é, pois, uma unidade dotada de sentido, ao mesmo tempo, uma abstração mais concreta do que o conceito abstrato classificatório, estruturado de forma flexível, aberta e graduável". DERZI, Misabel Abreu Machado. *Direito tributário, direito penal e tipo*. 3. ed. ver., ampl. e atual. Belo Horizonte: Fórum, 2018. Disponível em: https://www.forumconhecimento.com.br/livro/1768. Acesso em: 19 maio 2020. p. 67-104.

[279] Especialmente por se tratar de norma sancionadora, *i.e.*, restritiva de direitos e liberdades do sujeito passivo, o destinatário deve poder compreender a conduta que lhe é vedada. Conforme ressaltado, o termo "contumaz" possui um núcleo mínimo de sentido (contumaz, por exemplo, não significa a prática de infração tributária uma única vez), embora seu catáter indeterminado não oportunize ao sujeito passivo, desde logo, conhecer a conduta proibida com maior intensidade (a prática de três infrações? Dez infrações? Referentes a qualquer valor? Independentemente da exigibilidade do débito?). Desse modo, a fixação de parâmetros mais precisos pelo legislador revela-se salutar.

expressão devedor contumaz deve conservar e que, muitas vezes, não são respeitados pelo legislador.

3.3 A legislação em vigor

O conceito de devedor contumaz foi objeto de construção pela legislação ao longo dos anos, embora inexista uniformidade entre os critérios adotados pelos entes estaduais, tampouco pelos Projetos de Lei Ordinária n° 1.646/2019 e de Lei Complementar n° 284/2017. Note-se que os diversos entes, no exercício de sua capacidade tributária ativa, podem fixar os contornos do devedor contumaz com a finalidade de lhe imputar medidas diferenciadas, tanto no campo da fiscalização e cobrança (art. 113, §2°, e 194 e ss. do CTN), como no da sanção (art. 136 e ss. e 161 do CTN), sempre em relação aos tributos inseridos na sua competência.

Examinaremos, inicialmente, as leis estaduais editadas com a finalidade de definir objetivamente o devedor contumaz, organizadas pelo critério *cronológico*, a partir da data da respectiva edição.[280] Após, será objeto de estudo o Projeto de Lei Ordinária n° 1.646/2019, apresentado pela União com o objetivo de definir o devedor contumaz em relação aos tributos federais. Os aspectos comuns e dissonantes entre os referidos atos normativos serão destacados a partir da referida análise. Por último, serão exploradas em apartado as particularidades do Projeto de Lei Complementar n° 284/2017, que em muito se distancia das demais disciplinas, introduzindo classificações distintas e elementos próprios do Direito Antitruste.

3.3.1 Legislação de ICMS dos Estados

O primeiro Estado a regulamentar objetivamente a figura do devedor contumaz foi o Rio Grande do Sul, por meio da Lei n° 13.711/2011. O diploma prevê três critérios alternativos para a caracterização do contribuinte como devedor contumaz. A primeira hipótese se refere ao não recolhimento de ICMS declarado em GIA por oito dos doze meses de apuração do imposto. A segunda diz respeito a débitos tributários inscritos em dívida ativa em valor superior a 38.500 UPFs-RS, decorrente de imposto não declarado relativo ao mesmo intervalo

---

[280] A pesquisa foi concluída em 20 de dezembro de 2020 e considerou os textos vigentes até a referida data.

(oito dos doze meses de apuração). A terceira, a débitos tributários, também inscritos, em valor superior a 30% do patrimônio conhecido do contribuinte ou 25% de seu faturamento anual declarado em GIA ou em guia informática (art. 2º, §1º). O ato normativo excepciona os sujeitos passivos titulares originários de créditos oriundos de precatórios inadimplidos pelo Estado e suas autarquias, até o limite do respectivo débito inscrito, bem como desconsidera os débitos sobre os quais pende causa suspensiva ou extintiva de exigibilidade (artigos 2º, §§2º e 3º, e art. 3º).

Em sequência, o Estado do Espírito Santo editou a Lei nº 9.907/2012, que modificou a Lei nº 7.000/2001 e trouxe critérios para enquadramento do contribuinte como devedor contumaz, a saber: (i) deixar de recolher imposto declarado em Documento de Informações Econômico Fiscais (DIEF) ou escriturado no livro Registro de Apuração do ICMS, referente a cinco meses, consecutivos ou alternados; *ou* (ii) ser titular de débito tributário inscrito em dívida ativa cujo valor total supere três vezes o seu patrimônio líquido (art. 67-B, §1º, da Lei nº 7.000/2001). São excluídos os débitos com exigibilidade suspensa ou extinta e aqueles objeto de penhora (art. 67-B, §2º).

Em 2013, o Estado de Pernambuco editou a Lei nº 15.062/2013, que modificou a Lei nº 11.514/1997 e classificou como contumaz o contribuinte que, alternativamente: (i) deixa de recolher imposto declarado no período consecutivo ou alternado de três meses, na hipótese de ser beneficiário de sistemática especial de tributação ou de programas de benefícios ou incentivos fiscais, ou de seis meses, nos demais casos; (ii) deixa de recolher, por três meses, consecutivos ou alternados, imposto retido em razão de substituição tributária; ou (iii) tenha débitos tributários inscritos em dívida ativa em valor superior a quinhentos mil reais, considerando todos os estabelecimentos, ou a 30% de seu patrimônio conhecido (art. 18-A, *caput*, I, II e III, da Lei nº 11.514/1997). Excluem-se do regime os contribuintes com débitos sobre os quais pende causa suspensiva ou extintiva de exigibilidade (art. 18-A, §§3º e 4º).

Após, o Estado da Bahia editou a Lei nº 13.199/2014, que modificou a Lei nº 7.014/1996. Nesse Estado, é considerado devedor contumaz o contribuinte que: (i) não recolher ICMS declarado referente a três meses, consecutivos ou alternados, de apuração do imposto; ou (ii) for titular de débito tributário inscrito em dívida ativa em valor superior a quinhentos mil reais, desde que ultrapasse 30% de seu patrimônio líquido ou 25% do faturamento do ano imediatamente anterior (art. 45-C da Lei nº 13.199/2014).

Em abril de 2015, o Estado do Paraná, por meio da Lei n° 18.468/2015, que modificou a Lei n° 11.580/1996, trouxe o regime especial de controle, fiscalização e pagamento de devedores contumazes. Segundo a lei, devedor contumaz é aquele contribuinte que: (i) considerando cada estabelecimento, deixa de recolher o ICMS declarado em GIA, a título próprio ou como substituto tributário, ou apurado por meio de Escrituração Fiscal Digital (EFD), no todo ou em parte, relativo a oito meses de apuração do imposto, consecutivos ou não, dos doze meses anteriores, podendo a quantidade de períodos ser alterada a critério do Poder Executivo; ou (ii) considerando todos os estabelecimentos, possui débito tributário inscrito em dívida ativa em valor superior a 30% de seu patrimônio ou do faturamento anual declarado em GIA ou EFD (art. 52, §1°, da Lei n° 11.580/1996). Excluem-se do regime os contribuintes com débitos sobre os quais pende causa suspensiva ou extintiva de exigibilidade ou submetidos à homologação judicial de termo de penhora de faturamento (art. 52, §§2°, 5° e 6°). A Lei ressalva expressamente que os responsáveis tributários em razão de "transferência, de fusão, de cisão, de transformação ou de incorporação" serão automaticamente incluídos no regime (art. 52, §7°).

Em outubro do mesmo ano, o Estado de Alagoas editou a Lei n° 7.747/2015, que alterou a Lei n° 5.900/1996, classificando como devedor contumaz o sujeito passivo que, alternativamente: (i) deixe de recolher imposto declarado no período consecutivo ou alternado de três meses, na hipótese de ser beneficiário de tratamento tributário diferenciado ou favorecido, ou de seis meses, nos demais casos; (ii) deixe de recolher por dois meses, consecutivos ou alternados, imposto retido em razão de substituição tributária; ou (iii) tenha débito tributário inscrito em dívida ativa em valor superior a duzentos e cinquenta mil reais, considerando todos os estabelecimentos, ou em valor superior a 30% do patrimônio conhecido ou do valor total das operações e prestações do ano imediatamente anterior (art. 60-A, I, da Lei n° 5.900/1996). São excluídos os débitos com exigibilidade suspensa ou extinta (art. 60-A, §3°).

Em junho de 2017, o Estado de Goiás, por meio da Lei n° 19.665/2017, definiu o devedor contumaz como o sujeito passivo que, alternativamente: (i) deixa de recolher imposto declarado no período consecutivo de quatro meses ou intercalado de oito, dentro dos doze meses anteriores ao último inadimplemento, considerado o valor mínimo de cem mil reais; ou (ii) tenha débito tributário inscrito em dívida ativa decorrente de ICMS declarado que abranja mais de quatro períodos de apuração e ultrapasse os valores ou percentuais a serem estabelecidos em regulamento (art. 144-A, §1º, da Lei nº 11.651/1991). A lei excepciona os créditos com exigibilidade suspensa ou objeto de penhora de bens suficientes ao pagamento total da dívida. Ressalva, ainda, o sujeito passivo em recuperação judicial (art. 144-A, §4º).

Também em junho de 2017, o Estado de Minas Gerais editou a Lei nº 22.549/2017, que alterou a Lei nº 6.763/1975 e disciplinou a definição de devedor contumaz de ICMS. Enquadra-se como contumaz o sujeito passivo que, alternativamente, incorre em uma das seguintes hipóteses: (i) deixa de recolher imposto declarado no lapso temporal de seis de doze meses ou em dezoito períodos de apuração, consecutivos ou alternados; ou (ii) seja titular de dois ou mais débitos tributários inscritos em dívida ativa que versem sobre a mesma matéria, totalizando valor superior a 310.000 Ufemgs, se corresponder a mais de 30% do patrimônio líquido da pessoa jurídica ou 25% de seu faturamento no exercício anterior (art. 52-A, I e II). Desconsideram-se para fins de enquadramento como devedor contumaz os créditos com exigibilidade suspensa ou objeto de garantia (art. 52-A, §1º).

Em setembro de 2017, o Estado de Sergipe regulamentou o devedor contumaz diretamente por meio de ato do Poder Executivo. Nesse sentido, o Decreto nº 30.825/2017 alterou o RICMS/SE (Decreto nº 21.400/2002) e assim definiu o devedor contumaz: trata-se do contribuinte que, alternativamente, (i) deixa de recolher imposto declarado ou informado relativamente a cinco dos doze meses de apuração, consecutivos ou alternados; ou (ii) seja titular de débito tributário inscrito em dívida ativa superior a 30% do faturamento anual declarado (art. 834, §§4º, I e II, e 5º, do Decreto nº 21.400/2002). São excluídos os débitos com exigibilidade suspensa ou extinta (art. 834, §4º, II).

O Distrito Federal, em novembro de 2017, disciplinou o devedor contumaz por meio de Decreto (Decreto nº 38.650/2017), o qual regulamenta a Lei Complementar nº 904/2015, que dispõe sobre a racionalização no ajuizamento de execuções fiscais. O ato normativo, que traz restrições apenas para efeitos da cobrança da dívida ativa, define o devedor contumaz como o contribuinte que: (i) omite-se habitualmente no cumprimento de obrigação relativa ao ICMS ou ao ISS declarado ou apurado por meio de escrituração fiscal eletrônica, no todo ou em parte, caracterizando conduta orientada a prejudicar a concorrência ou a dificultar a satisfação do direito de crédito da Administração direta e indireta do Distrito Federal; (ii) possui créditos tributários inscritos em dívida ativa em valor superior a 30% do patrimônio total ou do faturamento anual declarado pela pessoa jurídica (art. 7º, I a

III, do Decreto nº 38.650/2017). O Decreto excepciona os créditos com exigibilidade suspensa (art. 7º, parágrafo único).

A seu turno, em dezembro de 2017, o Estado de Santa Catarina, por intermédio da Lei nº 17.427/2017, alterou a Lei nº 3.938/1966 e passou a disciplinar o devedor contumaz do ICMS naquele Estado, assim definido como o contribuinte do imposto que, alternativamente: (i) deixa de recolher imposto declarado no período consecutivo ou intercalado de oito meses, dentro dos últimos doze meses, em valor superior àquele fixado em regulamento, relativamente a qualquer de seus estabelecimentos localizados no Estado; ou (ii) tenha débito tributário inscrito em dívida ativa em valor superior ao estabelecido em regulamento (art. 111-B, I e II, da Lei nº 3.938/1966). São desconsiderados os débitos com exigibilidade suspensa e os contribuintes titulares originários de créditos relativos a precatórios inadimplidos pelo Estado ou por suas autarquias, até o limite do respectivo crédito inscrito em Dívida Ativa (art. 111-B, §2º).

Em abril de 2018, o Estado de São Paulo editou a Lei Complementar nº 1.320/2018 e disciplinou, entre outras matérias, o regime especial destinado a devedores contumazes, assim considerado o sujeito passivo que: (i) relativamente a seis meses de apuração do imposto, consecutivos ou não, nos doze meses anteriores, não recolher ICMS declarado, inscrito ou não em dívida ativa, *ou* (ii) for titular de débitos tributários inscritos em dívida ativa em valor superior a 40.000 UPESPs, desde que ultrapasse 30% de seu patrimônio líquido ou 25% do valor total das operações de saídas e prestações de serviços realizadas nos doze meses anteriores (art. 19, I e II, LC nº 1.320/2018). São excluídos os débitos com exigibilidade suspensa ou objeto de garantia integral prestada em juízo (art. 19, §§2º e 4º).

Posteriormente, em dezembro de 2018, o Estado da Paraíba editou a Lei nº 11.247/2018, a qual, modificando a Lei nº 6.379/1996, disciplinou o devedor contumaz do ICMS como aquele contribuinte que, alternativamente: (i) deixa de recolher imposto declarado no período consecutivo ou intercalado de oito dos últimos doze meses; (ii) deixa de recolher mais de 70% do imposto declarado na EFD pela totalidade dos estabelecimentos localizados no Estado dentro dos últimos doze meses; ou (iii) tenha débito tributário inscrito em dívida ativa superior a 8.000 UFR-PB, referente à totalidade dos estabelecimentos localizados no Estado (art. 74-A, I a III, da Lei nº 6.379/1996). São desconsiderados os débitos com exigibilidade suspensa ou os sujeitos passivos em recuperação judicial. Além disso, os contribuintes que forem titulares originários de créditos relativos a precatórios inadimplidos pelo Estado ou por suas autarquias, até o limite do respectivo crédito tributário inscrito em Dívida Ativa, também não podem ser classificados como devedores contumazes (art. 74-A, §4º, I a III).

No ano de 2019, em março, o Estado do Rio Grande do Norte, por meio da Lei nº 10.497/2019, definiu o devedor contumaz do ICMS como o contribuinte que: (i) deixa de recolher imposto declarado no período consecutivo de três meses ou intercalado de seis meses; ou (ii) seja titular de débito tributário inscrito em dívida ativa decorrente de ICMS apurado e declarado que ultrapasse duzentos e cinquenta mil reais, considerando todos os estabelecimentos da empresa, ou 30% do valor total das operações e prestações nos doze meses imediatamente anteriores (art. 10, I e II). A lei afasta os créditos com exigibilidade suspensa ou objeto de garantia integral do crédito (art. 10, §2º).

Em junho de 2019, o Estado do Pará editou a Lei nº 8.877/2019, alterando dispositivos da Lei nº 5.530/1989, e definiu a inadimplência contumaz como: (i) a falta de recolhimento do ICMS devido em dois terços dos períodos de referência de qualquer ano calendário; ou (ii) a existência de créditos tributários exigíveis em valor superior a 40% do faturamento anual do contribuinte (art. 64-A, I e II, da Lei nº 5.530/1989).

Em outubro de 2019, o Estado do Mato Grosso editou a Lei nº 10.978/2019, a qual, ao alterar a Lei nº 7.098/1998, introduziu no sistema estadual a definição de devedor contumaz. Estabelece o art. 47-L, §1º, os seguintes requisitos alternativos para a caracterização do sujeito passivo como devedor contumaz: (i) deixar de recolher o ICMS declarado no período consecutivo de quatro meses ou alternado de oito meses nos doze meses anteriores, caso o valor total do imposto e respectivos acréscimos supere 750 UPF/MT; (ii) ser titular de débito tributário inscrito em dívida ativa relativo ao ICMS declarado e não recolhido no prazo legal, abrangendo mais de quatro períodos de apuração, em valor e/ou percentual que exceder aos critérios mínimos fixados em regulamento. Excluem-se do âmbito subjetivo da lei os sujeitos passivos titulares de débitos com exigibilidade suspensa ou objeto de garantia integral prestada em juízo (art. 47-L, §4º, I) ou aqueles submetidos a regime de recuperação judicial (art. 47-L, §4º, II).

Em dezembro de 2019, o Estado do Maranhão editou a Lei nº 11.184/2019 e acrescentou à Lei nº 7.799/2002 o art. 168-A, que busca definir o devedor contumaz. Conforme prevê o dispositivo, é devedor contumaz no âmbito daquele Estado o contribuinte que: (i) deixa de recolher o ICMS declarado relativo a oito dos doze meses anteriores de apuração do imposto, considerados todos os estabelecimentos da empresa; (ii) seja titular de débito tributário inscrito em dívida ativa em valor superior a duzentos mil reais, decorrente de imposto não declarado, no mesmo intervalo (oito dos doze meses anteriores de apuração), considerados todos os estabelecimentos da empresa; ou (iii) seja titular de débito tributário inscrito em dívida ativa em valor superior a 30% de seu patrimônio conhecido ou 25% do faturamento anual declarado (art. 168-A, I a III, da Lei n° 7.799/2002). Frise-se que a quantidade de períodos de apuração do imposto poderá ser alterada por ato do Secretário de Estado da Fazenda (art. 168-A, §1°). A Lei ressalva os créditos com exigibilidade suspensa (art. 168-A, §2°).

Em agosto de 2020, o Estado do Piauí editou a Lei n° 7.384/2020, que alterou, entre outros, dispositivos da Lei n° 4.257/1989 e definiu o devedor contumaz como o contribuinte do ICMS que: (i) deixa de recolher o ICMS declarado, inscrito ou não em dívida ativa, relativo a quatro períodos consecutivos ou seis intercalados dos doze meses anteriores ao último inadimplemento; *ou* (ii) seja titular de débito tributário de ICMS inscrito em dívida ativa em valor superior a 30% de seu patrimônio líquido ou 25% do valor total das operações de saída e prestações de serviços realizadas nos doze meses anteriores, na forma do regulamento (art. 77, §3°, I e II, da Lei n° 4.257/1989). A Lei exclui os créditos com exigibilidade suspensa ou objeto de garantia integral prestada em juízo (art. 77, §4°).

Por fim, em dezembro de 2020, o Estado do Ceará, por meio da Lei n° 17.354/2020, definiu o devedor contumaz no âmbito daquele Estado com base nos seguintes parâmetros: (i) o contribuinte que deixa de recolher o ICMS declarado em sua EFD, inscrito ou não em dívida ativa, relativo a seis períodos seguidos ou oito intercalados dos doze meses anteriores ao último inadimplemento, considerados todos os estabelecimentos da empresa no respectivo Estado; *ou* (ii) seja titular de débito tributário de ICMS inscrito em dívida ativa e declarado em sua EFD em valor ou percentual superior ao fixado em regulamento e de abrangência maior do que quatro períodos de apuração, considerados todos os estabelecimentos da empresa (art. 1°, §1°, I e II, da Lei n° 17.354/2020). A Lei exclui os créditos com exigibilidade suspensa ou objeto de garantia integral mediante fiança bancária ou seguro garantia (art. 1°, §2°).

3.3.2 Projeto de Lei federal

Já o Projeto de Lei federal n° 1.646/2019, encaminhado ao Congresso Nacional pela Presidência da República, segue rumo diferente.

O projeto busca disciplinar o regime do devedor contumaz para débitos tributários federais e se encontra na fase de realização de audiências públicas e análise pela Comissão Especial da Câmara dos Deputados.

Nos termos do projeto originário, o devedor contumaz se identifica como aquele que adota uma das condutas previstas no art. 2º, *caput*, desde que seja titular de débitos, inscritos ou não em dívida ativa, de valor igual ou superior a quinze milhões de reais, em situação irregular por período igual ou superior a um ano, sem que estejam garantidos *ou* com a exigibilidade suspensa (art. 2º, §§1º e 2º).

Conforme o art. 2º, *caput*, o destinatário do texto é aquele que frustra a satisfação do crédito tributário mediante fraude, com base na comprovação de que: (i) a pessoa jurídica tenha sido constituída para a prática de fraude fiscal estruturada,[281] inclusive em proveito de terceiros; (ii) a pessoa jurídica esteja constituída por interpostas pessoas que não sejam os verdadeiros sócios ou acionistas ou o verdadeiro titular, na hipótese de firma individual; (iii) a pessoa jurídica participe de organização constituída com o propósito de não recolher tributos ou de burlar os mecanismos de cobrança de débitos fiscais; ou (iv) a pessoa física, devedora principal ou corresponsável, deliberadamente oculta bens, receitas ou direitos, com o propósito de não recolher tributos ou de burlar os mecanismos de cobrança de débitos fiscais.

3.3.3 Análise comparativa

O exame das mencionadas leis direciona o intérprete a duas conclusões imediatas: (i) a uniformidade apenas aparente entre os critérios adotados pelos entes estaduais; e (ii) o caminho manifestamente diverso seguido pela União no Projeto de Lei federal nº 1.646/2019 ao vincular o devedor contumaz à prática de atos fraudulentos.

---

[281] O Protocolo ICMS nº 66/2009 (item 1.1, anexo único) assim conceitua fraude fiscal estruturada: "Entende-se por fraude fiscal estruturada a de natureza penal tributária, cujas principais características são as seguintes: a) estruturadas através de mecanismos complexos; b) perpetradas por grupos especialmente organizados para tais fins (organizações criminosas); c) operacionalizada com o emprego de diversos artifícios como dissimulação de atos e negócios, utilização de interpostas pessoas, falsificação de documentos, simulação de operações, blindagem patrimonial, operações artificiosas sem fundamentação econômica, utilização de paraísos fiscais, utilização abusiva de benefícios fiscais, utilização de empresas sem atividade econômica de fato para absorver eventuais responsabilizações, etc.; d) evidenciada pelo elevado potencial de lesividade ao erário, em benefício de um ou mais contribuintes ou de pessoas a eles vinculadas".

3.3.3.1 A legislação estadual e a ilusória uniformidade

Em primeiro lugar, os critérios adotados pelos entes estaduais guardam relativa proximidade entre si quanto aos elementos *estáticos* qualificadores da inadimplência contumaz, que variam sempre em torno do valor do débito consolidado ou do período de tempo de subsistência do inadimplemento. A uniformidade, contudo, é ilusória: dentro dessas balizas, há grande variação entre o valor e o tempo considerados significativos e suficientes para enquadrar um sujeito passivo como devedor contumaz, *i.e.*, quanto aos critérios *dinâmicos* da contumácia.

O tempo suficiente para qualificar o inadimplemento do ICMS como contumaz, por exemplo, varia entre dois e oito meses no período de um ano, a depender do Estado em que atue o sujeito passivo. O valor do débito em relação ao patrimônio do devedor sofre variação semelhante, a demonstrar que, conquanto exista, sob um olhar geral, relativa coerência entre os Estados na eleição dos fatores relevantes para caracterizar a contumácia, a análise detalhada da respectiva legislação é apta a desconstruir a utopia da uniformidade.

Em segundo lugar, também as hipóteses nas quais o inadimplemento é considerado legítimo pelo legislador sofrem tratamento distinto nas diversas leis estaduais sob exame, à exceção do crédito tributário com exigibilidade suspensa, que foi inserido no referido rol de forma unânime. E não poderia ser de outra maneira: a exigibilidade ativa é condição *sine qua non* para a cobrança do crédito e a afetação do patrimônio do devedor. Ela atua como um contrapeso entre o interesse do Fisco de imediata execução de seus créditos e os princípios da tutela jurisdicional efetiva e do devido processo legal, que garantem a possibilidade de impugnação pelo sujeito passivo, em sede administrativa ou judicial, à autuação sofrida.[282] Sem exigibilidade, portanto, a esfera jurídica do sujeito passivo não pode sofrer restrição, sob pena de odiosa sanção política.

Por sua vez, inexiste o mesmo consenso em relação à oferta de garantia ou à penhora judicial, as quais, de acordo com a sistemática do CTN, permitem a obtenção de certidão positiva com efeitos de negativa, na forma do art. 206, mas não asseguram a suspensão da exigibilidade do crédito, salvo no caso de depósito integral em dinheiro.[283] A disciplina

---

[282] XAVIER, Alberto. *Do lançamento*: teoria geral do ato, do procedimento e do processo tributário. 2. ed. Totalmente reformulada e atualizada. Rio de Janeiro: Forense, 1997, p. 424.

[283] O STJ rejeita à oferta de carta fiança e ao seguro garantia o efeito de suspensão da exigibilidade do crédito tributário. Nesse sentido: BRASIL. Superior Tribunal de Justiça. Segunda Turma,

da matéria na legislação estadual varia, como visto, desde a exclusão dos créditos objeto de penhora ou garantia integral para fins de caracterização da contumácia à inclusão de todo e qualquer crédito exigível.

Ademais, as leis editadas pelos Estados do Rio Grande do Sul, de Santa Catarina e da Paraíba excepcionam de seu âmbito de incidência subjetiva o devedor titular *originário* de precatórios inadimplidos pelo sujeito ativo, nos limites do respectivo crédito. Sem adentrar a discussão sobre a legitimidade de exclusão do cessionário,[284] referida regra alinha-se com a teleologia subjacente às Emendas Constitucionais nº 94/2016 e 99/2017, que, ao incluírem o art. 105, *caput* e parágrafos, no corpo do ADCT, permitiram, de forma condicionada, a compensação de débitos tributários ou de outra natureza inscritos em dívida ativa com precatórios de titularidade do devedor, inclusive criando um direito subjetivo para o sujeito passivo no caso de ausência de regulamentação do dispositivo pelo ente (art. 105, §3º). A moralidade e eficiência administrativa consistem em uma via de mão dupla,[285] impedindo que a mora do Estado o beneficie e, ainda, ocasione restrições à esfera jurídica do sujeito passivo.

A mesma variação normativa pode ser observada em relação à possibilidade de qualificação do devedor em recuperação judicial como contumaz.

Dessa forma, a conceituação dissonante do devedor contumaz na esfera estadual, inclusive quanto às causas de justificação do inadimplemento, embora válida à luz da autonomia dos Estados, prejudica a harmonia do sistema em diversas frentes.

A homogeneidade na conceituação do devedor contumaz é, mais do que desejada, imprescindível para assegurar previsibilidade aos administrados e, por consequência, fundamental à concretização da garantia da segurança jurídica, especialmente no âmbito dos

---

Recurso Extraordinário nº 1.796.295/ES, Relator: Min. Herman Benjamin. Julgamento em 28/03/2019. D.J.e. de 22/04/2019. Transcreve-se da ementa do acórdão o seguinte trecho: "o acórdão recorrido encontra-se em harmonia com a jurisprudência do STJ de ser inviável a equiparação do seguro garantia ou da fiança bancária ao depósito judicial em dinheiro e integral para efeito de suspensão de exigibilidade do crédito não tributário ou tributário". Também nessa linha: BRASIL. Superior Tribunal de Justiça. Primeira Turma. Agravo Interno no Pedido de Tutela Provisória nº 178/SP, Relatora: Min. Regina Helena Costa. Julgamento em 13/06/2017, D.J.e. de 21/06/2017.

[284] Discussão abordada no julgamento do Incidente de Arguição de Inconstitucionalidade nº 70048229124. BRASIL. Tribunal de Justiça do Estado do Rio Grande do Sul. Tribunal Pleno. Relator: Des. Arno Werlang. Julgamento em 08/07/2012. D.J.e. de 25/09/2012.

[285] GRUPENMACHER, Betina Treiger. Interesse público, moralidade e capacidade contributiva. *Revista Interesse Público* – IP, Belo Horizonte, ano 19, nº 105, p. 169-183, set./out. 2017, p. 171.

tributos estaduais e municipais, que demandam dos contribuintes o conhecimento da legislação dos diversos Estados e Municípios em que operam.

Essa inconsistência, ainda que parcial, entre a legislação dos entes estaduais gera outro problema: o aumento dos custos de conformidade para o sujeito passivo.[286] A convivência de diversas leis com definições díspares do mesmo fenômeno dificulta a atividade de *compliance*, que reclama, ao contrário, simplificação e harmonia da legislação tributária.

A descoordenação entre a legislação dos entes é agravada pelo fato de que, em determinados Estados, o legislador delegou à Administração Tributária aspectos relevantes do conceito de devedor contumaz, assim como de seu regime. É o caso, por exemplo, da Lei n° 19.665/2017 (Estado de Goiás), da Lei n° 17.427/2017 (Estado de Santa Catarina) e da Lei n° 10.978/2019 (Estado do Mato Grosso), que permitiram ao Poder Executivo a fixação do valor mínimo do débito tributário necessário para a qualificação do sujeito passivo como devedor contumaz. Já o Estado do Paraná, por meio da Lei n° 18.468/2015, permitiu ao Poder Executivo a alteração da quantidade de períodos necessários para a configuração da contumácia.

Referido problema seria solucionado com a edição de lei complementar nacional de modo a uniformizar os critérios delimitadores do devedor contumaz, como permite o art. 146-A da Constituição, na linha do que já se expôs no Capítulo 2.

3.3.3.2 A diretriz da União: a presença da fraude

O Projeto de Lei federal n° 1.646/2019, em curso no Congresso Nacional, seguiu caminho diferente, conforme já sinalizado, ao introduzir o elemento *fraude* como nuclear à definição do devedor contumaz, lado a lado com o valor e o tempo do débito.

Trata-se, dessa forma, de duas perspectivas diferentes de se encarar a definição do devedor contumaz. Para uma, é necessária apenas a presença de *elementos objetivos gerais*, a saber, o período em que o sujeito passivo se manteve inadimplente, o valor do débito e sua relação com

---

[286] Misabel Abreu Machado Derzi e Frederico Menezes Breyner esclarecem que os custos de conformidade "são aqueles que os contribuintes devem arcar para se adequar ao modelo instituído de cumprimento das obrigações tributárias para além do tributo propriamente dito". Ressaltam os autores que a divisão de competências no Brasil representa um fator de complexidade motivador do aumento desses custos. DERZI, Misabel Abreu Machado. BREYNER, Frederico Menezes, *op. cit.*, p. 928.

a saúde financeira da empresa. Para a outra, os elementos objetivos se somam a um *elemento específico*, consistente na comprovação da atuação fraudulenta do sujeito passivo. O ponto será objeto de análise crítica no item 3.5.7, no qual será perquirida a exigência da fraude na composição do conceito de devedor contumaz.

3.3.3.3 Situações de especial confiança junto ao Fisco

Além disso, algumas leis preveem critérios temporais mais rígidos para sujeitos passivos em situações que envolvem especial confiança em relação ao Fisco. É o caso, por exemplo, dos Estados de Pernambuco e de Alagoas, nos quais a faixa de tempo necessária para caracterização da inadimplência contumaz é reduzida no caso de ser o contribuinte beneficiário "de sistemáticas especiais de tributação ou programas de benefícios ou incentivos fiscais" e de "tratamento tributário diferenciado ou favorecido", respectivamente, bem como no caso de figurar como substituto tributário e deixar de repassar o imposto retido ao Fisco.

Na primeira hipótese, o sujeito passivo goza de vantagem concedida pelo Poder Público que demanda, em contrapartida, um parâmetro cooperativo mais intenso, a justificar um regime diferenciado para o inadimplente. Na segunda, o substituto se apropria de valores alheios que, na condição de retentor, deve repassar para o Fisco. Rompe, com isso, a relação fiduciária com a Administração e incide em conduta reprimida criminalmente (art. 2º, II, da Lei nº 8.137/1990). Nos dois casos, o discrímen legal decorre da situação de especial confiança de que goza o sujeito passivo junto ao Fisco e que exige, por consequência, maior colaboração e engajamento no cumprimento de seus deveres em relação aos demais devedores.

Pondera-se, entretanto, que, após o julgamento do RHC nº 163.334/SC pelo STF, o não repasse ao Estado de valores declarados a título de ICMS e "cobrados" do consumidor final também configura fato típico de apropriação indébita tributária previsto no art. 2º, II, da Lei nº 8.137/1990.[287] Dessa forma, é preciso indagar se a previsão de *standards* mais rígidos para o enquadramento do substituto tributário como devedor contumaz – em comparação com o devedor de ICMS próprio – não se revela incoerente à luz do recente pronunciamento do STF, uma vez que, para a Corte, ambas as condutas exprimem violação

---

[287] Conforme item 3.6 deste trabalho.

a uma situação de especial confiança, por meio da apropriação, pelo sujeito passivo, de valores que não lhe pertencem.

3.3.3.4 O caso do Distrito Federal: vagueza conceitual indesejada

Tal como adiantado, o Distrito Federal disciplinou o devedor contumaz por meio do Decreto nº 38.650/2017. O ente seguiu um caminho indesejado na normatização do tema, ao contrário dos demais textos normativos estaduais examinados: introduziu conceito indeterminado dotado de elevado grau de vagueza, vinculado à prática de "conduta orientada a prejudicar a concorrência ou dificultar a satisfação do direito de crédito da Administração direta e indireta do Distrito Federal".

A uma, a noção de habitualidade foi relegada à Fazenda Pública no momento da aplicação do conceito. Abre-se com isso espaço para a subjetividade do administrador, de todo indesejável em matéria de restrições de direitos e aplicação de sanções. A duas, os prejuízos à concorrência ou à satisfação do direito de crédito do Fisco constituem a finalidade do discrímen, e não a sua própria natureza. A três, o preceito não esclarece se os requisitos ali previstos possuem caráter alternativo ou cumulativo, atraindo significativa insegurança.

Apesar de, a princípio, a importância da classificação do devedor como contumaz se restringir ao âmbito da cobrança do crédito inscrito em dívida ativa, implicando, por exemplo, o afastamento do valor mínimo para ajuizamento de execuções fiscais, o grau de indeterminação do conceito de devedor contumaz trazido pela disciplina infralegal prejudica a segurança jurídica dos devedores e abre margem para uma aplicação não isonômica do conceito, atraindo um maior peso para o dever de motivação da Administração Tributária.

3.3.4 Um caso à parte: o Projeto de Lei Complementar nacional nº 284/2017

O Projeto de Lei Complementar nº 284/2017, cujo texto inicial sofreu acréscimos pela Emenda nº 2/CAE-CTFC, tem por objetivo regulamentar o art. 146-A da Constituição,[288] conforme adiantado no

---

[288] Optou-se por excluir desta análise o Projeto de Lei Complementar nº 161/2013, apresentado pelo Sen. Delcídio do Amaral com vistas a regulamentar o art. 146-A da Constituição, já

item 2.3.3.6.3, mediante atribuição de competência à União e aos Estados, Distrito Federal e Municípios para, por lei específica, estabelecerem critérios especiais para o adequado cumprimento de obrigações tributárias principais ou acessórias.

O projeto de lei em análise introduz classificação distinta daquela analisada até o momento: ao contrário da dicotomia clássica entre devedor eventual e contumaz, pressupõe-se a existência de três classes de devedores, a saber, o *eventual*, o *reiterado* e o *contumaz*.

Extrai-se do projeto[289] que o devedor reiterado é "aquele que frequentemente deixa de pagar tributos por circunstâncias do negócio ou planejamento financeiro". No que concerne ao devedor eventual, o inadimplemento ocorre de forma não rotineira, por "razões jurídicas ou econômicas relevantes, como a ilegitimidade do tributo ou dificuldades financeiras momentâneas". A distinção entre eles reside, portanto, no caráter episódico ou não da conduta e nas motivações subjacentes ao inadimplemento. Segundo o Parecer nº 100/18-CAE, ambos atuariam licitamente no mercado, ao contrário do devedor contumaz, e seriam relevantes sob o olhar do legislador apenas se causadores de desequilíbrio concorrencial (art. 3º, III).[290]

O devedor contumaz, por seu turno, seria aquele que se organiza para não pagar tributos e, com isso, obter vantagem concorrencial, atuando de forma ilícita no mercado. Configura-se a contumácia pela conjugação da inadimplência substancial, reiterada e injustificada de tributos e de evidências de que a pessoa jurídica: (i) tenha sido constituída para a prática de fraude fiscal estruturada; (ii) esteja constituída por interpostas pessoas que não sejam os verdadeiros sócios ou acionistas ou, no caso de firma individual, o titular; (iii) participe de organização constituída com o propósito de não recolher tributos ou de burlar os mecanismos de cobrança de débitos fiscais; (iv) produza, comercialize ou estoque mercadoria roubada, furtada, falsificada, adulterada ou em desconformidade com os padrões estabelecidos pelo agente regulador e/ou órgão fiscalizador competente; ou (v) utilize como

---

que a problemática do devedor contumaz é apenas tangenciada na proposta, além de o projeto se encontrar arquivado no Senado Federal desde 21/12/2018.

[289] Parecer (SF) nº 100/18, da Comissão de Assuntos Econômicos, Rel. Senador Ricardo Ferraço. SENADO FEDERAL. 7 dez. 2018, Disponível em: https://www25.senado.leg.br/web/atividade/materias/-/materia/130467. Acesso em: 30 maio 2020.

[290] Art. 3º Os critérios especiais previstos nesta lei complementar: (...) III – não substituem os meios regulares de tributação e cobrança de tributos, ainda que em face de devedores cujos débitos decorram de inadimplência eventual ou reiterada de obrigações fiscais, quando os procedimentos adotados pelos sujeitos passivos não impliquem desequilíbrio concorrencial.

insumo, comercialize ou estoque mercadorias objeto de contrabando ou descaminho (art. 4º, II).[291]

Por se relacionar diretamente com a prevenção de distúrbios concorrenciais, a disciplina proposta se aplica apenas em casos de lesão à livre concorrência pela conduta do devedor. Com base nisso, o texto inicial do projeto, de caráter mais amplo, considerava a incidência da norma para setores nos quais (i) o tributo seja componente relevante na composição de preços de produtos ou serviços ou (i) a estrutura da cadeia de produção ou comercialização prejudique a eficiência do controle das diferentes formas de evasão fiscal.

A emenda substitutiva nº 2, entretanto, restringiu a aplicabilidade do ato normativo aos setores de combustíveis e biocombustíveis, cervejas e outras bebidas especificadas no texto e cigarros que contenham tabaco (art. 2º, I, II e III). A inclusão de outros segmentos subordina-se a requerimento de entidade representativa do setor ou órgão com competência para defesa da concorrência,[292] desde que (i) a carga tributária seja, no mínimo, equivalente ao percentual de lucro adotado para o setor na apuração do imposto de renda por lucro presumido e (ii) haja indícios de desequilíbrio concorrencial (art. 2º, IV).

Portanto, extrai-se do projeto[293] que o devedor reiterado, apesar de praticar especulação tributária, *i.e.*, financiar sua atividade à revelia do pagamento de tributos, somente sofre medidas restritivas caso os procedimentos por ele adotados "impliquem desequilíbrio

---

[291] Art. 4º Na vigência de regime diferenciado aplicado na forma do inciso VII do art. 3º e respeitado o devido processo legal nele previsto, a autoridade administrativa poderá determinar a alteração da situação do sujeito passivo no cadastro de contribuintes do respectivo ente federado, para as seguintes modalidades: II – cancelada, quando se tratar de devedor contumaz, caracterizado na hipótese de inadimplência substancial, reiterada e injustificada de tributo, cumulada com qualquer uma das seguintes situações: a) evidências de que a pessoa jurídica tenha sido constituída para a prática de fraude fiscal estruturada, inclusive em proveito de terceiras empresas; b) evidências de que a pessoa jurídica esteja constituída por interpostas pessoas que não sejam os verdadeiros sócios ou acionistas, ou o titular, no caso de firma individual; c) evidências de que a pessoa jurídica participe de organização constituída com o propósito de não recolher tributos ou de burlar os mecanismos de cobrança de débitos fiscais; d) produção, comercialização ou estocagem de mercadoria roubada, furtada, falsificada, adulterada ou em desconformidade com os padrões estabelecidos pelo agente regulador e/ou órgão fiscalizador competente; e) utilização como insumo, comercialização ou estocagem de mercadoria objeto de contrabando ou descaminho.

[292] Emenda apresentada pela Comissão de Transparência, Governança, Fiscalização e Controle e Defesa do Consumidor do Senado incluiu as autoridades tributárias no referido rol. CONGRESSO NACIONAL. Subemenda nº 4 à Emenda nº 2/CAE. Projeto de Lei do Senado nº 284/2017 (Complementar). Disponível em: https://www25.senado.leg.br/web/atividade/materias/-/materia/130467. Acesso em: 30 maio 2020.

[293] Conforme a Emenda nº 2/CAE.

concorrencial". Por sua vez, em relação ao devedor contumaz, definido não só pelo inadimplemento sistemático, substancial e reiterado, mas também pela atuação fraudulenta voltada para a fuga da satisfação de tributos *ou* por operar com mercadorias roubadas, furtadas, falsificadas, adulteradas, desconformes com os padrões da regulação do setor ou objeto de descaminho ou contrabando, parece existir uma presunção da produção de distúrbios concorrenciais, se integrantes dos setores econômicos mencionados no projeto.

3.3.4.1 O Projeto de Lei Complementar nº 284/2017: equívocos de premissa

As duas premissas antes ressaltadas são frágeis e contestáveis.

Em primeiro lugar, é preciso destacar que o devedor reiterado, exemplificado como "aquele que frequentemente deixa de pagar tributos por circunstâncias do negócio ou planejamento financeiro",[294] não atua licitamente. Ao contrário, o padrão comportamental consubstanciado no inadimplemento reiterado, injustificado e substancial revela-se nocivo não só para o Fisco, mas também para a livre concorrência. Dessa forma, a diferenciação entre devedor *reiterado* e *contumaz* não parece o melhor caminho a ser trilhado.

Em segundo lugar, a fraude não é um fator de distinção entre o devedor reiterado e contumaz forçosamente vinculado à proteção à concorrência. Em outras palavras, a prática de condutas fraudulentas agrega maior reprovabilidade à inadimplência sistemática, porém não a transforma, automaticamente, em lesiva à livre concorrência. Se o devedor reiterado é excluído do âmbito subjetivo de incidência da norma por não produzir, *a priori*, danos à livre concorrência, não é a fraude, por si só, que faz inverter essa presunção.

Em terceiro lugar, é necessário observar que o projeto adota uma presunção de danos à concorrência com base em um critério setorial. Elege, para tanto, segmentos econômicos nos quais se verifica elevado índice de evasão fiscal e em que o tributo representa significativa parcela do preço da mercadoria ou serviço. Em relação a tais setores, não há comprovação de dano à concorrência pela conduta do devedor contumaz, e sim presunção.

---

[294] Parecer (SF) nº 100/18, da Comissão de Assuntos Econômicos, Rel. Senador Ricardo Ferraço. SENADO FEDERAL. 7 dez. 2018, Disponível em: https://www25.senado.leg.br/web/atividade/materias/-/materia/130467. Acesso em: 30 maio 2020.

O texto inicial, no ponto, era mais coerente: delimitava a incidência das medidas previstas no projeto a casos em que (i) o tributo representasse componente relevante na composição de preços de produtos ou serviços ou (ii) a estrutura da cadeia de produção ou comercialização prejudicasse o controle da evasão fiscal. Tais critérios se conectam de forma mais adequada à finalidade da norma – proteção da livre concorrência –, já que não incluem ou excluem setores econômicos de forma *apriorística*, deixando a critério do legislador de cada ente verificar, motivadamente, o preenchimento dos referidos elementos.

3.4 Núcleo conceitual: inadimplemento sistemático, substancial e injustificado

Como assentado, não existe uniformidade em torno da definição de devedor contumaz. No entanto, interpretada a legislação em conjunto com o sistema tributário constitucional, é possível extrair o núcleo básico do conceito: o inadimplemento *sistemático*, *substancial* e *injustificado*, não obstante parte das leis estaduais hoje vigentes inobserve esses elementos, como será analisado a seguir.

Há um grupo reduzido, embora juridicamente relevante, de sujeitos passivos que atuam por intermédio de atos ilícitos, prejudicando outros contribuintes, a arrecadação e a sociedade como um todo. Esse grupo é composto pelos devedores contumazes, assim identificados por um *padrão comportamental* dotado de sistematicidade, cujo cerne corresponde à não satisfação de créditos tributários. Esse descumprimento da lei ocorre de forma injustificada, não no sentido da maior ou menor probabilidade de êxito da tese jurídica defendida pelo sujeito passivo, e sim porquanto incontroversos os valores devidos ao Fisco, seja em razão da ausência de discussão administrativa ou judicial, seja diante da preclusão ou trânsito em julgado de eventual decisão favorável ao sujeito ativo.[295] Além disso, para ser relevante a ponto de suscitar tratamento mais gravoso, o inadimplemento deve ser, em regra, *substancial*, de sorte

---

[295] Ressalte-se que o STF, no caso *American Virginia*, adotou posição no sentido de que "em situações extremas, o órgão jurisdicional que realiza o controle da penalidade não tem outra opção senão indagar se há um mínimo de plausibilidade nas razões do contribuinte, utilizadas para fundamentar o não-pagamento do valor do tributo. Tais situações extremas se caracterizam se houver indícios de que a atitude do contribuinte é realmente pautada pela má-fé". Esse entendimento tende a restringir o núcleo essencial da garantia do devido processo legal, devendo ser aplicado tão somente em situações excepcionalíssimas, já que o Código de Processo Civil traz mecanismos próprios para sancionar o litigante de má-fé.

a causar graves danos ao Fisco, aos demais contribuintes e à sociedade, motivadores de uma intervenção mais rígida.

Em linha semelhante, Humberto Ávila,[296] ao analisar a distinção entre medida ordenadora e sanção política, esclarece que a adoção daquelas pressupõe o inadimplemento reiterado, substancial e injustificado de obrigações tributárias. O inadimplemento, portanto, deve causar impacto relevante para a concorrência, tornando-a desleal ou impedindo a fiscalização tributária; deve ser reiterado, *i.e.*, sistemático e continuado; e deve se despir de justificativas legítimas, o que ocorre quando o contribuinte não se mobiliza no exercício da ampla defesa e do contraditório a fim de manifestar a regularidade de sua situação.

Cabe ao legislador, assim sendo, densificar, por meio de critérios mais precisos, os elementos integrantes do núcleo básico do conceito. Muitas vezes, contudo, o legislador, em desrespeito a tais balizas, vai além do consenso mínimo sobre a noção de inadimplemento sistemático, substancial e injustificado, a exemplo da Lei nº 7.747/2015 do Estado de Alagoas, segundo a qual o sujeito passivo que deixe de recolher por dois meses, *consecutivos ou alternados*, imposto retido em razão de substituição tributária é considerado devedor contumaz.

Assumir com seriedade a tarefa de definir o devedor contumaz é essencial, uma vez que são justamente os critérios legais que permitem diferenciá-lo do devedor eventual e filtrar, dessa forma, as medidas de estímulo à conformidade tributária.

3.4.1 Perfil comportamental do devedor contumaz

Visto o núcleo básico do conceito de devedor contumaz, é importante especificar o padrão comportamental que qualifica essa classe de sujeitos passivos.

O inadimplemento da obrigação tributária, como visto no decorrer do trabalho, é tradicionalmente tratado como infração administrativa punível com sanções pecuniárias, a exemplo da multa de ofício prevista no art. 44 da Lei nº 9.430/1996. Entretanto, ao longo do tempo, a incidência de tais sanções se mostrou insuficiente para desestimular a evasão fiscal, por diversos fatores. A reduzida chance de fiscalização é uma delas, assim como o moroso processo de expropriação judicial do patrimônio do devedor via execução fiscal e a facilidade de fuga da penhora judicial por meios fraudulentos.

---

[296] ÁVILA, Humberto, 2009, p. 438.

Dessa forma, muitas empresas empregavam como estratégia a não declaração de valores devidos pelo Fisco, contando com a não detecção da infração. Caso a fiscalização as alcançasse, a demora do processo destinado ao pagamento forçado do débito, aliada à facilidade de manejo de expedientes de ocultação do patrimônio, tornavam o inadimplemento um investimento muitas vezes vantajoso. Além disso, na hipótese de imputação pelo crime do art. 1º da Lei nº 8.137/1990, o pagamento do crédito seria hábil a extinguir a punibilidade.

Com o desenvolvimento de sistemas eletrônicos de fiscalização, reduziram-se significativamente as chances de se escapar da autuação. Esses sistemas facilitam o cruzamento em massa de dados do contribuinte e a comparação automática entre padrões de comportamento dentro do mesmo setor econômico, permitindo identificar eventual desarmonia.

Em razão disso, desenvolveu-se um novo padrão por aqueles sujeitos passivos que se valem do inadimplemento como método de financiamento de seu negócio e como forma de obter vantagens concorrenciais: a declaração do débito ou a ausência de impugnação ao lançamento de ofício sem, em ambos os casos, o devido pagamento.

Essa sistemática se revela interessante justamente porque, após a inscrição do débito em dívida ativa, os artifícios fraudulentos de fuga da expropriação judicial são muitos e não demandam grandes investimentos pelo sujeito passivo. Ao lado disso, o inadimplemento do crédito tributário pela pessoa jurídica não dá margem ao redirecionamento para o sócio-administrador, de acordo com a orientação consubstanciada na Súmula nº 430 do STJ.[297]

Por outra frente, mesmo que ausente o manejo de meios fraudulentos para ocultação do patrimônio, a mera lentidão do processo de cobrança judicial do crédito leva o inadimplemento a se tornar uma interessante alternativa para o empresário que se predisponha a evadir recursos.[298] É este, justamente, o perfil do devedor contumaz: devedores

---

[297] Súmula nº 430 do STJ: "o inadimplemento da obrigação tributária pela sociedade não gera, por si só, a responsabilidade solidária do sócio-gerente".

[298] Sobre o ponto, ver interessante estudo formulado por Hugo Mendes Plutarco sobre a projeção de diversas escolhas possíveis pelo contribuinte e suas vantagens em comparação à contratação de empréstimos bancários. Especificamente acerca da declaração do crédito e sua não satisfação, conclui o autor que "A tabela e o gráfico anteriormente transcritos evidenciam que, *a partir do segundo ano*, a opção pelo não pagamento do tributo e o aguardo da execução fiscal torna-se opção mais vantajosa do que contrair empréstimo no mesmo valor do tributo declarado e não pago" (grifamos). PLUTARCO, Hugo Mendes. A Sonegação

cujo débito é objeto de declaração ou de inscrição em dívida ativa sem o respectivo pagamento, não obstante a ausência de justificativa para o inadimplemento. O foco do regime de devedores contumazes deve recair sobre tal classe de devedores, pois nela se vislumbra uma nítida postura de desengajamento junto ao Fisco que, via de regra, encontra-se fora do âmbito de proteção da legislação criminal, à exceção dos casos em que presentes os elementos dos tipos penais dos artigos 1º e 2º da Lei nº 8.137/1990 (sonegação e apropriação indébita tributária).

A origem do débito, portanto, não interfere na classificação do sujeito passivo como devedor contumaz: caso o inadimplemento seja reiterado e injustificado, a classificação é pertinente, restando ao legislador eleger um valor que justifique uma atuação diferenciada por parte do Fisco, delimitando a identificação do inadimplemento como substancial.

3.4.2 Devedor eventual e devedor contumaz

Tudo o que se afirmou nos itens anteriores se direciona ao devedor contumaz. Separá-lo do devedor eventual é tarefa essencial, que demanda, além do conhecimento dos fatores que agregam maior grau de reprovabilidade à conduta daquele, uma percepção abrangente da relação entre Fisco, sujeito passivo e princípio da livre iniciativa.

Extrai-se da livre iniciativa a ideia de assunção de riscos válidos pelo empresário ao iniciar um negócio. Ao Estado não é dado subordinar a continuidade da empresa ao seu sucesso econômico; essa opção, se adotada, pertence unicamente ao empresário. Como corolário lógico, não pode o Fisco, sem justificativa razoável, coagir o empresário a adimplir tributos como requisito para o desempenho de sua atividade, ainda que indiretamente.

Ademais, a continuidade da atividade pelo sujeito passivo inadimplente é, muitas vezes, imprescindível para a sua regularização junto ao Fisco. Tal como destacado pelo Min. Joaquim Barbosa no julgamento da ADI nº 173/DF, ao analisar o condicionamento do registro de atos na Junta Comercial à regularidade fiscal, "é possível conceber situação em que o contribuinte, submetido a quadro de revés econômico que não seja exclusivamente atribuível à sua conduta, necessite realizar

---

e a litigância tributária como forma de financiamento. *Economic Analysis of Law Review*, V. 3, nº 1, p. 122-147, Jan-Jun, 2012, p. 140.

operações societárias para tentar manter sua atividade econômica e reverter a situação de penúria".[299]

Para o inadimplente eventual, que se encontra em situação de irregularidade fiscal por conta de situações *circunstanciais* – como, por exemplo, cenários de crise econômica –, a imposição de controle fiscalizatório mais rígido não será, em regra, o meio adequado para a concretização dos princípios da igualdade e da capacidade contributiva. Em tais casos, o sujeito passivo não disporá de meios financeiros, ainda que temporariamente, para arcar com as obrigações tributárias, não por conta de um *padrão comportamental deliberado*, mas por dificuldades econômicas reais, que qualquer agente econômico pode vir a sofrer.

O alvo de regimes destinados a devedores contumazes é, assim, o sujeito passivo que recorre ao inadimplemento sistemático, injustificado e substancial como estratégia negocial.

A visão da suficiência das penalidades pecuniárias como meio de desestímulo ao inadimplemento contumaz se provou incorreta no contexto atual: apesar de os entes, no geral, adotarem multas elevadas para o descumprimento das obrigações tributárias principais, isso, além de agravar a situação do devedor que passa por crise econômica, não é capaz de conter a inadimplência contumaz. A sanção pecuniária é vista pelo devedor contumaz sob a perspectiva econômica de um preço cujo pagamento compensa a conduta.[300]

Ao contrário, para o sujeito passivo que, eventual e circunstancialmente, deixa de recolher o tributo devido, a legislação impõe sanções de natureza pecuniária, como multa, que são suficientes como meio punitivo. Esse sujeito causa danos ao erário, é claro, mas não a ponto de justificar intervenção mais drástica na atividade empresarial, inclusive do ponto de vista concorrencial.[301]

A legislação estadual sobre o tema, hoje, além de não adotar critérios uniformes para a definição do devedor contumaz, exige aprimoramentos por parte do legislador (*de lege ferenda*) ou, em alguns

---

[299] BRASIL. Supremo Tribunal Federal. Tribunal Pleno. Ação Direta de Inconstitucionalidade n° 173/DF. Relator: Min. Joaquim Barbosa. Julgamento em 25/09/2008. D.J.e. de 20/03/2009.

[300] Sobre o ponto: SCHAUER, Frederick. *The force of law*. Cambridge/London: Harvard University Press, 2015, p. 131.

[301] Ricardo Seibel de Freitas Lima, nessa linha, ao estudar o devedor contumaz à luz da livre concorrência, ressalta que a inadimplência desse nível não se confunde com o descumprimento esporádico e pontual de obrigações tributárias, fruto de crise financeira da empresa. Ao contrário, é aquela inadimplência prolongada no tempo, muitas vezes planejada pelo contribuinte. LIMA, Ricardo Seibel de Freitas, *op. cit.*, p. 106.

casos, construções ao alcance do próprio intérprete (*de lege lata*). A segmentação do devedor contumaz fundada tão somente no lapso temporal do inadimplemento ou no valor do débito se distancia dos elementos nucleares do conceito, *i.e.*, o inadimplemento sistemático, injustificado *e* (e não *ou*) substancial, e não permite, ao menos em um juízo preliminar ou mais evidente, distingui-lo do inadimplemento eventual.

Diante disso, serão apresentadas propostas para aperfeiçoamento do conceito legal de devedor contumaz a fim de atingir a teleologia da norma: segregá-lo do devedor eventual.

3.5 Propostas para aperfeiçoamento do conceito na legislação atual

Atualmente, as leis estaduais e o projeto de lei federal propiciam um nítido espaço de aperfeiçoamento dos critérios que compõem o conceito de devedor contumaz. Os itens a seguir pretendem explorar essa lacuna com o intuito de aprimorar a distinção entre devedor contumaz e eventual, a qual representa o ponto fulcral do conceito ora em análise, e reduzir possíveis falhas decorrentes da sistemática prevista na legislação vigente.

3.5.1 Necessária investigação da evolução patrimonial do devedor

A consideração de indícios demonstrativos da capacidade de pagamento de tributos pelo sujeito passivo é essencial para se excluir, por inferência, o devedor que descumpre suas obrigações tributárias em razão de situação financeira crítica e temporária.

O panorama atual dos atos normativos editados adota um juízo inverso de relação entre débito e patrimônio. Em outras palavras, qualifica-se o devedor contumaz com base em uma avaliação comparativa entre o débito e o patrimônio conhecido, na qual o valor daquele deve se mostrar excessivo à luz da saúde financeira do sujeito passivo, presumindo-se, assim, a incapacidade ou dificuldade de satisfação do débito consolidado. Ocorre que tão só o cotejo entre o valor do débito e o patrimônio conhecido nada diz sobre o *padrão comportamental* do contribuinte. Ao contrário, pode dizer o que não se deseja.

Ser titular de débito tributário em valor excessivo em relação ao patrimônio exprime a provável ausência de meios para o pagamento do tributo. É claro que, ao formular um juízo inverso entre débito e patrimônio, a lei pode alcançar, de forma desejável, sujeitos passivos que empregam o método de criação sequencial e esvaziamento patrimonial de pessoas jurídicas como meio de burlar a satisfação do crédito tributário. No entanto, assume-se o risco de que a norma abarque também devedores que passam por crise econômica drástica e, com isso, têm seu patrimônio reduzido de forma não proposital, enquanto veem seus débitos se multiplicarem.

Um meio para evitar isso é a verificação, pelo Fisco, da evolução do patrimônio do sujeito passivo. Caso essa evolução seja positiva ou crescente, a teleologia da norma estará presente, a indicar que, não obstante ostente capacidade de pagamento, o sujeito passivo adota a postura deliberada de não satisfazer o débito incontroverso, utilizando-se do inadimplemento tributário como fonte de financiamento de sua atividade. Nessa hipótese, portanto, o devedor deve ser enquadrado como contumaz. Caso, ao contrário, o faturamento – ou outro indicador de natureza financeira elencado pelo legislador – sofra redução nos anos imediatamente anteriores, é preciso avançar para a investigação de indícios de prática de atos fraudulentos, a exemplo daqueles narrados no Projeto de Lei nº 1.646/2019, como a criação de novas pessoas jurídicas e o esvaziamento patrimonial das anteriores. A diminuição da capacidade de pagamento, por si só, é elemento indicativo de *crise econômica*,[302] e não de inadimplemento *deliberado*, a atrair o ônus, para o Fisco, de comprovar o esvaziamento premeditado do patrimônio do devedor.

Esse é o mecanismo mais adequado para se afastar do âmbito de incidência da norma contribuintes em crise ou cujo não pagamento decorra de inexigibilidade de conduta diversa. A capacidade de pagamento é essencial para a atuação do Fisco e vai além da exteriorização de riqueza manifestada mediante a prática, pelo contribuinte, do fato signo

---

[302] Nesse sentido, a transação tributária excepcional, instituída com o propósito de viabilizar a superação da situação transitória de crise econômico-financeira em função da pandemia, adota como indicador financeiro da capacidade de geração de resultados pelo sujeito passivo a queda da receita bruta mensal em 2020 em relação ao ano de 2019. Vale dizer, a redução da receita bruta é fator relevante, entre outros, para aferição da extensão da crise econômica vivenciada pelo sujeito passivo, influenciando sua possibilidade de adesão à transação, o prazo de pagamento e o percentual de desconto sobre multas, juros e encargos. Cf. Lei nº 13.988/2020, arts. 2º, 3º e 6º da Portaria PGFN nº 14.402/2020 e Portaria PGFN nº 1.696/2021.

presuntivo de riqueza previsto na hipótese de incidência tributária. O sujeito passivo que não possui meios para pagar o débito tributário suportará as regulares sanções prevista na legislação tributária, mas não poderá sofrer as mesmas restrições aplicáveis ao devedor contumaz.

3.5.2 Calibragem do lapso temporal

Outro ponto relevante para fins de avanço na distinção entre devedor eventual e contumaz é o lapso temporal sem pagamento do débito tributário, revelador do caráter *sistemático* do inadimplemento. Emerge disso a necessidade de o legislador selecionar o que considera ser um período de tempo significativo para caracterizar a contumácia.

Dentro de parâmetros que reflitam de maneira realística o referido padrão, a escolha normativa não poderá ser taxada de irrazoável ou arbitrária.[303] Todavia, observa-se que algumas disciplinas se distanciam de forma contundente desse padrão, a ponto de não refletirem um comportamento sistemático do sujeito passivo, mas uma situação marcada, ao menos sob um juízo preliminar, pela eventualidade.

É o caso do Estado da Bahia, no qual, de acordo com a Lei n° 13.199/2014, é considerado devedor contumaz o sujeito passivo que deixa de recolher ICMS declarado referente a três meses, consecutivos ou alternados, de apuração do imposto. Relembre-se ainda o já mencionado exemplo do Estado de Alagoas, em que a Lei n° 7.747/2015 insere no conceito de devedor contumaz o sujeito passivo que deixe de recolher por dois meses, consecutivos ou alternados, imposto retido em razão de substituição tributária.

---

[303] Frederick Schauer afirma que "Quando uma consequência legal depende da diferença entre noite e dia, careca ou não careca, ou qualquer outro par de extremos em uma sequência, normalmente é necessário fixar um ponto preciso entre esses dois extremos, ponto este que se tornará o parâmetro de aplicação ou não aplicação de uma regra. E mesmo que outro ponto pudesse ter sido selecionado, não há nada de irracional, e portanto arbitrário – no sentido não técnico da palavra –, em escolher um ponto em vez de outro vizinho". Tradução livre. (original: "When a legal or other important consequence turns on the difference between night and day, bald and not-bald, or any other pair of extremes on a continuum, it is often necessary to fix a precise point between the extremes, that point then becoming the point of application or non application of some rule. And even though some other point could have been selected, there is nothing irrational, and thus nothing arbitrary in the ordinary sense of that word, in picking one point rather than another in the same neighborhood"). Schauer, Frederick. *Profiles, probabilities and stereotypes*. Cambridge, MA: Belknap Press, imprint of Harvard University Press, 2003, p 115-117.

Em acordão recente, o Superior Tribunal de Justiça, ao analisar a incidência do tipo do art. 2º, II, da Lei nº 8.137/90 em um caso concreto, decidiu que o não recolhimento do ICMS declarado pelo período de quatro meses não configura contumácia delitiva, e sim, ao contrário, "evento isolado na gestão da pessoa jurídica".[304]

Dessa forma, o fato de o sujeito passivo não pagar tributo por determinado número de meses no período de um ano não é apto, por si só, a demonstrar a contumácia na inadimplência. O não pagamento de tributo por curto período pode decorrer, como não raro sucede, de crise econômica, sem que exista deliberada intenção do contribuinte de não cumprir suas obrigações. O inadimplemento contumaz só pode ser deduzido de um *padrão comportamental* que demanda a análise da conduta do sujeito passivo ao longo dos anos pretéritos.

Em suma, a constatação do padrão de comportamento do sujeito passivo impõe a análise do *histórico* de inadimplemento do contribuinte. Somente assim se pode deduzir uma forma estratégica de atuação pautada no inadimplemento sistemático.

Esse parâmetro, frise-se, não é incompatível com a objetividade do conceito do devedor contumaz, demandando do legislador a prévia delimitação do lapso temporal objeto de investigação pelo Fisco. A título ilustrativo, poderia o legislador prever a configuração da contumácia com base no inadimplemento por um período contínuo de seis em doze meses, conjugado com a repetição de tal padrão nos últimos três ou quatro anos de atividade do sujeito passivo. Outro exemplo pode ser extraído da lei que instituiu a transação tributária no âmbito do Estado de São Paulo (Lei nº 17.293/2020). O art. 47 do referido ato normativo veda a celebração de acordos de transação com devedor do ICMS "que, nos últimos 5 (cinco) anos, apresente inadimplemento de 50% (cinquenta por cento) ou mais de suas obrigações vencidas". Trata-se, embora tal conclusão não decorra expressamente do texto, de uma definição conceitual de devedor contumaz, mais adequada a exteriorizar um padrão comportamental do que aquela adotada pela Lei Complementar estadual nº 1.320/2018, também de São Paulo.

Além disso, o lapso temporal no qual ocorre o inadimplemento deve ser conjugado com o valor do débito de titularidade do sujeito passivo, a fim de alcançar o inadimplemento sistemático e *também* substancial. Em regra, as legislações estaduais não seguem esse critério,

---

[304] BRASIL. Superior Tribunal de Justiça. Sexta Turma. Recurso Especial nº 1.852.129/SC. Relator: Min. Sebastião Reis Júnior. Julgamento em 16/06/2020. D.J.e. de 26/06/2020.

exigindo, *alternativamente*, o inadimplemento por determinado período de tempo ou o acúmulo de débitos em montante elevado. A mudança dessa lógica revela-se essencial, especialmente para que não se restrinja a esfera jurídica de sujeitos passivos titulares, *v.g.*, de um único débito de valor vultoso, já que, quanto a esses, restará *ausente* o ânimo de endividamento reiterado.

Conforme ressaltado neste texto,[305] o devedor contumaz não se confunde com o grande devedor, apesar da possibilidade de coexistência das figuras no mesmo sujeito passivo. Empresas de grande porte serão, em regra, titulares de débitos tributários em valores substanciais, o que não implica sua classificação como devedor contumaz.

3.5.3 O que torna o inadimplemento injustificado?

3.5.3.1 A suspensão da exigibilidade do crédito e as garantias

O sujeito passivo tem o direito constitucional de discutir a validade do crédito tributário a ele imputado por meio de recurso às instâncias administrativas de julgamento, além do acesso ao Poder Judiciário. Não pode, pois, ser repreendido pelo Fisco por exercer sua legítima prerrogativa, decorrente do devido processo legal (art. 5º, LIV, da Constituição).[306]

Com o intuito de preservar situações que conferem legitimidade ao inadimplemento, a totalidade das leis estaduais exclui créditos tributários com exigibilidade suspensa para fins da classificação do sujeito passivo como devedor contumaz. Suprimem-se, assim, os créditos enquadrados no rol do art. 151 do CTN, inclusive aqueles objeto de discussão na esfera administrativa (art. 151, III) ou de decisão judicial (art. 151, IV e V).

Parte da legislação, porém, vai além, protegendo também os créditos objeto de garantia integral. Essa parece a solução escorreita. Apesar de não gerar o efeito de suspender a exigibilidade do crédito, ressalvado o depósito integral em dinheiro (art. 151, II), a prestação de garantia aceita pelo juízo demonstra a boa-fé do devedor ou, no caso de

---

[305] Item 2.1.4.3.
[306] Maria Ângela Lopes Paulino Padilha, nessa linha, observa que "merece repúdio igual o contribuinte que exerce seu direito de defesa ao que propositalmente não cumpriu a lei tributária, tampouco impugnou a exigência". PADILHA, Maria Ângela Lopes Paulino, *op. cit.*, p. 252.

penhora, a possibilidade de satisfação do crédito tributário, constituindo fator relevante na esfera tributária inclusive para o fim de emissão de certidão positiva com efeitos negativos.[307]

Nesse sentido, enquadra-se em situação de "regularidade fiscal" o sujeito passivo cujos créditos tributários estejam (i) sob discussão administrativa, (ii) com a exigibilidade suspensa ou (iii) garantidos por meio de penhora ou outra garantia. Não se inserem nessa situação, *a contrario sensu*, os casos de inadimplência ou sonegação.[308]

3.5.3.2 O devedor em recuperação judicial

Questão mais polêmica diz respeito à exclusão dos sujeitos passivos em recuperação judicial do rol de possíveis devedores contumazes. Como visto, ao definirem o devedor contumaz, determinados entes estaduais, a exemplo do Estado de Goiás, optaram por excluir, de forma expressa, os devedores em recuperação judicial. Outros adotaram via diversa, silenciando quanto a essa categoria. Diante disso, deve o inadimplemento reiterado e substancial do crédito tributário ser considerado justificado no caso de recuperação judicial?

Por um lado, o devedor em recuperação judicial é justamente aquele submetido a uma situação de crise econômico-financeira, ou seja, que não possui recursos suficientes para a satisfação da integralidade de seus débitos, tributários ou não, sem comprometer a preservação da atividade empresarial. Essa lógica fundamentou a orientação do STJ pela impossibilidade de se condicionar a concessão de recuperação judicial à apresentação de certidões de regularidade fiscal, tal como exigido nos arts. 57 da Lei nº 11.101/2005 e 191-A do CTN, ao menos até a edição de lei específica de parcelamento pelos entes federativos.[309]

Por envolver um cenário de crise, é possível concluir que a recuperação judicial traz consigo presunção de ausência de um padrão comportamental deliberado e nocivo, ínsito ao devedor contumaz.

Por outro lado, a Lei nº 14.112/2020, objetivando equilibrar os interesses conflitantes do Fisco e dos devedores em recuperação judicial,

---

[307] Nos termos do art. 206 do CTN.
[308] GODOI, Marciano Seabra de. *Crítica à jurisprudência atual do STF em matéria tributária*. São Paulo: Dialética, 2011, p. 123-124.
[309] Por exemplo: BRASIL. Superior Tribunal de Justiça. Corte Especial. Recurso Especial nº 1.187.404/MT, Rel. Ministro Luis Felipe Salomão, j. em 19/06/2013, DJe de 21/08/2013. Tal orientação ainda não foi revisitada à luz da Lei nº 14.112/2020 e pode ser objeto de crítica, uma vez que a avaliação da preservação da empresa deve considerar também o equacionamento dos débitos tributários.

alterou a redação de diversos dispositivos da Lei nº 11.101/2005. Confirmou-se a continuidade das execuções fiscais no curso da recuperação judicial, permitindo-se ao juízo da recuperação judicial a substituição de específicos atos de constrição[310] (art. 7º-B da Lei nº 11.101/2005). Além disso, incluiu-se o descumprimento de parcelamento ou de transação tributários como possível causa de convolação da recuperação judicial em falência (art. 73, V, da Lei nº 11.101/2005).

Sinaliza-se, com isso, que a satisfação de créditos tributários persiste como objetivo da legislação tributária e empresarial mesmo após a concessão da recuperação judicial. Para alcançar a desejada conformidade, a Lei nº 11.101/2005 prevê, em seu art. 68, que a Fazenda Pública pode deferir, nos termos da legislação específica, parcelamento dos débitos de sujeitos passivos em recuperação judicial,[311] em idêntica linha ao art. 155-A, §3º, do CTN.

O equacionamento dessas conclusões aprioristicamente conflitantes comporta a seguinte solução. A concessão de recuperação judicial evidencia o enfrentamento de uma crise econômico-financeira pelo devedor, que deve ser demonstrada previamente ao juízo (art. 51, *caput*, I, e §6º, I, da Lei nº 11.101/2005). Conforme examinado,[312] o sujeito passivo em situação de crise não é, ou não deveria ser, alvo de regimes mais restritivos impostos a devedores contumazes. Sancioná-lo nessas condições significaria dar um passo na direção contrária à recuperação da empresa, máxime à luz da proibição de celebração de transação entre União e devedores contumazes.[313] Desse modo, a classificação do devedor em recuperação judicial como contumaz atrai o ônus argumentativo, pelo Fisco, de comprovar um padrão comportamental

---

[310] Anteriormente à alteração legal, o tema da prática, em sede de execução fiscal, de atos contritivos contra empresas em recuperação judicial estava afetado à sistemática dos recursos repetitivos no STJ (tema nº 987).

[311] O STJ já sinalizou que esse parcelamento deve constituir ferramenta adequada de regularização, oferecendo condições de garantia e pagamento mais benéficas e adaptáveis à real situação econômico-financeira dos devedores em recuperação judicial. Por exemplo: BRASIL. Superior Tribunal de Justiça; Corte Especial. Recurso Especial nº 1.187.404/MT, Rel. Ministro Luis Felipe Salomão, j. em 19/06/2013, DJe de 21/08/2013, e Terceira Turma. Recurso Especial nº 1.719.894/RS, Rel. Ministra Nancy Andrighi, j. em 19/11/2019, DJe de 22/11/2019. Seguindo essa diretiva, a União regulamentou, recentemente, o parcelamento e a transação voltados para devedores em recuperação judicial, por meio da Lei nº 14.112/2020, que modificou a Lei nº 10.522/2002 (art. 10-B e 10-C), e da Lei nº 13.988/2020 c/c Portaria PGFN nº 2.382/2021.

[312] Tópicos 3.4.1 e 3.4.2.

[313] Embora o conceito de devedor contumaz esteja pendente de regulamentação na esfera federal, a Lei nº 13.988/2020 trouxe a referida proibição (art. 5º, III), que será melhor analisada no item 4.6.2.

deliberado conectado à utilização fraudulenta da recuperação judicial de forma prejudicial ao credor tributário.[314] Desse modo, a previsão das referidas causas mais abrangentes de exclusão do enquadramento do sujeito passivo como devedor contumaz permite preservar minimamente aqueles devedores que buscam a regularidade fiscal ou que enfrentam comprovada crise econômico-financeira, atuando como guia para o legislador e o intérprete.

3.5.4 Declaração e inscrição em dívida ativa

De acordo com a legislação hoje vigente, a qualificação como devedor contumaz requer a declaração do débito pelo sujeito passivo ou a inscrição em dívida ativa. Essa distinção, contudo, não é a mais adequada à luz do sistema da Lei nº 6.830/1980.

A inscrição em dívida ativa produz o título executivo indispensável ao ajuizamento da execução fiscal, passando o crédito a gozar de presunção de certeza e liquidez.

A formação da respectiva certidão pressupõe a participação do contribuinte nos processos anteriores, quer por meio do lançamento por declaração, no qual há o reconhecimento do débito, quer mediante lançamento de ofício, caso em que o contribuinte tem a oportunidade de discutir a autuação na via administrativa.[315]

Portanto, também a exequibilidade do débito objeto de lançamento por homologação exige a posterior inscrição em dívida ativa e reivindica a verificação prévia de sua legalidade, não obstante a declaração implique a imediata constituição do crédito.[316]

Ao prever o controle de legalidade prévio à inscrição (art. 2º, §3º, da Lei nº 6.830/1980), quis o legislador assegurar maior robustez ao crédito e, com isso, maior segurança ao sujeito passivo, mitigando possíveis danos decorrentes de falhas do Estado. A exequibilidade decorrente da inscrição em dívida ativa é, afinal, "um grau mais forte

---

[314] Apesar de o art. 51, §6º, da Lei nº 11.101/2005 permitir ao juiz que, diante de indícios contundentes de utilização fraudulenta da recuperação judicial, indefira a petição inicial e oficie ao Ministério Público, muitas vezes o emprego de manobras fraudulentas pode ser revelado no âmbito de uma investigação fiscal, escapando do exame preliminar pelo Poder Judiciário.

[315] CONRADO, Paulo Cesar, *op. cit.*, p. 98-99.

[316] Súmula nº 436 do STJ: "a entrega de declaração pelo contribuinte reconhecendo débito fiscal constitui o crédito tributário, dispensada qualquer outra providência por parte do Fisco". Para uma visão contrária à orientação prevalecente na jurisprudência, ver: XAVIER, Alberto, 1997, p. 405-415.

da exigibilidade espontânea ou voluntária: é a exigibilidade 'em guerra' ou em 'estado militar'".[317]

Diante disso, não se justifica a exigência de inscrição em dívida ativa apenas para o débito objeto de autuação pela autoridade tributária, excluindo-se o débito declarado: é a segurança advinda da inscrição que traz – *ou deveria trazer* – maior proteção ao sujeito passivo, tratando-se, inclusive, de dever da autoridade administrativa e direito do contribuinte.[318]

3.5.5 Tributos diretos x indiretos

Como visto, um dos fundamentos que justificam a imposição de regimes mais gravosos a devedores contumazes é a preservação da livre concorrência. Nos tributos indiretos, cuja natureza e estrutura levam o contribuinte de direito a não sofrer o ônus econômico da imposição tributária, que é repassado ao contribuinte de fato, torna-se mais clara a visualização do potencial desequilíbrio concorrencial produzido pela inadimplência contumaz.

Essa repercussão, nos termos do art. 166 do CTN, é jurídica, e a translação do ônus financeiro deve encontrar previsão na regra criadora do tributo,[319] como ocorre no ICMS. Dessa maneira, caso o contribuinte de direito se aproprie a título de receita operacional própria do valor do tributo arcado pelo consumidor final, descumprindo seu dever de repassá-lo ao Fisco, haverá, logicamente, um ganho ilícito potencialmente causador de distúrbios concorrenciais.

Há na doutrina, contudo, quem critique a divisão dos tributos em diretos ou indiretos.[320] Geraldo Ataliba ressalta ter sido tal distinção importada dos autores italianos, para os quais a classificação seria de suma importância para distinguir os impostos de competência do Estado italiano daqueles de competência das províncias. Ao contrário do que ocorreria no ordenamento italiano, no Brasil a divisão adquiriria, para o autor, irrelevância sob o viés jurídico, interessando apenas à

---

[317] XAVIER, Alberto, 1997, p. 425-426.
[318] ARAUJO, Juliana Furtado Costa. A efetividade da cobrança do crédito tributário federal como fundamento legitimador da Portaria PGFN 33/18. In: *Inovações na cobrança do crédito tributário*. ARAUJO, Juliana Furtado Costa; CONRADO, Paulo Cesar (coord.). São Paulo: Thomson Reuters Brasil, 2019, p. 13-15.
[319] MOREIRA, André Mendes, 2020, p. 46-47.
[320] Sobre a discussão: *Ibidem*, p. 43-50.

ciência econômica.³²¹ Alfredo Augusto Becker refere-se à "simplicidade da ignorância" ao examinar a superficial aceitação de teorias sobre a repercussão pela doutrina e pontua ser "falsa e impraticável" a divisão entre tributos diretos e indiretos.³²²

Para outros, em sentido oposto, a dimensão da classificação extrapola o campo da economia e ultrapassa até mesmo o âmbito de incidência do art. 166 do CTN, que trata da restituição de indébito no caso dos tributos indiretos. Para Regina Helena Costa, as regras da *seletividade* e da *não cumulatividade*, aplicáveis ao IPI e ao ICMS, refletem a sensível preocupação do constituinte com a figura do contribuinte de fato.³²³

Para fins concorrenciais, contudo, a lógica aplicável aos tributos indiretos pode ser estendida, de alguma forma, aos tributos diretos. Nestes, também o ônus econômico decorrente da imposição tributária pode ser repassado ao consumidor, ainda que sob perspectiva estritamente econômica, como ocorre no caso do imposto de renda.³²⁴ Ademais, a inadimplência contumaz de tributos diretos afeta, de igual maneira, a capacidade contributiva, desigualando sujeitos passivos no plano da imposição fática e criando distorções sob o viés da justiça fiscal. A distinção é fundamental para a incidência do tipo do art. 2°, II, da Lei n° 8.137/1990, tal como concluiu o STF no RHC n° 163.334/SC, em razão de nos tributos indiretos a translação adquirir relevância jurídica. No que concerne à proteção à livre concorrência e à capacidade contributiva, no entanto, o valor atribuído a essa classificação pode ser mitigado.

Portanto, a proteção à livre concorrência não configura impeditivo para que os regimes de devedores contumazes abranjam também débitos

---

³²¹ ATALIBA, Geraldo. Classificação científica dos tributos – Regime jurídico das espécies tributárias. In: *Elementos de direito tributário:* notas taquigráficas do III Curso de Especialização em Direito Tributário realizado na Pontifícia Universidade Católica de São Paulo. ATALIBA, Geraldo (coord.). São Paulo: Ed. Revista dos Tribunais, 1978, p. 79.

³²² BECKER, Alfredo Augusto, *op. cit.*, p. 488-500.

³²³ COSTA, Regina Helena. *Curso de direito tributário:* Constituição e Código Tributário Nacional. 10. ed. São Paulo: Saraiva, 2020, p. 148. Essa visão é reforçada pelo voto do Min. Edson Fachin no julgamento do RHC n° 163.334/SC, no qual salientou integrar a natureza e estrutura do ICMS a tributação de fatos presuntivos de riqueza exteriorizados pelo *consumidor*. Em outras palavras, a força econômica do consumo configura o objeto de oneração do ICMS, ao contrário de outros impostos que oneram a força econômica do comerciante.

³²⁴ Luís Eduardo Schoueri anota, ao analisar a conexão entre elasticidade da oferta e da demanda e transferência do ônus tributário nos tributos sobre vendedores ou compradores, que "Mesmo um tributo dito 'direto', como seria Imposto de Renda das pessoas jurídicas, também afetará, ou não, os preços da pessoa jurídica (e portanto será 'repassado') conforme as condições do mercado". SCHOUERI, Luís Eduardo, 2019, p. 59.

originados de tributos diretos, apesar de, em tais casos, o tributo não representar um componente formal na estrutura do preço.

3.5.6 A disciplina do devedor contumaz deve ser setorial?

Ponto igualmente importante a ser enfrentado é a necessidade de criação de regimes específicos para determinados setores da economia. Em regra, a análise concorrencial considera as especificidades de determinado setor para impor a ele um regime regulatório. No Direito Antitruste, leciona-se que bens ou serviços só concorrem com outros similares e pelos quais possam ser substituídos e, além disso, que estejam no mesmo âmbito geográfico dentro do qual a atividade da oferta seja economicamente vantajosa e ao qual tenham acesso os mesmos consumidores.[325]

As características dos setores econômicos, inclusive em relação aos índices de evasão e aos danos concorrenciais daí decorrentes, variam entre si. Um dos setores mais atingidos pela evasão, por exemplo, é o da indústria de cigarros, razão pela qual, inclusive, atrai regimes especiais de deveres instrumentais, substituição tributária e sanções específicas.[326]

A legislação estadual destinada a devedores contumazes, entretanto, propõe-se a tratar o fenômeno de forma *geral*, até mesmo porque seu fundamento não se assenta exclusivamente na livre concorrência, mas também em princípios como a capacidade contributiva. Desse modo, tais regimes não diferenciam os destinatários de acordo com o setor econômico em que atuam, adotando a premissa de que a inadimplência contumaz, por si só, abala a igualdade entre os agentes e, sendo assim, adquire o *potencial* de impactar a concorrência. De fato, há setores que sobrevivem, quase que inteiramente, da inadimplência contumaz. Nesses casos, combatê-la é uma exigência derivada imediatamente do princípio da igualdade e mediatamente da livre concorrência, uma vez que a prática difundida de inadimplência contumaz impede, por

---

[325] Além desses fatores, outros dados integram o conceito de mercado relevante. Cf. FORGIONI, Paula A, *op. cit.*, p. 220-238.

[326] A título ilustrativo, as peculiaridades em torno da indústria de cigarro ganharam relevo no STF com o julgamento do RE n° 550.769/RJ. Em seu voto, o Min. Relator destacou os severos impactos do não recolhimento de IPI na concorrência, já que esse representa 70% do total de arrecadação de impostos no setor. Além disso, ressaltou existirem apenas quatorze fabricantes de cigarros no país, sendo que doze não recolhem tributos, apesar de apresentarem grande margem de lucro. Esses fatores foram relevantes para a validação, pela Corte, da cassação do registro especial de funcionamento da empresa recorrente, conforme item 2.3.3.5.1.

questões de sobrevivência conectadas à concorrência, o retorno dos agentes à conformidade tributária.

Por sua vez, uma análise *pormenorizada* dos impactos concorrenciais demanda um diagnóstico setorial. Tais impactos são sentidos diretamente pelas empresas que atuam em regime de concorrência com devedores contumazes no mesmo setor da economia.[327] Sendo assim, poderia o legislador prever critérios diversos para enquadramento do sujeito passivo como devedor contumaz conforme o respectivo segmento econômico, fixando, por exemplo, regras mais rígidas para setores muito concentrados ou conformando o valor do inadimplemento considerado *substancial* segundo as peculiaridades de cada setor. Ademais, no caso do art. 146-A da Constituição, os projetos de lei complementar apresentados com vistas à fixação de critérios especiais de tributação (PLS nº 161/2013 e 284/2017) restringem sua aplicação a mercados caracterizados por elevada carga tributária e baixa margem de lucro, ambiente propício para a configuração de desequilíbrios concorrenciais.[328]

Inexiste, portanto, uma resposta correta para a pergunta formulada neste tópico. De um lado, se o argumento preponderante para a instauração de regimes voltados para o devedor contumaz é a livre concorrência, o caminho mais efetivo a ser seguido pelo legislador e pelo Fisco passa por avaliar o perfil de grupos de contribuintes por setor, com a criação de regimes de fiscalização adaptados às respectivas características. De outro, coibir a inadimplência contumaz, ainda que de modo generalizado, significa reprimir desvios de igualdade e restaurar um cenário de observância plena da capacidade contributiva, finalidades desejadas pela Constituição, permitindo que a concorrência não oponha barreiras ao retorno à conformidade. Registre-se que, por um ou outro caminho, não podem o legislador e a Administração Tributária submeter

---

[327] Onofre Alves Batista Júnior pondera que a garantia da livre concorrência exige o acompanhamento do universo de contribuintes de determinado setor econômico "por meio de índices expressivos que possam orientar a ação fiscal no sentido da maior eficácia". Além disso, destaca o autor que a atuação do Fisco deve mirar em determinado segmento, o que, além de incrementar a eficácia da ação do Fisco, revela uma necessidade de "reforço da segurança jurídica e das garantias do contribuinte contra possíveis arbitrariedades dos agentes fiscais". BATISTA JÚNIOR, Onofre Alves. As sanções administrativo-fiscais heterodoxas e sua cuidadosa possibilidade de aplicação no direito tributário. In: *Grandes temas do direito tributário sancionador*. COIMBRA SILVA, Paulo Roberto (coord.). São Paulo: Quartier Latin, 2001, p. 463-364.

[328] CARVALHO, Vinicius Marques de; MATTIUZZO, Marcela; PROL, Flávio Marques; e LANGANKE, Amanda Lopes. *Concorrência e tributação*. São Paulo: Ed. Cedes, 2019, p. 245-246.

a regras diversas sujeitos passivos que atuam no mesmo segmento econômico, caso estes se encontrem em idêntica situação perante o Fisco.

Por fim, vale ressaltar que políticas responsivas à prática da inadimplência contumaz devem ser combinadas com outras que objetivem o combate à *informalidade*, já que os danos causados pelos dois fenômenos são semelhantes, a saber, prejuízo à livre concorrência, aumento da carga tributária geral, violação à capacidade contributiva e perda de arrecadação.

3.5.7 A questão da fraude

Há quem entenda que a fraude contra o Fisco é elemento imprescindível para distinguir os devedores contumaz e eventual. Essa é, por exemplo, a posição assumida pelo Projeto de Lei federal nº 1.646/2019 ao conjugar critérios gerais referentes ao valor e tempo de inadimplemento com o critério específico da fraude. Outros diplomas legais, conforme analisado no item 3.3.1, admitem a configuração do inadimplemento contumaz mesmo sem a presença de fraude, abarcando, *e.g.*, o devedor que declara regularmente suas obrigações tributárias e não as paga, ciente de que seus sócios não serão responsabilizados e de que investimentos compensarão financeiramente a sanção pecuniária devida pela infração.

A seguir, serão analisados os motivos subjacentes à inclusão da fraude no conceito do devedor contumaz e as razões pelas quais se entende que subsiste interesse no enquadramento do sujeito passivo como devedor contumaz mesmo se ausente o referido elemento.

3.5.7.1 Conceito de fraude contra o Fisco

A fraude pode ocorrer tanto com o intuito de esconder ou dificultar a identificação pelo Fisco do fato gerador já ocorrido (*fraude fiscal*) como com o desígnio de ocultação do patrimônio a fim de escapar da consequência da imposição tributária, sem mascarar a ocorrência do fato gerador, diante da prática de atos de cobrança do crédito pela Fazenda Pública (*fraude no curso da cobrança*). Ambas integram o conceito amplo de *fraude contra o Fisco*.[329]

---

[329] Marco Aurélio Greco assim expressa os sentidos possíveis assumidos pela palavra "fraude": "1) a *fraude à lei*, em que há atos lícitos e violação indireta ao ordenamento como um todo e frustração da sua imperatividade; e 2) a *fraude conta o Fisco*, em que a conduta agride

No Direito Tributário, a fraude normalmente ganha relevo nas áreas do planejamento tributário e do direito tributário sancionador, que são intrinsicamente conectadas.

Nesse sentido, a Lei n° 4.502/1964, que regulamentava o Imposto de Consumo, o qual, após a EC n° 18/1965, passou a ser conhecido como IPI, define, no art. 72, a fraude fiscal como toda ação ou omissão dolosa "tendente a impedir ou retardar, total ou parcialmente, a ocorrência do fato gerador da obrigação tributária principal, ou a excluir ou modificar as suas características essenciais, de modo a reduzir o montante do imposto devido a evitar ou diferir o seu pagamento".[330] De acordo com esse ato normativo, a caracterização da fraude postula a presença do dolo, isto é, além da "realização de atos ou manobras fraudulentas", requer o "propósito deliberado de ocasionar a evasão total ou parcial de tributo efetivamente devido", conforme esclarece Hector Villegas.[331]

A fraude para fins de caracterização da contumácia não guarda identificação necessária com o conceito do art. 72 da Lei n° 4.502/1964, já que pode atuar em momento distinto, muito embora ambos compartilhem um núcleo semântico comum. Agir com fraude implica atuar mediante artifício, ardil ou meio equivalente com o intuito de prejudicar terceiro. Na esfera tributária, tal terceiro corresponde, logicamente, ao Fisco, operando o sujeito passivo com a finalidade de "escamotear o pagamento do imposto devido"[332] ou, no caso do devedor contumaz, de evitar a satisfação de crédito tributário incontroverso.

Vale ressaltar, por oportuno, que determinadas condutadas previstas no Projeto de Lei federal n° 1.646/2019, a seguir examinadas, melhor se enquadram nos conceitos de simulação absoluta e simulação relativa (ou dissimulação), próprios do Direito Civil.[333] A distinção

---

diretamente uma norma que assegura um direito ou crédito do Fisco – existente ou em curso de formação – de modo a escondê-lo ou impedir seu surgimento". Com base nessa divisão, este tópico se refere à *segunda* acepção de fraude, denominada pelo autor de "fraude em sentido estrito ou de feição penal". GRECO, Marco Aurélio, *op. cit.*, p. 263-271.

[330] Conforme mencionado no item 2.1, os arts. 71 a 73 da Lei n° 4.502/1964, que trazem, respectivamente, os conceitos de sonegação, fraude e conluio, configuram a base para aplicação da multa de ofício qualificada pelo Fisco federal, nos termos do art. 44, §1°, da Lei n° 9.430/1996.

[331] VILLEGAS, Hector. *Direito penal tributário*. Tradução de Elisabeth Nazar e outros. São Paulo: Resenha Tributária, EDUC, 1974, p. 153-154.

[332] NOGUEIRA, Ruy Barbosa. 1989, p. 202.

[333] Prevê o art. 167 do Código Civil de 2002 que "é nulo o negócio jurídico simulado, mas subsistirá o que se dissimulou, se válido for na substância e na forma. §1° Haverá simulação nos negócios jurídicos quando: I – aparentarem conferir ou transmitir direitos a pessoas diversas daquelas às quais realmente se conferem, ou transmitem; II – contiverem declaração, confissão, condição ou cláusula não verdadeira; III – os instrumentos particulares forem

adquire maior relevo no estudo do planejamento tributário, já que, para os fins propostos neste trabalho, ambas as espécies, se operadas com o fito de fuga da satisfação do crédito tributário, caracterizam evasão fiscal e podem, em tese, inspirar a tipificação de condutas que qualificam o devedor contumaz.

3.5.7.2 A fraude é elemento essencial para o devedor contumaz?

Partindo da premissa acima, há duas formas de se definir o devedor contumaz: apenas com fundamento em critérios gerais, como tempo e valor do débito, ou conjugando-os com o critério específico da fraude.[334]

A primeira visão considera que o tão só fato de, injustificada e reiteradamente, o sujeito passivo declarar tributos ou ter contra si débitos inscritos em dívida ativa pelo Fisco sem o respectivo pagamento configura conduta dotada de reprovabilidade mais intensa e, por isso, merecedora de regime administrativo mais restritivo. A segunda visão, por outro lado, reputa essencial para a distinção entre devedor eventual e contumaz a prática de atos ilícitos mediante fraude. É o caso do Projeto de Lei federal nº 1.646/2019.[335]

---

antedatados, ou pós-datados. §2º Ressalvam-se os direitos de terceiros de boa-fé em face dos contraentes do negócio jurídico simulado". Com base em tal dispositivo, a doutrina civilista distingue simulação absoluta de simulação relativa ou dissimulação. Naquela, realiza-se um negócio de conteúdo vazio ou "de fachada", enquanto nesta há dois atos jurídicos diversos: o negócio simulado, que esconde o negócio dissimulado, este último correspondente à verdadeira intenção das partes. Cf. TEPEDINO, Gustavo. BARBOZA, Heloisa Helena. MORAES, Maria Celina Bodin de. *Código Civil interpretado conforme a Constituição da República*, v. I, 3. ed. rev e atual. Rio de Janeiro: Renovar, 2014, p. 317-318. Na esfera tributária, Sampaio Dória conecta a fraude à simulação em razão da ilicitude dos meios usados em ambas, mas as diferencia por sua exteriorização formal, já que "na fraude a ilicitude deles é evidente, enquanto na simulação, *prima facie*, são aparentemente lícitos, pelos artifícios dolosos utilizados que ocultam ou deformam o efeito real sob o resultado ostensivamente produzido". DÓRIA, Antônio Roberto Sampaio, *op. cit.*, p. 40.

[334] Ressalte-se que o Projeto de Lei federal nº 1.646/2019 não exigiu expressamente a presença do elemento subjetivo, limitando-se a elencar situações nas quais o devedor, por meio de atos ou manobras enganosas, esquiva-se da satisfação do crédito tributário. Não obstante, e sem adentrar a discussão sobre a responsabilização objetiva na esfera das infrações tributárias, a interpretação do dispositivo de forma sistemática com os enunciados abrigadores da fraude no Direito Tributário sancionador, especialmente o art. 72 da Lei nº 4.502/1964, leva à conclusão da exigência do dolo (conhecimento e vontade), pelo sujeito passivo, de impedir ou retardar a satisfação do crédito tributário inscrito em dívida ativa.

[335] Conforme item 3.3.3.2.

De fato, na maioria das vezes, a atuação de devedores contumazes envolve a prática de atos fraudulentos com a finalidade de ocultação de patrimônio,[336] a exemplo daquelas condutas elencadas no art. 2º, *caput*, do referido projeto, a saber: (i) a configuração de fraude fiscal estruturada,[337] *v.g.*, por meio da criação de empresas "noteiras", não dotadas de patrimônio compatível com o débito; (ii) a constituição de pessoa jurídica por interposto administrador, caso em que, em regra, são abertas sucessivas pessoas jurídicas para a continuidade do mesmo negócio, sem que se alcance patrimônio disponível para penhora, já que os sócios constantes no registro ("laranjas") não correspondem aos reais administradores; (iii) a participação de organização constituída com o propósito de não recolher tributos ou de burlar os mecanismos de cobrança de débitos fiscais, tal como ocorre com a formação de grupo econômico de fato seguido da redução artificial do faturamento da pessoa jurídica que concentra os principais débitos perante o Fisco, com vistas a ofertar em garantia percentual desse mesmo faturamento; ou (iv) a ocultação de bens, receitas ou direitos por pessoa física.

A opção por vincular o devedor contumaz à prática de condutas fraudulentas leva a uma consequência inevitável: a ampliação da margem de apreciação casuística pela Administração Tributária. Ao contrário dos elementos tempo e valor do débito, verificáveis de plano pelo Fisco, a fraude deve ser comprovada com base no conjunto probatório dos autos, o que, por consequência, agrega certo grau de subjetividade ao enquadramento do devedor como contumaz. Acentua-se, assim, o dever de fundamentação das decisões, de forma que o sujeito passivo possa controlar racionalmente a aplicação dos conceitos jurídicos inseridos em lei.

Lado a lado a essa consequência, a inserção da fraude reduz o leque de possíveis destinatários da norma em comparação aos demais regimes, tornando mais evidente a *reprovabilidade* que cerca a conduta do sujeito passivo. Os argumentos opostos à legitimidade da caracterização do devedor contumaz apenas com base nos fatores tempo e valor do

---

[336] Os meios mais recorrentes de blindagem, ocultação e dissipação de patrimônio envolvem, via de regra, duas principais figuras: a pessoa jurídica operacional, que realiza o fato gerador, e a pessoa jurídica patrimonial, que concentra bens de fato pertencentes aos devedores tributários, protegendo-os de tentativas de constrição. MATOS, Thiago Oliveira de. *Interação entre órgãos fiscais do Estado de São Paulo na redução do tax gap*: regime de trocas e aproveitamentos, eficiência tributária e combate à ilicitude fiscal. Dissertação (Mestrado em Direito) – Escola de Direito, Faculdade Getulio Vargas, São Paulo, 2020, p. 46-56.

[337] O conceito de fraude fiscal estruturada encontra-se no Protocolo ICMS nº 66/2009, mencionado no item 3.3.2.

crédito tendem a ser mitigados com a exigência de atuação fraudulenta, já que, nesse cenário, a via da execução fiscal revela, de fato, meio *inócuo* para o alcance da satisfação do crédito pelo Fisco.

Apesar disso, há casos em que, embora inexistente o intuito fraudulento, o endividamento substancial e reiterado como forma de capitalização do empresário é conduta por si só repreensível e geradora de impactos para o Fisco, a sociedade e a livre concorrência. Como exemplo, há devedores que sobrevivem da prática de aderir a parcelamentos sucessivos e sequencialmente interrompidos de forma a obter a certidão positiva com efeitos negativos, nos termos do art. 206 do CTN.[338] Com isso, conseguem ganhar tempo contra a prática de atos constritivos e, ainda que sofram penhora em determinado momento, os valores investidos nesse ínterim ingressarão no fluxo de caixa da empresa, permitindo o financiamento das atividades.

O relatado comportamento, em nada incomum para aqueles que atuam no dia a dia da atividade de cobrança do crédito tributário, acaba por desestruturar o sistema de conformidade fiscal, pressionando os sujeitos passivos em um sentido inverso ao da pirâmide de *compliance*,[339] por desestimular o pagamento voluntário de tributos.

No julgamento do RHC nº 163.334/SC, o STF firmou a orientação de que a fraude *não* é elemento integrante do tipo do art. 2º, II, da Lei nº 8.137/1990, e sim do art. 1º (crime de sonegação fiscal), que postula a prática de fraude fiscal.[340] Considerando que aquele tipo penal pressupõe a inadimplência contumaz, o afastamento da fraude sinaliza ser ela elemento dispensável à contumácia.[341]

---

[338] Sobre tal prática, Phelippe Toledo Pires de Oliveira e Diogo de Andrade Figueiredo ponderam que os "planos de parcelamento" de débitos tributários beneficiam sobretudo os devedores contumazes – contribuintes que não possuem a intenção de se regularizar e se utilizam do parcelamento como meio para tumultuar a cobrança judicial do débito, postergando, assim, o seu pagamento. OLIVEIRA, Phelippe Toledo Pires de; FIGUEIREDO, Diogo de Andrade. Refletindo sobre o parcelamento de débitos tributários nos 50 anos de CTN. *Revista Fórum de Direito Tributário – RFDT*. Belo Horizonte, ano 14, nº 81, maio/jun. 2016 Disponível em: https://www.forumconhecimento.com.br/periodico/142. Acesso em: 19 jun. 2020, p. 7 (versão digital).

[339] Conforme visto no Capítulo 2.

[340] Consta do voto do Min. Relator que "na apropriação indébita tributária, a censurabilidade da conduta decorre da circunstância de que o agente toma para si um valor que não lhe pertence, ao qual teve acesso pelo único e específico motivo de lhe ter sido atribuído o dever de recolher o tributo. Diferentemente do delito do art. 1º, o tipo penal do art. 2º, II, da Lei nº 8.137/1990 não requer fraude", p. 21 do acórdão.

[341] Em muitos Estados, inclusive, convivem as figuras da inadimplência contumaz e da denominada inadimplência fraudulenta. É o caso do Estado de São Paulo, que regulamentou a inadimplência fraudulenta no art. 20, *caput*, IV, e §4º, da Lei nº 6.374/1989. A Lei estadual

Todavia, registre-se que a orientação ora defendida não implica, automaticamente, a validade das definições adotadas pela legislação estadual de ICMS. Como visto, em muitos casos o devedor se torna contumaz em razão de motivos que não justificam essa qualificação, *v.g.*, por não satisfazer o débito tributário declarado por tão somente dois ou três meses consecutivos. O ponto central de legitimidade conceitual reside na distinção *efetiva* entre o devedor eventual e o devedor contumaz, que não é alcançada apenas com o exame, no curto espaço de doze meses, do inadimplemento de tributos.

Além disso, a fraude passa a constituir importante elemento de averiguação da presença da contumácia caso se constate a redução do faturamento do devedor no período relativo à inadimplência. Nessa hipótese, conforme analisado no item 3.5.1, é preciso que o Fisco dê um passo a mais, investigando se há indícios de esvaziamento econômico do sujeito passivo ou se, ao contrário, trata-se de real incapacidade de pagamento de tributos. Da mesma forma, a fraude configura relevante elemento para qualificação do devedor em recuperação judicial como contumaz, conforme examinado no item 3.5.3.2.

Desse modo, apesar de não integrar ontologicamente o núcleo do conceito de devedor contumaz, a fraude (i) *deve ser* investigada nos casos de redução do faturamento e de devedor em recuperação judicial, (ii) *pode ser* reputada essencial pelo legislador, dentro de sua margem de conformação, para a qualificação do devedor contumaz, de sorte a atingir somente aquele que se utiliza de subterfúgios ilícitos para fugir da satisfação de seus débitos, atitude dotada de elevada reprovabilidade, e, ainda, (iii) *pode ser* inserida como circunstância agravante no regime do devedor contumaz, alterando a consequência a ele imposta.

3.5.8 Cláusulas equitativas de retorno

No que concerne à teleologia da norma, é de suma importância para o refinamento da distinção entre devedor eventual e contumaz a previsão de cláusulas de retorno à igualdade particular. Se a padronização serve ao alcance da normalidade dos casos, podem surgir situações peculiares, não pensadas previamente pelo legislador, que se enquadrem apenas *por equívoco* no âmbito de aplicação do enunciado normativo.[342]

---

nº 2.657/1996, que regulamenta o ICMS no Estado do Rio de Janeiro, também traz a figura da inadimplência fraudulenta em seu art. 44-A, *caput*, IV e §3º.

[342] ÁVILA, Humberto, 2015, p. 109.

Deve o sujeito passivo poder demonstrar junto ao Fisco a impossibilidade de enquadramento como devedor contumaz se o seu caso destoar da teleologia da norma em razão de uma situação de anormalidade, causando igualação injusta ou restringindo excessivamente direito fundamental seu em relação aos demais. Em hipóteses excepcionais, a superação do padrão legal não coloca em risco a justificação da padronização.[343]

É o caso, por exemplo, do contribuinte que deixou de pagar ICMS por meses consecutivos, mas cuja regra de incidência tributária fora declarada inconstitucional pelo STF antes de sua qualificação como devedor contumaz, embora ele não tenha adotado medidas administrativas ou judiciais no sentido da paralisação da cobrança.

Ademais, mostra-se relevante a possibilidade de exclusão do enquadramento como devedor contumaz na hipótese de regresso do sujeito passivo à conformidade fiscal. Se o objetivo central dos regimes sob análise é incentivar o retorno à regularidade e coibir padrões comportamentais nocivos, o alcance dessa finalidade deve, necessariamente, levar o sujeito passivo à posição anteriormente por ele usufruída junto ao Fisco.

3.6 Criminalização do inadimplemento contumaz

3.6.1 O art. 2º, II, da Lei nº 8.137/1990

Recentemente, a relevância do devedor contumaz se pôs no centro dos debates no STJ e no STF, em discussão sobre o campo de incidência do tipo penal previsto no art. 2º, II, da Lei nº 8.137/1990.

O art. 2º da Lei nº 8.137/1990 disciplina, em cada um de seus incisos, uma norma incriminadora com preceito primário autônomo. Além disso, todas as condutas ali descritas correspondem a crimes de mera conduta.[344] Dessa lógica não destoa o crime previsto no art. 2º, II ("deixar de recolher, no prazo legal, valor de tributo ou de contribuição social, descontado ou cobrado, na qualidade de sujeito passivo de obrigação e que deveria recolher aos cofres públicos"), conhecido como apropriação indébita tributária.

Desde a edição da Lei nº 8.137/1990 surgiram inúmeras dúvidas em torno da interpretação do dispositivo. Ao aludir ao termo

---

[343] Ibidem, p. 113.
[344] Conforme item 2.1.4.3.

"descontado", a doutrina entendia, de maneira uniforme, referir-se o texto normativo ao substituto tributário por retenção. A exegese do termo "cobrado", todavia, despertava, e ainda desperta, acaloradas discussões, especialmente quanto à sua extensão aos impostos indiretos, como o ICMS, cujo encargo econômico é repassado ao consumidor final. A doutrina, em sua maioria, considerava que a falta de recolhimento de ICMS oportunamente declarado relativo à dívida por *operações próprias* do contribuinte ficaria de fora do âmbito de aplicação do tipo, ao contrário do que ocorre na substituição tributária, tendo em vista a inexistência de relação jurídica entre o contribuinte de fato e o Fisco.

Por todos, transcreve-se a opinião de José Eduardo Soares de Melo nesse sentido:

> Na sistemática normal do ICMS, como é sabido, ao final de um determinado período, o contribuinte apura o tributo incidente sobre o montante dos negócios realizados (operações relativas à circulação de mercadorias e serviços de transportes interestaduais e intermunicipais e de comunicação) – efetuando o registro a débito – e, concomitantemente, constata o total do tributo relativo às aquisições de bens corpóreos e serviços de terceiros – escriturando o respectivo crédito.
> O encontro de contas, mediante a devida compensação de créditos e débitos, resulta no efetivo tributo a recolher, tudo assentado em Guias de Informação e Apuração do ICMS, caracterizando o vulgarmente chamado "autolançamento".
> Vislumbra-se neste procedimento a lisura do contribuinte, registrando suas operações mercantis e civis, encontrando os valores tributários e declarando corretamente os valores pertinentes às suas atividades profissionais, numa autêntica demonstração de boa-fé e honestidade. Nada esconde, não utiliza subterfúgios, nem fraudes ou artifícios, uma vez que informa e confessa o ICMS devido, ao poder público.[345]

Por sua vez, no âmbito do STJ, instaurou-se, por longo tempo, controvérsia sobre o tema entre as Turmas competentes para julgar matéria criminal. Enquanto a Sexta Turma afirmava, em grande maioria,[346] que apenas o ICMS retido pelo substituto tributário e não

---

[345] MELO, José Eduardo Soares de. In: *Crimes contra a ordem tributária*. Ives Gandra da Silva Martins (coord.). 3. ed. Atual. São Paulo: Editora Revista dos Tribunais: Centro de Extensão Universitária, 1998 – (Pesquisas tributárias. Nova série; n° 1), p. 208.

[346] Por exemplo, BRASIL. Superior Tribunal de Justiça: Sexta Turma. Recurso Ordinário em *Habeas Corpus* n° 36.162/SC. Relator: Min. Nefi Cordeiro. Julgamento em 26/08/2014. D.J.e. de 17/11/2014; Sexta Turma. Agravo Regimental em Recurso Especial n° 1.465.259/GO. Relator: Min. Sebastião Reis Júnior. Julgamento em 08/09/2015. D.J.e. de 29/09/2015; Sexta

repassado ao Fisco constituiria o objeto do crime do art. 2º, II, da Lei nº 8.137/1990, a Quinta Turma[347] entendia estar também abrangido no tipo o não recolhimento do ICMS "cobrado" do consumidor em operações próprias do contribuinte. Essa oscilação foi superada com o julgamento do HC 399.109/SC, como se verá a seguir.

3.6.2 O julgamento do tema pelo STJ (HC nº 399.109/SC)

A fim de sanar a controvérsia acima mencionada, a Terceira Seção do STJ, por maioria de votos, no julgamento do HC nº 399.109/SC,[348] consolidou a posição de que o crime do art. 2º, II, da Lei nº 8.137/1990 engloba tanto o ICMS retido pelo substituto tributário e não repassado ao erário quanto o imposto objeto de declaração ao Fisco, embutido no preço da mercadoria e cobrado do consumidor final, sem o devido repasse aos cofres públicos.

O caso referia-se a denúncia oferecida pelo Ministério Público de Santa Catarina, com base no art. 2º, II, da Lei nº 8.137/1990, contra os sócios-administradores de determinada empresa contribuinte de ICMS. A empresa, por diversas vezes, declarara operações de venda e deixara de recolher o tributo, repassando, todavia, o respectivo encargo econômico ao consumidor.

O juízo de primeiro grau absolveu sumariamente os denunciados, por julgar atípico o fato a eles imputado. Tal decisão foi reformada pelo Tribunal de Justiça Estadual e, diante do acórdão, os denunciados impetraram *habeas corpus* perante o STJ.

O voto vencedor, de lavra do Min. Rogerio Schietti, denegou a ordem. De acordo com a posição prevalecente, o crime do art. 2º, II, da

---

Turma. Recurso Especial nº 1.543.485/GO. Relatora: Min. Maria Thereza de Assis Moura. Julgamento em 05/04/2016. D.J.e. de 15/04/2016; e Sexta Turma. Recurso Ordinário em *Habeas Corpus* nº 77.031/SC. Relatora: Min. Maria Thereza de Assis Moura. Julgamento em 06/12/2016. D.J.e. de 15/12/2016. Em sentido contrário: BRASIL. Superior Tribunal de Justiça. Decisão Monocrática. Recurso Especial nº 1.633.772/SC. Relator: Min. Antônio Saldanha Palheiro. Julgamento em 24/11/2016. D.J.e. de 28/11/2016.

[347] BRASIL. Superior Tribunal de Justiça: Quinta Turma. Recurso Ordinário em *Habeas Corpus* nº 42.923/SC. Relator: Min. Felix Fischer. Julgamento em 18/06/2015. D.J.e. de 29/06/2015; Quinta Turma. Recurso Ordinário em *Habeas Corpus* nº 44.465/SC. Relator: Min. Leopoldo de Arruda Raposo (Desembargador convocado do TJ/PE). Julgamento em 18/06/2015. D.J.e. de 25/06/2015; Quinta Turma. Recurso Ordinário em *Habeas Corpus* nº 44.466/SC. Relator: Min. Jorge Mussi. Julgamento em 21/10/2014. D.J.e. de 29/10/2014. Em sentido contrário, dentro da Quinta Turma: *Habeas Corpus* nº 161.785/SP. Relator: Min. Reynaldo Soares da Fonseca. Julgamento em 06/12/2016. D.J.e. de 15/12/2016.

[348] BRASIL. Superior Tribunal de Justiça. Terceira Seção. *Habeas Corpus* nº 399.109/SC. Relator: Min. Rogerio Schietti Cruz. Julgamento em 22/08/2018. D.J.e. de 31/08/2018.

Lei nº 8.137/1990 assemelha-se ao delito de apropriação indébita previsto no art. 168-A do Código Penal, razão pela qual as características dos crimes se comunicam. Nesse passo, inexiste a necessidade de atuação clandestina, fraudulenta ou ardilosa, bastando para a sua configuração a atuação dolosa do sujeito ativo do crime no sentido da consciência, ainda que potencial, de não recolher o valor do tributo.

De outro lado, o tipo penal recorre aos termos "descontado", que se refere à substituição tributária por retenção nos tributos diretos, e "cobrado", que compreende as relações envolvendo tributos indiretos, inclusive decorrentes de operações próprias, já que o contribuinte de direito "cobraria" do consumidor o valor do ICMS ao embuti-lo no preço.

O voto vencido, proferido pela Min. Maria Thereza de Assis Moura, adotou posição diversa, limitando a relevância jurídica do contribuinte de fato ao art. 166 do CTN, que prevê regras para a repetição do indébito tributário. Destacou, ainda, que não só no ICMS há repasse de custos do contribuinte ao consumidor. Isso ocorreria também no âmbito de outros tributos, a exemplo do imposto de renda e das contribuições previdenciárias, razão pela qual a interpretação atribuída pela maioria do colegiado não poderia prevalecer.

3.6.3 A tese firmada pelo STF (RHC nº 163.334/SC)

Após a conclusão do referido julgamento, o assunto retornou à discussão, dessa vez no STF, por ocasião de recurso ordinário interposto contra o acórdão do STJ.[349]

O STF manteve o núcleo da orientação firmada no HC nº 399.109/SC, porém trouxe um componente inédito não discutido no âmbito do STJ e não mencionado na Lei nº 8.137/1990: a necessidade de configuração do *inadimplemento contumaz* para a subsunção da conduta ao tipo do art. 2º, II.

Firmou-se, ao final, a seguinte tese: "o contribuinte que, *de forma contumaz e com dolo de apropriação*, deixa de recolher ICMS cobrado do adquirente da mercadoria ou serviço, incide no tipo penal do art. 2º, II, da Lei 8.137/1990".[350] Dessa forma, o devedor contumaz, em

---

[349] BRASIL. Supremo Tribunal Federal. Tribunal Pleno. Recurso Ordinário em *Habeas Corpus* nº 163.334/SC. Relator: Min. Roberto Barroso. Julgamento em 18/12/2019. D.J.e. de 13/11/2020.

[350] Observe-se que a tese firmada se limita ao ICMS declarado e não pago, embora cobrado do adquirente da mercadoria ou serviço. O STJ vem estendendo o mesmo raciocínio para o ISS, imposto com semelhantes características. No julgamento do HC 618.834/SC, o Min. Nefi Cordeiro destacou que "o ISS é tributo indireto, uma vez que é incluído no preço cobrado

contraposição ao inadimplente eventual, foi invocado pela Corte como elemento central ao tipo penal sob exame.

Consagrou-se, assim, o entendimento de que o termo "descontado" se refere à retenção na fonte, ao passo que o termo "cobrado" se correlaciona com o acréscimo do imposto indireto no preço da mercadoria pago pelo consumidor, posição que gerou reações no Poder Legislativo.[351]

Para o STF, o comerciante acresce o valor do imposto ao preço e deve repassá-lo ao Fisco, tal como decidido no RE 574.706/PR,[352] agindo em posição semelhante à do depositário. Desse modo, ao contrário do crime do art. 1º, em que a reprovabilidade está na fraude, na apropriação indébita tributária a censurabilidade reside em o contribuinte tomar para si um valor que não lhe pertence.

Além disso, a interpretação histórica corrobora, de acordo com a maioria vencedora, a tipicidade da conduta. No Projeto de Lei nº 4.788/1990, que originou a Lei nº 8.137/1990, foram tipificadas, separadamente, as condutas de "deixar de recolher aos cofres públicos, nos sessenta dias seguintes ao término do prazo fixado, tributo ou contribuição recebida de terceiros mediante acréscimo ou inclusão no preço de produtos ou serviços e cobrado na fatura, nota fiscal ou documento assemelhado" e de "deixar de recolher aos cofres públicos, nos sessenta dias seguintes ao término do prazo fixado, tributo ou contribuição que tenha retido na fonte". No texto final do ato normativo, os dois dispositivos foram reunidos em um só, originando a redação atual do art. 2º, II, que incluiria, portanto, o não repasse ao Fisco do tributo cobrado do consumidor final na nota fiscal ou fatura.[353]

---

na prestação de serviço, e é obrigação da pessoa jurídica que o cobra unicamente remeter ao erário o que foi repassado ao consumidor. Declaração em notas fiscais eletrônicas e não repasse que aperfeiçoam, em tese, o delito". BRASIL. Superior Tribunal de Justiça. Decisão monocrática. *Habeas Corpus* nº 618.834/SC. Relator: Min. Nefi Cordeiro. Julgamento em 24/11/2020. D.J.e. de 26/11/2010.

[351] Por exemplo, foram apresentados por parlamentares em 2019, perante a Câmara dos Deputados, os Projetos de Lei nº 4.276, 5.903, 6.520 e 6.592, com vistas a excluir do campo de incidência do art. 2º, II, da Lei nº 8.137/1990 o inadimplemento de tributos declarados, seja eventual, seja contumaz, ou vinculá-lo à constatação de fraude à fiscalização tributária.

[352] No julgamento do RE 574.706/PR, *op. cit.*, a Corte firmou tese no sentido de excluir o ICMS da base de cálculo do PIS e da Cofins ao concluir que o respectivo valor não se incorpora ao patrimônio da empresa e não integra o conceito de faturamento.

[353] Sobre o ponto, ressaltou o Min. Luís Roberto Barroso não se ter verificado "qualquer crítica à própria possibilidade de tipificação da conduta de não recolhimento do tributo 'recebido de terceiros através de acréscimo ou inclusão no preço de produtos ou serviços e cobrado na fatura, nota fiscal ou documento assemelhado'. Pelo contrário, aparentemente a nova redação parece ter abrangido tal possibilidade, dada a fundamentação explicitada Relator do substitutivo à nova redação proposta, com a distinção das figuras da sonegação e da omissão no recolhimento do tributo (...)", p. 24 do acórdão.

Destacou-se no julgamento, ademais, o reconhecimento pelo STF, em sede de pedidos de extradição de cidadãos portugueses,[354] da reciprocidade do crime de abuso de confiança fiscal, previsto no 105, I, da Lei portuguesa nº 15/2001 ("quem não entregar à administração tributária, total ou parcialmente, prestação tributária de valor superior a [euro] 7500, deduzida nos termos da lei e que estava legalmente obrigado a entregar é punido com pena de prisão até três anos ou multa até 360 dias"), com o crime do art. 2º, II, da Lei nº 8.137/1990. Mencionado crime, tipificado pelo ordenamento jurídico português, assemelha-se à hipótese de não pagamento, pelo contribuinte, de ICMS próprio cobrado do consumidor.[355]

Considerou-se ainda inexistir violação ao art. 5º, LXII, da Constituição e ao Pacto de San Jose da Costa Rica, que impedem a prisão civil por dívida.[356]

Também se buscou olhar a questão do ponto de vista empírico-pragmático.[357] O imposto sob exame é o tributo mais sonegado do país e, no Estado de Santa Catarina, no qual o respectivo Tribunal de Justiça julga típico o não repasse ao Fisco do ICMS cobrado do consumidor, a inadimplência é consideravelmente menor que no Estado do Rio Grande do Sul, cujo Tribunal de Justiça adota orientação no sentido da atipicidade do fato.

Salientou-se, por fim, a necessidade de se olhar para o caso concreto, uma vez que a demonstração do dolo, a ser realizada no bojo da instrução criminal, é imprescindível.

---

[354] Na Extensão de Extradição nº 1.139/RP, o demandado, na condição de dirigente da empresa, teria retido e liquidado, sem entregar ao Erário Português, o valor do IVA e, nessa linha, o STF reconheceu a reciprocidade com o crime do art. 2º, II, da Lei nº 8.137/1990.

[355] Acórdão do TRL de 17.04.2018 "Abuso de confiança fiscal. IVA. Não entrega ao estado do imposto descontado ou recebido. (...) III – Para efeitos criminais, isto é, da consumação de um crime de abuso de confiança fiscal, não é indiferente saber se ocorreu, ou não, efectiva cobrança do imposto aos clientes, importando não confundir a responsabilidade tributária pelo imposto devido com a responsabilidade penal tributária. O facto gerador da responsabilidade tributária é autónomo da responsabilidade criminal: a obrigação tributária existe independentemente do crime. IV – Para o cometimento do crime de abuso de confiança fiscal, quando se trate de prestações tributárias referentes a IVA, é necessário que fique demonstrado o efectivo recebimento do correspondente montante pelo sujeito passivo obrigado à sua entrega ao Estado até ao momento da entrega da respectiva declaração periódica à Autoridade Tributária".

[356] O STF, inclusive, já se manifestou no sentido de que o crime previsto no art. 2º, II, da Lei nº 8.137/1990 não viola a Constituição, em caso envolvendo o não recolhimento de ICMS cobrado do consumidor e não repassado ao Fisco. BRASIL. Supremo Tribunal Federal. Tribunal Pleno. Agravo em Recurso Extraordinário (Repercussão Geral) nº 999.425/SC. Relator: Min. Ricardo Lewandowski. Julgamento em 02/03/2017. D.J.e. de 16/03/2017.

[357] Expressão empregada no voto do Min. Luis Roberto Barroso, relator.

3.6.4 O devedor contumaz no Direito Tributário e o RHC nº 163.334/SC

Como visto, o STF agregou um inédito elemento ao crime de apropriação indébita tributária, quando envolva ICMS próprio "cobrado" do consumidor final e declarado ao Fisco, porém inadimplido: a *contumácia da conduta*.

Até então, a condição de contumaz do infrator era apta a produzir algumas consequências na esfera administrativo-tributária, atraindo medidas mais gravosas para o sujeito passivo, e na esfera criminal, uma vez que, conforme entendimento do STF, a contumácia delitiva afasta a insignificância da conduta nos crimes de sonegação e de apropriação indébita tributária.[358] Todavia, com o julgamento do RHC nº 163.334/SC, a contumácia foi alçada a elemento do tipo penal do art. 2º, II, da Lei nº 8.137/1990, de sorte que, a partir da tese firmada pelo STF, o contribuinte que, reiterada e injustificadamente, deixe de repassar ao Fisco ICMS declarado e "cobrado" do consumidor final está abarcado pelo preceito, se presente o elemento subjetivo.

3.6.4.1 Devedor contumaz e dolo de apropriação: intersecção?

De acordo com a tese fixada pelo STF, exigem-se dois elementos diferentes (dolo e contumácia) para a caracterização do crime de apropriação indébita tributária, a indicar que não há confusão entre eles. Desse modo, não é suficiente que a conduta do agente aponte uma reiteração injustificada no inadimplemento do ICMS declarado.

O dolo, que compõe o tipo subjetivo, é integrado por dois componentes: "um *cognitivo*, que é o conhecimento ou consciência do fato constitutivo da ação típica; e um *volitivo*, que é a vontade de realizá-la".[359] Segundo o art. 18, I, do Código Penal, o dolo encontra-se presente quando o agente deseja o resultado ou assume o risco de produzi-lo.

O crime do art. 2º, II, da Lei nº 8.137/1990, de mera conduta, não exige o resultado de reduzir ou suprimir tributo e, portanto, se perfaz apenas com uma ação (descontar ou cobrar tributo de terceiro)

---

[358] Sobre o ponto: PAULSEN, Leandro, 2018, p. 334-335.
[359] BITENCOURT, Cezar Roberto. *Tratado de direito penal*: parte geral. 24. ed. São Paulo: Saraiva Educação, 2018, p. 366.

seguida de uma omissão (deixar de repassar o valor ao erário). Nesses casos, o dolo estará presente quando houver *consciência* e *vontade*, pelo agente, de realizar a própria conduta descrita no tipo penal, e não o seu resultado.[360] Frise-se que o dolo no crime de apropriação indébita tributária, tal como destacado pelo voto vencedor no julgamento do RHC nº 163.334/SC, não demanda a ocorrência de *fraude fiscal*, como exigido em relação ao art. 1º (sonegação fiscal).[361]

Desse modo, não é suficiente que a conduta do agente aponte uma reiteração insistente no inadimplemento das obrigações tributárias. Essa contumácia deve ser conjugada com o elemento subjetivo do tipo, o dolo, a ser comprovado no caso concreto.

Apesar dessa dupla exigência, algumas das causas citadas no voto condutor do Min. Luís Roberto Barroso como excludentes do dolo parecem se confundir com a própria qualificação do devedor contumaz. Também o voto do Min. Luiz Fux incorre em certo embaralhamento ao tratar como promíscuos os dois elementos ("cabe ao Ministério Público, ao narrar a conduta, demonstrar que não se cuidou de um inadimplemento eventual do acusado, mas de ação premeditada dolosamente").

Tomando por empréstimo um exemplo, no caso de "inadimplemento prolongado sem tentativa de regularização dos débitos" restará, consoante o voto vencedor, descartado o dolo. Entretanto, infere-se da hipótese a própria distinção entre o devedor contumaz e o eventual, a afastar o elemento da contumácia antes mesmo do exame do dolo. O mesmo ocorre na pendência de causa de suspensão da exigibilidade do crédito e na hipótese de garantia integral do juízo: em tais casos, ausente estará a figura do devedor contumaz.

Outra circunstância nebulosa – porque situada na zona cinzenta entre contumácia e dolo – é a dificuldade financeira do sujeito passivo em pagar tributos. Além disso, no julgamento da AP nº 516/DF, o STF entendeu que, nos crimes contra a ordem tributária, admite-se como causa de exclusão da *culpabilidade*, e não da *tipicidade*, a precária condição financeira da empresa, extrema a ponto de justificar a falta do recolhimento do tributo, desde que acompanhada, sob o aspecto subjetivo, da boa-fé do agente. Nada obstante, no voto do Min. Relator no RHC nº 163.334/SC, a situação de crise empresarial foi alçada ao *status* de causa de atipicidade da conduta, a indicar que a confusão

---

[360] DECOMAIN, Pedro Roberto, *op. cit.*, p. 44.
[361] Embora essa visão configure objeto de crítica por parte da doutrina, como visto no item 2.1.3.3. Nesse sentido, ver: BUONICORE, Bruno Tadeu *et. al.*, *op. cit.*

extrapola o campo interno da tipicidade e se estende para o terreno da culpabilidade.

Dessa forma, é preciso ter em mente a distinção entre esses elementos, que não se confundem. Para a configuração do crime, a presença do dolo é necessária.[362]

3.6.4.2 Papel da legislação estadual e federal

Outro importante questionamento surge do julgamento: as leis tributárias editadas com o propósito de definir objetivamente o devedor contumaz fornecem parâmetros para o julgador na esfera criminal?

Os elementos objetivos do tipo penal, que não estão ligados ao psiquismo humano, comportam subdivisão em materiais e normativos. Nestes, ao contrário daqueles, a lei designa fatos juridicamente qualificados cuja compreensão depende de conhecimento jurídico específico.[363] Assim, a expressão "de forma contumaz" pressupõe um juízo de valor pelo intérprete e, por isso, enquadra-se como elemento normativo do tipo penal do art. 2º, II, da Lei nº 8.137/1990.[364]

Parte da doutrina aduz que a formulação do conceito de devedor contumaz é matéria de direito penal, reservada à competência *privativa*

---

[362] O STJ possui sólida jurisprudência no sentido de exigir apenas a presença do dolo genérico para a configuração do crime de apropriação indébita previdenciária, bastando que o agente deixe de repassar os valores devidos, de forma consciente (*v.g.*, BRASIL. Superior Tribunal de Justiça. Sexta Turma. Embargos de Declaração no Agravo Regimental no Agravo em Recurso Especial nº 1.646.760/SP, Relator: Min. Sebastião Reis Júnior. Julgamento em 27/08/2019. D.J.e. de 06/09/2019; e BRASIL. Superior Tribunal de Justiça. Quinta Turma. Agravo Regimental no Agravo em Recurso Especial nº 1.463.919/SE, Relator: Min. Ribeiro Dantas. Julgamento em 25/06/2019. D.J.e. de 01/07/2019). Essa posição é compartilhada pelo STF (p. ex., BRASIL. Supremo Tribunal Federal. Segunda Turma. *Habeas Corpus* nº 98.272/PE, Relatora: Min. Ellen Gracie. Julgamento em 29/09/2009. D.J.e. de 29/09/2009). Recentemente, a Corte estendeu esse entendimento para o crime de não recolhimento do ICMS declarado, dispensando a comprovação do dolo específico (BRASIL. Superior Tribunal de Justiça: Sexta Turma. Agravo Regimental no Agravo em Recurso Especial nº 1.529.701/GO. Relator: Min. Nefi Cordeiro. Julgamento em 10/12/2019. D.J.e. de 12/12/2019; e BRASIL. Superior Tribunal de Justiça: Terceira Seção. Agravo Regimental nos Embargos de Divergência em Recurso Especial nº 1.635.341/SC. Relatora: Min. Laurita Vaz. Julgamento em 10/10/2018. D.J.e. de 26/10/2018). Resta saber se, considerando as ponderações realizadas pelo Min. Relator no julgamento do RHC nº 163.334/SC, haverá exigência de dolo específico no caso do ICMS próprio "cobrado" e não repassado ao Fisco, que corresponderia à finalidade de apropriação. Nesse sentido, ver: WUNDERLICH, Alexandre. RUIVO, Marcelo Almeida. Memorial técnico. *Apropriação indébita tributária*: "Caso do ICMS declarado e não pago", 2019, p. 17-19.

[363] MACHADO, Hugo de Brito. *Crimes contra a ordem tributária*. 4. ed. São Paulo: Atlas, 2015, p. 60-61.

[364] Também sobre os elementos normativos, ver BITENCOURT, Cezar Roberto, 2018, p. 360.

da União, na forma do art. 22, I, da Constituição. Caberia ao ente federal, assim, delimitar o significado do termo, ao menos para guiar a caracterização do delito sob exame.[365] Defende-se aqui que a própria legislação tributária pode suprir essa lacuna, conferindo significação à contumácia inclusive no âmbito penal. Vale dizer: os critérios previstos na legislação tributária estadual podem servir de norte para que o julgador afira a contumácia na ação do agente quando em jogo a conduta de não recolhimento do ICMS declarado e "cobrado" do adquirente da mercadoria ou serviço. Tais critérios constituem padrões legislativos prévios e abstratos e, apesar de não vinculantes para o juiz natural, funcionam como parâmetros mínimos e evitam, por consequência, tratamento anti-isonômico e insegurança jurídica.

Todavia, surgem com isso dois problemas: há entes que não possuem legislação definidora do devedor contumaz e, dentro das leis já editadas, inexiste uniformidade quanto aos critérios legais. Essa complexidade traz algumas implicações, especialmente a falta de tratamento isonômico a depender da vítima direta do crime, se União, Estados ou Municípios.

O cenário ideal passa pela construção de um conceito uniforme de devedor contumaz mediante a edição de lei complementar nacional, com a fixação de parâmetros para todos os entes, com base no art. 146-A da Constituição. Esse é mais um motivo que justifica a edição de norma geral sobre o tema, já que o tratamento legal do devedor contumaz influenciará invariavelmente a análise do tipo do art. 2º, II, da Lei nº 8.137/1990. Não basta, para tanto, a edição de *lei federal tributária* que discipline o conceito de devedor contumaz, tal como a proposição contida no Projeto de Lei federal nº 1.646/2019, expressão da ordem jurídica *parcial federal*.[366] Referido ato normativo não seria apto a vincular Estados e, portanto, deixaria um espaço de conformação para a adoção de conceito diverso por estes.

A título comparativo, destaca-se o papel assumido pela Lei federal nº 4.595/1964, que dispõe sobre as instituições monetárias, bancárias e creditícias, recepcionada pela Constituição como lei complementar,

---

[365] Cf. GOMES, Eduardo de Paiva *et al*. O que é o "dolo de apropriação" e "devedor contumaz" na apropriação indébita fiscal? *Consultor jurídico*. 04 de fevereiro de 2020. Disponível em: https://www.conjur.com.br/2020-fev-04/opiniao-dolo-devedor-contumaz-apropriacao-indebita-fiscal. Acesso em: 24 mar. 2020.

[366] KELSEN, Hans. *Teoria pura do direito*. Tradução: João Baptista Machado. São Paulo: Martins Fontes, 1999, p. 11.

e da Lei Complementar 105/2001, que trata do sigilo das operações das instituições financeiras, na regulamentação do Sistema Financeiro Nacional (art. 192 da Constituição) e, por conseguinte, na interpretação dos tipos penais previstos na Lei n° 7.492/86. Também em relação ao art. 2°, II, da Lei n° 8.137/1990 pode a lei complementar nacional do art. 146-A da Constituição exercer relevante função uniformizadora.

No intervalo entre o julgamento do RHC n° 163.334/SC pelo STF e a edição de lei complementar nacional, a solução mais adequada para garantir segurança jurídica e a aplicação isonômica do referido precedente consiste (i) na eleição, como parâmetro para aferição da contumácia delitiva, da *lei tributária vigente* no âmbito da vítima do crime e, no caso de *vácuo normativo*, (ii) na adoção do *critério temporal mais conservador* à luz da legislação em vigor.

Poder-se-ia argumentar que o primeiro passo – eleição da lei tributária definidora do devedor contumaz na esfera territorial do ente atingido pelo crime – levaria à aplicação anti-isonômica do delito no território nacional. Contudo, no campo dos crimes contra a ordem tributária, os reflexos penais da falta de uniformidade entre a legislação dos entes, no caso dos tributos estaduais e municipais, já foram enfrentados em situações semelhantes.

Tome-se como exemplo o recurso às leis estaduais que fixam valores mínimos para o ajuizamento de execuções fiscais com a finalidade de avaliar a incidência do princípio da insignificância nos crimes de sonegação fiscal.[367] No julgamento do HC 486.854/RJ,[368] o STJ aplicou esse raciocínio e ressaltou que, se nem sequer execução fiscal pode ser ajuizada pelo ente vítima do crime, "penalmente não se verifica a tipicidade material da conduta", devendo ser aplicado o princípio da insignificância. Sendo assim, as peculiaridades de cada ente justificariam um diferente olhar quanto aos valores por eles considerados insignificantes para fins de ajuizamento de execução fiscal, refletindo,

---

[367] No REsp 1.709.029/MG, a Corte fixou, em recurso repetitivo, a tese de que "incide o princípio da insignificância aos crimes tributários federais e de descaminho quando o débito tributário verificado não ultrapassar o limite de R$ 20.000,00 (vinte mil reais), a teor do disposto no art. 20 da Lei n° 10.522/2002, com as atualizações efetivadas pelas Portarias n° 75 e 130, ambas do Ministério da Fazenda". BRASIL. Superior Tribunal de Justiça. Terceira Seção. Recurso Especial n° 1.709.029/MG, Relator: Min. Sebastião Reis Júnior. Julgamento em 28/02/2018. D.J.e. de 04/04/2018. O Supremo Tribunal Federal adota orientação idêntica em relação ao crime de descaminho: BRASIL. Supremo Tribunal Federal. Segunda Turma. *Habeas Corpus* n° 136.843/MG. Relator: Min. Ricardo Lewandowski. Julgamento em 8/8/2017. D.J.e. de 10/10/2017; e BRASIL. Supremo Tribunal Federal. Primeira Turma. *Habeas Corpus* n° 136.984/SP. Relatora: Min. Rosa Weber. Julgamento em 18/10/2016. D.J.e. de 15/3/2017.

[368] DECOMAIN, Pedro Roberto, *op. cit.*, p. 111.

por consequência, na persecução penal.³⁶⁹ É o caso, ainda, do art. 1º, II e V, da Lei nº 8.137/1990, que prevê como crime, respectivamente, a conduta de "fraudar a fiscalização tributária, inserindo elementos inexatos, ou omitindo operação de qualquer natureza, em documento ou livro exigido pela lei fiscal" e de "negar ou deixar de fornecer, quando obrigatório, nota fiscal ou documento equivalente, relativa a venda de mercadoria ou prestação de serviço, efetivamente realizada, ou fornecê-la em desacordo com a legislação". Trata-se de norma penal em branco a ser integrada por meio da legislação de cada esfera impositiva,³⁷⁰ já que, respeitadas a respectiva competência e as normas gerais, cada ente pode estipular os documentos fiscais necessários ao exercício da fiscalização.

Portanto, os crimes contra a ordem tributária, por se conectarem com competências tributárias partilhadas entre União, Estados e Municípios, naturalmente convivem com a exigência de análise, pelo intérprete, dos elementos do tipo à luz de diferentes regramentos, a depender do ente ou entidade que figure como vítima imediata do crime.

É preciso, ainda, afastar eventual argumento de que a avaliação do tipo penal à luz da legislação estadual levaria a uma "guerra fiscal" entre os entes, devido à potencialidade de atração de sujeitos passivos por meio da instauração de um "leilão da menor desvantagem".³⁷¹ A competência para definir deveres instrumentais e sanções é ínsita ao federalismo fiscal e à autonomia dos entes tributantes. Ao contrário do fenômeno da "guerra fiscal", no qual os entes desbordam os mecanismos constitucionais de preservação da federação,³⁷² inexiste vício de validade na conceituação, pelos Estados, do devedor contumaz. Como visto,

---

³⁶⁹ No julgamento do HC 486.854/RJ, o Superior Tribunal de Justiça considerou como parâmetro para incidência do princípio da insignificância o valor mínimo fixado em âmbito estadual para o ajuizamento de execuções fiscais. Consta do acórdão que "há de se considerar, ademais, que a Resolução PGE nº 2.436 de 14 de janeiro de 2018, estipulou, para o ajuizamento de execuções fiscais pela Procuradoria da Fazenda do Estado do Rio de Janeiro, o valor mínimo de 2.136,03 UFIRs (unidade fixada para o ano de 2016 em R$ 3,0023 – três reais e vinte e três décimos de milésimos – pela Resolução SEFAZ/RJ nº 952/2015). Ou seja, nem sequer execução fiscal poderia ser ajuizada na hipótese. Assim, penalmente não se verifica a tipicidade material da conduta, devendo, dessa forma aplicar-se o princípio da insignificância". BRASIL. Superior Tribunal de Justiça: Sexta Turma. *Habeas Corpus* nº 486.854/RJ. Relatora: Min. Laurita Vaz. Julgamento em 22/10/2019. D.J.e. de 18/11/2019.

³⁷⁰ DECOMAIN, Pedro Roberto, *op. cit.*, p. 176.

³⁷¹ Lucas Bevilacqua esclarece que a guerra fiscal, correspondente à "malversação do ICMS como instrumento de política fiscal para a atração de investimentos privados mediante a prática de incentivos fiscais à revelia do Confaz", tende a inaugurar um leilão de vantagens entre os entes federados. BEVILACQUA, Lucas. *Incentivos fiscais de ICMS e desenvolvimento regional* – Série Doutrina Tributária Vol. IX. São Paulo: Quartier Latin, 2013, p. 62 e 79.

³⁷² BEVILACQUA, Lucas, *op. cit.*, p. 84.

a uniformização é medida salutar, o que não transforma em "guerra fiscal" a disciplina estadual sobre o tema.

Já na hipótese de vácuo normativo no âmbito do ente vítima do crime, a eleição do critério *mais conservador* de contumácia hoje existente representa solução temporária consonante com as garantias outorgadas ao denunciado na esfera penal. Hoje, esse critério corresponde ao inadimplemento do ICMS declarado por *oito dos doze meses de apuração do imposto*, medida adotada, por exemplo, pelos Estados do Rio Grande do Sul e do Paraná com vistas à caracterização do devedor contumaz.[373]

Portanto, caberá à lei complementar uniformizar o conceito de devedor contumaz e, dessa forma, orientar a aplicação do art. 2º, II, da Lei nº 8.137/1990. Até a edição do referido ato normativo, o julgador poderá se basear (i) nas leis tributárias definidoras da contumácia no âmbito da vítima do crime e, caso inexistentes, (ii) nos critérios *mais conservadores* adotados pela legislação dos entes, de forma a assegurar a segurança jurídica e o tratamento isonômico entre os acusados, protegendo-os de oscilações casuísticas da jurisprudência.

---

[373] Conforme item 3.3.1.

CAPÍTULO 4

CONSEQUÊNCIAS DO ENQUADRAMENTO DO SUJEITO PASSIVO COMO DEVEDOR CONTUMAZ

O enquadramento do sujeito passivo na categoria de devedor contumaz produz consequências relevantes na relação jurídica havida com o Fisco, vocacionadas a incentivar o cumprimento das normas tributárias em sentido estrito, bem como a estimular a modificação do comportamento atual indesejado pela sociedade.[374] Nessa linha, este capítulo se concentra no consequente da norma tributária, buscando responder à seguinte indagação: "qual a consequência jurídica imposta pelo legislador ao devedor contumaz?".

As medidas restritivas aplicáveis ao devedor contumaz são mais rígidas em relação àquelas destinadas ao devedor eventual, visto que a contumácia atrai um elevado grau de reprovabilidade perante o Fisco e a sociedade, não compartilhado com o mero inadimplemento da obrigação tributária. Em regra, essas medidas correspondem, de acordo com a legislação atual, (i) à imposição de regimes especiais de fiscalização, com subsequentes alterações na sistemática de controle, pagamento e validação de créditos, (ii) à limitação ao acesso a benefícios fiscais e (iii) à cassação de registro especial ou de cadastro fiscal do sujeito passivo.

Há, contudo, espaço para outras medidas voltadas para reconduzir o devedor contumaz ao caminho da regularidade fiscal, inclusive de natureza consensual, a exemplo do negócio jurídico processual e da

---

[374] O direito é um fenômeno linguístico que veicula linguagem normativa ou prescritiva, com a função de direcionar, influenciar ou modificar a conduta humana. Como ensina Riccardo Guastini, enquanto que os enunciados descritivos pretendem se adaptar ao mundo, os enunciados prescritivos objetivam que o mundo a eles se adapte. GUASTINI, Riccardo, 2017, p. 21.

transação. Uma leitura mais panorâmica do quadro permite, portanto, a proposição de novas formas de incentivo ao restabelecimento de um cenário de cooperação entre Fisco e devedor contumaz.

A seguir, serão analisados os três principais grupos de consequências imputadas pela legislação vigente a devedores contumazes. De início, será examinada a submissão a regimes especiais de fiscalização e seus aspectos mais relevantes, tais como conteúdo, natureza jurídica e constitucionalidade à luz da doutrina e da jurisprudência. Em sequência, serão analisadas, em breves linhas, a vedação do acesso a benefícios fiscais e as sanções de cassação do registro especial e da inscrição do sujeito passivo. Após, será delimitada nossa opinião sobre a constitucionalidade e suficiência das medidas restritivas impostas ao devedor contumaz.

Por fim, o presente trabalho propõe a aplicação de medidas consensuais para o devedor contumaz, desde que adotadas determinadas cautelas, e, para além disso, a releitura da Súmula nº 430 do STJ, distinguindo-se o mero inadimplemento da contumácia.

4.1 Regimes especiais de fiscalização destinados ao devedor contumaz

4.1.1 Conceito de regimes especiais de fiscalização

O poder de fiscalizar e arrecadar tributos origina-se da capacidade tributária ativa dos entes e consiste em função administrativa dirigida para a execução isonômica da imposição tributária.[375] No exercício de seu dever-poder fiscalizatório,[376] os entes tributantes são livres para desenhar os contornos do controle do cumprimento dos créditos tributários de sua titularidade, inclusive por meio da criação de regimes especiais de fiscalização voltados a essa finalidade,[377] contanto que observadas as normas da Constituição Federal e do CTN.

---

[375] Segundo Onofre Alves Batista Júnior, enquanto o poder tributário mira a própria tributação, o poder de polícia fiscal encontra raízes na busca da tributação isonômica, eficaz e justa, mediante deveres voltados para favorecer e garantir seu exercício. BATISTA JÚNIOR, Onofre Alves. *O poder de polícia fiscal*. Belo Horizonte: Mandamentos, 2001, p. 184.

[376] Sobre a natureza de poder-dever da atividade fiscalizatória: COSTA, Regina Helena, 2020, p. 343.

[377] A nomenclatura de tais regimes não é uníssona. O regime especial de fiscalização também é conhecido como regime especial de fiscalização e pagamento (*v.g.*, art. 56 da Lei nº 7.014/1996 do Estado da Bahia), sistema especial de controle, fiscalização e pagamento (como no caso do art. 18-A da Lei nº 11.514/1997 do Estado de Pernambuco), regime especial para cumprimento das obrigações tributárias (a exemplo do art. 19 da Lei Complementar

Os mencionados regimes especiais destinam-se a grupos específicos de sujeitos passivos, enquadrados em categorias próprias em função de critérios definidos à luz do interesse do Fisco. Não têm o condão de revogar os regimes gerais de fiscalização (art. 2º, §2º, da LINDB), corrigindo-se aparente antinomia por meio do critério da especialidade.[378]

Há dois grupos possíveis de regimes especiais: os regimes *consensuais* e os *impositivos*.[379] Os regimes consensuais objetivam desonerar operações ou instituir técnicas de simplificação de obrigações e deveres instrumentais tributários, com fundamento nos princípios da eficiência, da praticabilidade e da isonomia. Pressupõem, assim, diálogo entre Fisco e contribuinte, que atingem um consenso sobre como simplificar as obrigações e os deveres impostos a este.[380] Os regimes impositivos, por sua vez, são sistemas temporários e unilateralmente estabelecidos pela Administração. Compreendem a aplicação de medidas restritivas de direitos a sujeitos passivos que se mostrem renitentes no cumprimento de suas obrigações, de forma a otimizar o controle da observância da legislação tributária e a evitar a prática de evasão fiscal.[381-382] Resguardam, com isso, a eficiência da arrecadação, encontrando fundamento especialmente nos artigos 113, §2º, 161 e 194 do CTN.[383] São exemplos dessa modalidade os regimes especiais de fiscalização destinados a devedores contumazes.

---

nº 1.320/2018 do Estado de São Paulo), entre outros. Para fins desta obra, será adotada a expressão regime especial de fiscalização, por ser a atividade fiscalizatória central a tais regimes.

[378] TORRES, Ricardo Lobo. *Normas de interpretação e integração do direito tributário*. 4. ed. rev. e atual. Rio de Janeiro: Renovar, 2006, p. 35-39.

[379] CARVALHO, Paulo de Barros de. O ICMS e os "regimes especiais". *Revista Dialética de Direito Tributário*, nº 8, maio/1996, p. 96-97. Carolina Romanini Miguel classifica-os como regimes especiais *consensuais* e *sancionatórios*, estes destinados a compelir o cumprimento das obrigações tributárias, e aqueles, a facilitá-lo. MIGUEL, Carolina Romanini, *op. cit.*, p. 154.

[380] A exemplo do regime tributário especial de obrigações acessórias do ICMS adotado pelo Estado do Rio de Janeiro (art. 52 e ss. do Livro VI do RICMS, previsto no Decreto 27.427/2000), que objetiva trazer maior simplicidade, racionalidade e adequação diante das operações realizadas pelo contribuinte.

[381] MORETI, Daniel, *op. cit.*, p. 80-91.

[382] José Eduardo Soares de Melo conceitua o regime especial de fiscalização restritivo como o sistema temporário "exigido pelo Fisco em decorrência de embaraço à fiscalização, constituição de empresa por pessoas que não sejam os verdadeiros sócios, realização de operações sem a devida inscrição, reincidência de infrações à legislação tributária". MELO, José Eduardo Soares de. *ICMS*: teoria e prática. 14. ed., rev. e atual. Porto Alegre: Livraria do Advogado Editora, 2018, p. 422.

[383] A respeito da função de tais regimes, o STJ já teve a oportunidade de ressaltar que "visam realizar a uniformidade da tributação, de modo que as diversas capacidades contributivas sejam tributadas de forma isonômica e proporcional", bem como a "impedir uma concorrência

O presente tópico objetiva a análise da segunda categoria, especificamente os regimes especiais de fiscalização restritivos que têm em mira o devedor contumaz, assim qualificado pelo legislador mediante o recurso a definições conceituais.[384]

Ressalte-se que os regimes especiais de fiscalização por vezes adquirem conteúdo mais amplo, recaindo tanto sobre a inadimplência contumaz como sobre infrações tributárias não relacionadas à contumácia, como ocorre nos Estados de Alagoas[385] e da Bahia.[386] Outros Estados, tais como o de Goiás,[387] destacaram o regime especial de fiscalização destinado especificamente ao devedor contumaz em capítulo próprio, embora sujeitos passivos que cometam infrações de outra natureza possam vir a sofrer semelhantes restrições.

4.1.2 Conteúdo: principais medidas

O regime especial de fiscalização não é uma figura unívoca: seu conteúdo pode variar de acordo com diversas circunstâncias, tais como o tipo de tributo em jogo, as especificidades do ente tributante e as características dos setores econômicos. Não obstante esse amplo terreno de possibilidades, via de regra, os regimes destinados a devedores contumazes estabelecem medidas restritivas reunidas em três principais grupos: (i) condicionantes referentes ao pagamento e à emissão de documentos; (ii) sujeição à vigilância constante e prestação periódica de informações; e (iii) restrições quanto à sistemática de creditamento. A seguir, serão fornecidos, sem pretensão de esgotamento, exemplos de tais medidas na legislação estadual.

---

ilegítima, desleal, com o contribuinte escorreito, prejudicado na competição econômica pela evasão fiscal de seu concorrente". BRASIL. Superior Tribunal de Justiça: Segunda Turma. Recurso Especial n° 1.032.515/SP. Relatora: Min. Eliana Calmon. Julgamento em 02/04/2009. D.J.e. de 29/04/2009. No mesmo sentido: Primeira Turma. Recurso Especial n° 1.236.622/MG. Relator: Min. Benedito Gonçalves. Julgamento em 13/03/2012. D.J.e. de 16/03/2012.

[384] Conforme visto no item 3.2, alguns atos normativos aplicam regimes especiais com base em conceitos jurídicos indeterminados, tal como ocorre na Lei federal n° 9.430/96, que, em seu art. 33, impõe regime especial de fiscalização a sujeitos passivos que incorreram na "prática reiterada de infração da legislação tributária". Referidas regulamentações não integram o escopo deste trabalho.

[385] Art. 60-A da Lei n° 5.900/1996 (Estado de Alagoas).

[386] Art. 45-C e 46 da Lei n° 7.014/1996 (Estado da Bahia).

[387] Art. 144-A, §3°, Lei n° 11.651/91 e Capítulo VII-A do Decreto n° 4.857/97, que trata do "sistema especial de controle, fiscalização e arrecadação para o devedor contumaz" (Estado de Goiás).

No que diz respeito ao primeiro grupo, é possível citar, a título exemplificativo, as seguintes medidas: (i) exigência do valor do tributo devido a cada operação no momento da ocorrência do fato gerador; (ii) perda de sistemas especiais de pagamento do ICMS; (iii) autorização prévia e individual para emissão de documentos fiscais; e (iv) centralização do ICMS devido em um dos estabelecimentos do sujeito passivo.[388]

Em relação ao segundo grupo, destacam-se a apresentação periódica de informações econômicas, patrimoniais e financeiras e a exigência de apresentação de documentos da empresa e de seus sócios,[389] bem como a submissão do sujeito passivo a plantão permanente de auditores fiscais.[390]

Relativamente ao último grupo, a título ilustrativo, exige a legislação do Estado do Rio Grande do Norte[391] a comprovação da entrada da mercadoria ou do recebimento do serviço para fins de apropriação do respectivo crédito pelo sujeito passivo. Em sentido semelhante, prevê a legislação do Estado de Goiás[392] que o devedor contumaz fica obrigado a inserir em seus documentos fiscais a informação de que o crédito do ICMS destacado somente é válido mediante comprovante de recolhimento do imposto.

É importante ressaltar, por fim, que os regimes especiais de fiscalização não fixam, na maioria das vezes, uma escala graduada de aplicação das medidas neles previstas. Estabelecem, ao contrário, um rol único de restrições a serem aplicadas isolada ou cumulatividade, a critério da autoridade tributária.[393] Essa lógica é passível de críticas, como será examinado no item 4.4.3.

4.1.3 Natureza jurídica

As medidas mencionadas no item anterior servem ao interesse da fiscalização e da arrecadação dos tributos, espinha dorsal dos

---

[388] Todas essas medidas podem ser encontradas na legislação estadual. Como exemplo, seguindo a ordem previamente adotada: (i) art. 52-A, §2º, I, da Lei nº 6.763/1975 do Estado de Minas Gerais; (ii) art. 168-B da Lei nº 7.799/2002 do Estado do Maranhão; (iii) art. 52, §3º, IV, da Lei nº 11.580/1996 do Estado do Paraná; e (iv) art. 20, X, da Lei Complementar nº 1.320/2018 do Estado de São Paulo.

[389] Consoante regra do art. 18-A, §1º, I, 'c', e 'e', da Lei nº 1.514/1997 do Estado de Pernambuco.

[390] Tal como imposto pelo art. 20, V, da Lei Complementar nº 1.320/2018 do Estado de São Paulo.

[391] Art. 9º, V, da Lei estadual nº 10.497/2019.

[392] Art. 463-D, §1º, da Lei estadual nº 11.651/1991.

[393] É o caso, por exemplo, da Lei nº 11.580/1996 do Estado do Paraná (art. 52).

deveres instrumentais tributários, a teor do art. 113, §2º, do CTN, aproximando-se, portanto, dessa figura. É exemplo disso o dever do sujeito passivo submetido a regime especial de fiscalização de prestar informações periódicas ao Fisco e tolerar a presença de auditores fiscais. Nesse sentido, para Hamilton Dias de Souza, os regimes especiais de fiscalização e recolhimento atribuem "deveres instrumentais adicionais para acompanhamento específico de determinados contribuintes". Constituiriam, assim, formas diferenciadas de apuração e fiscalização das obrigações tributárias, classificadas pelo autor como "obrigações acessórias restritivas de direitos".[394]

Muito embora essa aproximação seja inegável, a fixação de obrigações acessórias em regra não pressupõe a prática de infrações tributárias: seu objetivo é justamente evitá-las por meio da criação de óbices a que o sujeito passivo infrinja a obrigação principal. Assim, tal como destacado por Tercio Sampaio Ferraz Júnior, eventuais discriminações no campo das obrigações acessórias, especialmente quando voltadas para a proteção da livre concorrência, devem se localizar em traços da atividade do contribuinte, *i.e.*, na diversidade do objeto ("o mercado, pelo produto, não é o mesmo"), nas características do sujeito ("embora atuando no mesmo mercado, uns são produtores, outros consumidores") ou na proporção entre eles ("as diferenças fáticas entre as capacidades competitivas dos concorrentes são de tal monta que faz sentido eximir alguns de um ônus que lhes será, proporcionalmente, excessivo").[395]

No caso dos regimes especiais de fiscalização dirigidos ao devedor contumaz, todavia, o fator de discrímen se baseia em um comportamento *ilícito* do sujeito passivo, assumindo feição *sancionatória*. Paulo de Barros Carvalho identifica o caráter heterogêneo do regime especial impositivo ao retratar que este "reúne nítidas conotações sancionatórias, ainda que esteja voltado a garantir o erário, cercando o implemento da prestação tributária de uma série de medidas coativas, com o escopo de evitar a evasão ou diminuir-lhe os riscos".[396]

A estrutura da norma sancionadora, tal como ocorre na norma impositiva, é integrada por hipótese de incidência e consequência. Contudo, como esclarece Sacha Calmon, calcado na lição de Kelsen, nas normas impositivas, a previsão hipotética traz fatos jurígenos lícitos, enquanto que, nas sancionadoras, a hipótese de incidência exterioriza

---

[394] SOUZA, Hamilton Dias, 2011 (versão digital).
[395] FERRAZ JUNIOR, Tercio Sampaio, 2005, p. 735.
[396] CARVALHO, Paulo de Barros, 1996, p. 97.

um ilícito contrário a um dever legal ou contratual.[397] Paulo de Barros Carvalho, em sentido semelhante, ressalta que as normas sancionatórias apresentam idêntica estrutura lógica em relação à regra-matriz de incidência, descrevendo uma classe de fatos do mundo real no antecedente e prescrevendo o vínculo jurídico a ser formado entre dois sujeitos de direito como consequência.[398] Observa o autor, ainda, que as normas veiculadoras de sanções administrativas, projetadas para reforçar a eficácia de certos deveres jurídicos, são normas primárias, e não secundárias, por prescindirem da atuação do Estado-juiz na exigência coativa da prestação.[399]

Na seara tributária, a sanção corresponde à reação reservada pelo ordenamento jurídico a comportamentos comissivos e omissivos contrários a normas tributárias, atuando, portanto, sobre condutas em desconformidade com a lei, para anulá-las ou eliminar suas consequências nocivas. Consiste assim, segundo Norberto Bobbio, no expediente com que se busca, em um sistema normativo, proteger a lei da erosão das ações contrárias.[400]

A sanção tributária pode ser patrimonial ou não patrimonial.[401] Sanções não pecuniárias exibem caráter interventivo[402] ou, na classificação de Roque Antonio Carrazza,[403] correspondem a limitações de direitos.

Dessa forma, por pressuporem a prática de infrações tributárias, os regimes especiais de fiscalização restritivos podem ser classificados como *normas sancionadoras*.[404]

---

[397] COÊLHO, Sacha Calmon Navarro, 2004, p. 421-422.
[398] CARVALHO, Paulo de Barros, 2019, p. 519-520.
[399] CARVALHO, Paulo de Barros, 2019, p. 517-518.
[400] BOBBIO, Norberto, 2008, p. 133.
[401] No direito comparado, Rafael Calvo Ortega e Juan Calvo Vérgez esclarecem que as sanções pecuniárias são, historicamente, as principais aplicadas no campo tributário. O incremento da fraude fiscal, contudo, tem levado o legislador a impor sanções não pecuniárias, que podem influenciar mais eficazmente o comportamento dos sujeitos passivos. Essas sanções assumem função de prevenção geral e especial. Os autores ressaltam que inexiste impedimento constitucional para tanto, embora, no caso concreto, tais sanções podem levar a uma lesão vital à atividade econômica. CALVO ORTEGA, Rafael; CALVO VÉRGEZ, Juan. *Curso de derecho financiero*. 18. ed. Navarra: Civitas/Thomson Reuters, 2014, p. 316-317.
[402] Nomenclatura adotada por Heleno Taveira Torres. TORRES, Heleno Taveira. Pena de perdimento de bens das importações e seus limites constitucionais. In: *Grandes questões atuais do direito tributário*. ROCHA, Valdir de Oliveira (coord.). v. 10. São Paulo: Dialética, 2006, p. 168.
[403] CARRAZZA, Roque Antonio. *ICMS*. 18. ed., rev. e ampl., São Paulo: Malheiros Editores, 2020, p. 676. Para o autor, as sanções tributárias traduzem-se em multas pecuniárias, indenizações civis e limitações de direitos.
[404] Nesse sentido, CARRAZA, Roque Antonio, *op. cit.*, p. 711; e CARVALHO, Paulo de Barros, 2019, p. 549, entre outros.

O STJ, no entanto, reluta em reconhecer o caráter sancionador dos regimes de fiscalização restritivos, imputando-lhes a natureza de medidas destinadas a viabilizar o recolhimento do tributo[405] e os conectando, assim, aos deveres instrumentais. Também o Tribunal de Justiça do Estado do Rio Grande do Sul, ao analisar a constitucionalidade da Lei estadual n° 13.711/2011, que veicula regime especial de fiscalização para devedores contumazes, concluiu que tal ato normativo possui caráter preventivo e se destina a acompanhar a situação do devedor contumaz, não assumindo, portanto, feição sancionadora.[406] Para o fim do presente trabalho, conclui-se que a natureza sancionatória não é contraditória com a prevenção à prática nociva da inadimplência contumaz e, por isso, pode apresentar zona de sobreposição com os deveres instrumentais. Prevenção e repressão coexistem, portanto, como relevantes funções da norma sancionatória.[407-408]

Há, na doutrina e na jurisprudência, quem afaste a validade dos regimes especiais de fiscalização incidentes sobre devedores contumazes em razão de sua essência sancionatória. A seguir, investigar-se-á a constitucionalidade de tais regimes, procedendo-se ao exame da

---

[405] BRASIL. Superior Tribunal de Justiça: Segunda Turma. Recurso Ordinário em Mandado de Segurança n° 27.458/CE. Relatora: Min. Eliana Calmon. Julgamento em 15/12/2009. D.J.e. de 18/12/2009. No julgamento do REsp 1.032.515/SP, entretanto, a Corte, aproximando-se da natureza sancionatória dos regimes especiais, ressaltou que "Tais regimes normalmente possuem base na legislação local e mostram-se razoáveis, na medida em que nele inserem contribuintes reiteradamente faltosos, exigindo-lhes deveres tributários não extensíveis aos demais contribuintes que se comportam na licitude". BRASIL. Superior Tribunal de Justiça: Segunda Turma. Recurso Especial n° 1.032.515/SP. Relatora: Min. Eliana Calmon. Julgamento em 02/04/2009. D.J.e. de 29/04/2009.

[406] BRASIL. Tribunal de Justiça do Estado do Rio Grande do Sul. Tribunal Pleno. Incidente de Arguição de Inconstitucionalidade n° 70048229124. Relator: Des. Arno Werlang. Julgamento em 08/07/2012. D.J.e. de 25/09/2012.

[407] Marcos Bueno Brandão da Penha ressalta, nesse sentido, que as sanções tributárias podem ostentar as mesmas finalidades que as sanções previstas em outros campos, como o Direito Administrativo. Para o autor, "Nada impede que possam atuar preventivamente, dissuadindo eventual inadimplemento da norma tributária pelo receio de sua aplicação, intimidando possíveis infratores, nem que possa atuar repressivamente, punindo o infrator pela ilicitude cometida". PENHA, Marcos Bueno Brandão da. *Sanções não pecuniárias no direito tributário*: Análise crítica da doutrina e da jurisprudência acerca das denominadas sanções políticas. Rio de Janeiro: Lumen Juris, 2016, p. 142.

[408] Paulo Roberto Coimbra Silva destaca as seguintes funções da sanção *stricto sensu*: de um lado, aquelas presentes em todas as sanções, a saber, a (i) preventiva, direcionada a desestimular o rompimento da ordem jurídica, e a (ii) didática, voltada para a educação e correção do infrator; e, de outro, funções que mutuamente se excluem: a (iii) punitiva, destinada à repreensão da ilicitude, proporcionalmente ao grau de lesividade, e a (iv) reparatória ou indenizatória, presente nos casos em que a sanção proporciona a indenização de um dano ocasionado à vítima do ilícito. SILVA, Paulo Roberto Coimbra. *Direito tributário sancionador*. São Paulo: Quartier Latin, 2007, p. 61-70.

jurisprudência do STF e do STJ, bem como das posições doutrinárias sobre o ponto.

4.1.4 Os regimes especiais de fiscalização destinados a devedores contumazes são inconstitucionais *a priori*?

Antes de adentrar o exame da constitucionalidade dos regimes especiais de fiscalização destinados a devedores contumazes, é importante reiterar que não há um modelo uníssono de regime especial de fiscalização restritivo. A fixação de medidas de controle e fiscalização, como visto, insere-se na margem de apreciação de cada ente, desde que vinculada a tributos de sua competência. Apesar disso, é possível extrair um núcleo mínimo de uniformidade de tais regimes: (i) destinam-se a um grupo específico de sujeitos passivos; (ii) fixam medidas mais rígidas em relação àquelas aplicáveis aos demais sujeitos passivos; e (iii) têm por propósito obstar práticas de evasão fiscal. Com base nisso, vislumbra-se uma tendência na doutrina e jurisprudência em lhes atribuir tratamento jurídico uniforme.

Assentadas as características básicas compartilhadas pelos regimes especiais de fiscalização, é necessário, agora, passar à análise de como a jurisprudência do STF e do STJ se comporta em relação (i) aos regimes especiais abstratamente considerados e (ii) aos regimes especiais especificamente destinados a devedores contumazes.

4.1.4.1 Os regimes especiais de fiscalização na jurisprudência

4.1.4.1.1 Orientação do STF

O STF sinalizou, em diversos julgados, reputar inteiramente inconstitucionais os regimes especiais de fiscalização de ICMS, independentemente do conteúdo das medidas por eles impostas. Essa orientação tem origem mesmo antes da Constituição Federal de 1988, a exemplo dos julgamentos dos RE nº 76.455/MG, 100.918/MG e 106.759/SP, nos quais a Corte se posicionou por considerar o regime especial do ICM contrário aos princípios da liberdade de trabalho e de comércio e ao princípio da livre iniciativa.[409]

Não obstante, a análise dos referidos acórdãos leva à constatação de que o vício de inconstitucionalidade recaiu especialmente sobre a exigência de pagamento antecipado do imposto para a entrega de talonários. Além disso, o contexto objeto de discussão pelo Tribunal incluía a margem de apreciação atribuída ao administrador para fixar restrições impostas ao sujeito passivo e a necessidade de previsão dessas medidas em lei.[410]

Foi no julgamento do RE n° 115.452 ED-EDv/SP[411] que o STF atribuiu tom mais geral à orientação de inconstitucionalidade dos regimes especiais de fiscalização. Na oportunidade, o Tribunal definiu que, mesmo se respeitado o princípio da legalidade, o regime especial do ICM viola a garantia da liberdade de trabalho (artigos 153, §23, da Constituição de 1967 e 5°, XIII, da atual Constituição), por impor, de forma desproporcional e irrazoável, limitações à atividade empresarial do devedor.

Os fundamentos dos acórdãos que se seguiram sobre o tema replicaram os termos do RE n° 115.452 ED-EDv/SP, muitas vezes sem qualquer acréscimo na fundamentação,[412] outras destacando os três eixos principais da orientação contrária às sanções políticas: a impossibilidade de cobrança do crédito tributário por meios alheios

---

[409] BRASIL. Supremo Tribunal Federal: Segunda Turma. Recurso Extraordinário n° 76.455/MG. Relator: Min. Leitão de Abreu. Julgamento em 01/04/1975. D.J. de 23/05/1975; Segunda Turma. Recurso Extraordinário n° 100.918/MG. Relator: Min. Moreira Alves. Julgamento em 18/05/1984. D.J. de 05/10/1984; e Primeira Turma. Recurso Extraordinário n° 106.759/SP. Relator: Min. Oscar Corrêa. Julgamento em 24/09/1985. D.J. de 18/10/1985.

[410] O tópico referente à ausência de lei foi evidenciado no julgamento do RE n° 111.042/SP. Naquela oportunidade, o STF, que inicialmente declarara a inconstitucionalidade do regime especial de fiscalização de ICM paulista, alterou o resultado do julgamento após a oposição de embargos de declaração pelo Estado de São Paulo. Nos embargos, o ente comprovou a existência de base legal para o regime, levando o STF a afirmar que "não se enquadra a hipótese nos precedentes citados no voto proferido no julgamento do recurso extraordinário, todos fundados em que não havia previsão de lei para as sanções aplicadas". BRASIL. Supremo Tribunal Federal. Segunda Turma. Embargos de Declaração em Recurso Extraordinário n° 111.042/SP. Relator: Min. Carlos Madeira. Julgamento em 19/06/1987. D.J. de 07/08/1987.

[411] BRASIL. Supremo Tribunal Federal. Tribunal Pleno. Embargos no Recurso Extraordinário n° 115.452/SP. Relator: Min. Carlos Velloso. Julgamento em 04/10/1990. D.J. de 04/10/1990, republicado em 05/12/1990.

[412] BRASIL. Supremo Tribunal Federal. Segunda Turma. Agravo Regimental em Recurso Extraordinário n° 216.983/SP. Relator: Min. Carlos Velloso. Julgamento em 06/10/1998. D.J. de 13/11/1998; e BRASIL. Supremo Tribunal Federal. Segunda Turma. Agravo Regimental no Agravo de Instrumento n° 529.106/MG. Relatora: Min. Ellen Gracie. Julgamento em 03/08/2005. D.J. de 17/08/2005.

à execução fiscal;⁴¹³ a violação à proporcionalidade quanto a medidas mais restritivas constantes de regimes especiais de fiscalização; e o desrespeito ao devido processo legal.⁴¹⁴

Dessa forma, em diversas ocasiões o STF se referiu ao regime especial de fiscalização como sinônimo de sanção política, sem analisar de forma concreta e específica as medidas que o compõem.⁴¹⁵ É possível citar como exceção o acórdão do AgR 474.241/MG,⁴¹⁶ cuja ementa explicita a ausência de ofensa ao princípio da isonomia e à liberdade de trabalho pelo regime especial de fiscalização de ICMS analisado naquele caso concreto.

Em regra, portanto, a inconstitucionalidade dos regimes especiais de fiscalização é reconhecida de forma genérica, sem atenção às peculiaridades do caso concretamente em jogo.

Ressalte-se, por fim, que, no julgamento da ADI nº 5.135/DF, o STF esclareceu não configurar sanção política o protesto da certidão de dívida ativa, afastando a alegação de violação ao art. 5º, XXXV, da Constituição. Segundo a Corte, a LEF, ao eleger a execução fiscal como instrumento típico de cobrança da dívida ativa, "não exclui a possibilidade de instituição e manejo de mecanismos extrajudiciais de cobrança". A orientação mitiga, assim, um dos pilares da jurisprudência contrária às sanções políticas: a exclusividade de cobrança do crédito tributário por meio da execução fiscal.

---

⁴¹³ Esse é o fundamento principal adotado pelos precedentes das Súmulas nº 70, 323 e 547. No RE 64.054, o Min. Relator Aliomar Baleeiro consignou que "O S.T.F., pleno, por unanimidade, julgando os Recursos Extraordinários nºs 60.663 e 63.047, relatados pelo eminente Ministro Gonçalves de Oliveira decidiu que a Fazenda Pública deve cobrar seus créditos pelo executivo fiscal, sem bloquear nem impedir direta ou indiretamente com invocação daqueles diplomas da ditadura, a atividade profissional lícita do contribuinte". BRASIL. Supremo Tribunal Federal. Segunda Turma. Recurso Extraordinário nº 64.054/SP. Relator: Min. Aliomar Baleeiro. Julgamento em 05/03/1968. D.J. de 26/04/1968.

⁴¹⁴ BRASIL. Supremo Tribunal Federal. Tribunal Pleno. Ação Direta de Inconstitucionalidade nº 173/DF. Relator: Min. Joaquim Barbosa. Julgamento em 25/09/2008. D.J.e. de 20/03/2009.

⁴¹⁵ BRASIL. Supremo Tribunal Federal: Decisão Monocrática. Recurso Extraordinário nº 705.898/RS. Relatora: Min. Carmen Lúcia. Julgamento em 29/10/2012. D.J.e. de 07/11/2012; Decisão Monocrática. Agravo em Recurso Extraordinário nº 944.925/SP. Relator: Min. Celso de Mello. Julgamento em 17/02/2016. D.J.e. de 23/02/2016; e Primeira Turma. Agravo Regimental no Recurso Extraordinário nº 567.871/SE. Relatora: Min. Carmen Lúcia. Julgamento em 23/03/2011. D.J.e. de 07/04/2011.

⁴¹⁶ BRASIL. Supremo Tribunal Federal. Primeira Turma. Agravo Regimental no Recurso Extraordinário nº 474.241/MG. Relator: Min. Sepúlveda Pertence. Julgamento em 15/08/2006. D.J.e. de 08/09/2006.

4.1.4.1.2 Orientação do STJ

O STJ, ao contrário, fixou a orientação de que regimes especiais de fiscalização instituídos com o objetivo de coibir infrações tributárias não são inconstitucionais *a priori*, salvo se as medidas neles previstas forem empregadas como meio coercitivo para compelir o sujeito passivo a pagar o tributo.[417]

A instituição de medidas restritivas diferenciadas de fiscalização e cobrança foi, em diversas ocasiões, validada pelo STJ, a exemplo da antecipação do pagamento do ICMS quando da entrada, no estabelecimento comercial, de mercadorias provenientes de outros Estados, a fim de evitar a sonegação em relação às operações internas seguintes.[418] Em outra oportunidade, porém, a Corte assentou que "o regime especial não pode mudar a forma de cobrança do tributo, uma vez que 'fiscalizar' não significa tributar de maneira diversa e de forma a inviabilizar a concorrência", reputando ilegítimo o regime especial instituído pelo Estado de Minas Gerais.[419]

Os requisitos para a constitucionalidade dos regimes especiais de fiscalização foram sintetizados no julgamento do REsp nº 1.032.515/SP.[420] Devem eles: (i) ter base na legislação local; (ii) assegurar o devido processo legal; (iii) não criar restrições desproporcionais ou absurdas ao exercício da atividade empresarial; e (iv) objetivar evitar a evasão fiscal, ou seja, não constituir meio disfarçado de cobrança de dívidas pretéritas.

A Corte não realiza, assim, um exame apriorístico da constitucionalidade dos regimes especiais de fiscalização, mas, ao contrário, procede a uma análise à luz do caso concreto.

---

[417] BRASIL. Superior Tribunal de Justiça: Segunda Turma. Agravo Regimental nos Embargos de Declaração no Recurso em Mandado de Segurança nº 17.983/GO. Relator: Min. Herman Benjamin. Julgamento em 20/10/2009. D.J.e. de 29/10/2009; e Primeira Turma. Agravo Regimental no Recurso em Mandado de Segurança nº 23.578/SE. Relator: Min. Francisco Falcão. Julgamento em 19/02/2008. D.J.e. de 09/04/2008.

[418] BRASIL. Superior Tribunal de Justiça. Primeira Turma. Recurso em Mandado de Segurança nº 21.118/SE. Relatora: Min. Denise Arruda. Julgamento em 12/06/2007. D.J.e. de 29/06/2007.

[419] BRASIL. Superior Tribunal de Justiça. Primeira Turma. Recurso em Mandado de Segurança nº 15.674/MG. Relator: Min. Luiz Fux. Julgamento em 25/03/2003. D.J.e. de 22/04/2003; e BRASIL. Superior Tribunal de Justiça. Primeira Turma. Recurso em Mandado de Segurança nº 21.356/GO. Relatora: Min. Denise Arruda. Julgamento em 18/11/2008.

[420] BRASIL. Superior Tribunal de Justiça. Primeira Turma. Recurso Especial nº 1.032.515/SP. Relatora: Min. Eliana Calmon. Julgamento em 02/04/2009. D.J.e. de 29/04/2009.

4.1.4.2 Regimes destinados ao devedor contumaz: nova diretriz jurisprudencial?

É preciso perquirir, ainda, se o inadimplemento contumaz é fato capaz de requalificar o debate sobre a constitucionalidade dos regimes especiais de fiscalização, ou seja, se a jurisprudência tradicional do STF e do STJ sofre ou deve sofrer modificações quando em pauta regras diferenciadas aplicáveis a *devedores contumazes*.

4.1.4.2.1 Posição do STF

Conforme destacado, é importante indagar se o crescente número de regimes especiais de fiscalização editados com o intuito de reduzir os danos provenientes da inadimplência contumaz alterou de alguma forma a jurisprudência tradicional do STF, examinada acima. Para tanto, é necessário, antes, analisar dois casos que representam uma mudança da orientação da Corte quanto à especificidade da inadimplência contumaz.

No julgamento da AC nº 1.657/RJ e do RE nº 550.769/RJ, o STF atribuiu relevância à condição de devedor contumaz, validando um regime geral com base em uma circunstância especial do sujeito passivo, ao contrário da análise apriorística normalmente envidada pela Corte. Referidos casos, analisados anteriormente,[421] dizem respeito à insurgência de empresa do ramo tabagista, devedora contumaz do Fisco federal, contra a aplicação da medida de cancelamento do registro especial prevista no art. 2º, II, do Decreto-lei nº 1.593/1977.

Na fundamentação do acórdão da AC nº 1.657/RJ, a Corte destacou o peso atribuído à livre concorrência no setor de cigarros e a situação de devedora contumaz da empresa, que não apresentara qualquer justificativa para o débito acumulado. No voto proferido no RE nº 550.769/RJ, o Min. Ricardo Lewandowski ressaltou a inaplicabilidade da jurisprudência tradicional da Corte sobre sanções políticas no caso de desrespeito reiterado à legislação tributária.[422]

---

[421] Ver item 2.3.3.5.1.
[422] BRASIL. Supremo Tribunal Federal. Tribunal Pleno. Recurso Extraordinário nº 550.769/RJ. Relator: Min. Joaquim Barbosa. Julgamento em 22/05/2013. D.J.e. de 03/04/2014, p. 35. Na oportunidade, o Min. Ricardo Lewandowski destacou que: "em que pese a orientação firmada por esta Suprema Corte, no sentido da inconstitucionalidade das sanções políticas como meio coercitivo para a arrecadação de tributos, tal entendimento, a meu juízo, não contempla o desrespeito reiterado à legislação tributária (...)".

Esse julgado representa, como ressaltado, um início de mudança de posicionamento do STF. Não obstante não se refira a regime legal destinado especificamente a devedores contumazes, o Tribunal reputou essa circunstância relevante para legitimar a medida adotada pela União. Validou-se, assim, um regime geral diante da circunstância concreta da contumácia do inadimplemento em setor sensível a danos concorrenciais.

Por sua vez, em relação a regimes especiais destinados especificamente a devedores contumazes, a análise da jurisprudência do STF demonstra que a Corte vem se furtando de apreciar o mérito desses regimes em recurso extraordinário, por entender que tal exame demanda revisão do conjunto fático-probatório dos autos e da legislação infraconstitucional e, por essa razão, esbarra no óbice das Súmulas nº 279 e 280 do STF.[423] Em regra, os recursos levados à Corte têm como objeto o regime instituído pela Lei nº 13.711/2011 e regulamentado pelo Decreto nº 48.494/2011, ambos do Estado do Rio Grande do Sul, que foi declarado constitucional pelo Órgão Especial do Tribunal de Justiça daquele Estado.

É possível encontrar, porém, julgados nos quais o STF reconheceu a inconstitucionalidade do referido regime gaúcho, sem considerar a contumácia como fator diferenciador para afastar a jurisprudência tradicional da Corte,[424] ao contrário da tendência verificada em alguns

---

[423] BRASIL. Supremo Tribunal Federal: Tribunal Pleno. Agravo Regimental no Agravo em Recurso Extraordinário nº 1.224.180/RS. Relator: Min. Dias Toffoli. Julgamento em 18/10/2019. D.J.e. de 11/11/2019; Tribunal Pleno. Agravo Regimental no Agravo em Recurso Extraordinário nº 1.184.708/RS. Relator: Min. Dias Toffoli. Julgamento em 05/04/2019. D.J.e. de 05/04/2019; Primeira Turma. Agravo Regimental no Agravo em Recurso Extraordinário nº 1.139.556/RS. Relator: Min. Roberto Barroso. Julgamento em 12/04/2019. D.J.e. de 03/05/2019; Primeira Turma. Agravo Regimental no Agravo em Recurso Extraordinário nº 1.169.517/RS. Relatora: Min. Rosa Weber. Julgamento em 29/03/2019. D.J.e. de 05/04/2019; Primeira Turma. Agravo Regimental nos Embargos de Declaração no Agravo em Recurso Extraordinário nº 960.737/RS. Relator: Min. Luiz Fux. Julgamento em 19/05/2017. D.J.e. de 12/06/2017; Segunda Turma. Agravo Regimental no Agravo em Recurso Extraordinário nº 1.122.822/RS. Relator: Min. Edson Fachin. Julgamento em 14/12/2018. D.J.e. de 01/02/2019; Segunda Turma. Agravo Regimental no Agravo em Recurso Extraordinário nº 837.436/RS. Relator: Min. Dias Toffoli. Julgamento em 15/03/2016. D.J.e. de 03/05/2016; e Segunda Turma. Agravo Regimental no Agravo em Recurso Extraordinário nº 805.558/RS. Relatora: Min. Cármen Lúcia. Julgamento em 03/06/2014. D.J.e. de 13/06/2014.

[424] BRASIL. Supremo Tribunal Federal: Primeira Turma. Agravo Regimental no Recurso Extraordinário nº 787.241/RS. Relator: Min. Marco Aurélio. Julgamento em 05/05/2015. D.J.e. de 25/05/2015; Primeira Turma. Agravo Regimental no Recurso Extraordinário nº 797.290/RS. Relatora: Min. Rosa Weber. Julgamento em 28/04/2015. D.J.e. de 14/05/2015; e Decisão Monocrática. Reclamação nº 15.687/RS. Relatora: Min. Rosa Weber. Julgamento em 19/02/2016. D.J.e. de 03/03/2016.

Tribunais de Justiça do país.⁴²⁵ Invalidou-se, portanto, um regime especial voltado para o devedor contumaz, equiparando-o aos regimes gerais.

Em suma, a condição de devedor contumaz foi, de um lado, levada em conta pela Corte no julgamento da AC n° 1.657/RJ e do RE n° 550.769/RJ e, de outro, ignorada ao se reconhecer a inconstitucionalidade do regime especial de fiscalização do Estado do Rio Grande do Sul, destinado a evitar a inadimplência contumaz.

É premente que o STF se posicione sobre a manutenção ou não da sua jurisprudência contrária a regimes especiais de fiscalização quando em jogo a figura do devedor contumaz, o que deve acontecer no âmbito da ADI n° 4.854/RS, de relatoria do Min. Nunes Marques, na qual se contesta a constitucionalidade da Lei estadual n° 13.711/2011.⁴²⁶

4.1.4.2.2 Posição do STJ

O STJ, por sua vez, além de não considerar inconstitucional aprioristicamente os regimes especiais de fiscalização, vem atribuindo maior peso ao fato de estar em jogo a inadimplência contumaz.⁴²⁷

---

⁴²⁵ O Tribunal de Justiça do Estado do Rio Grande do Sul, no julgamento da arguição de inconstitucionalidade n° 70048229124, por maioria, julgou improcedente o incidente de inconstitucionalidade, reconhecendo a validade do regime especial de fiscalização destinado ao devedor contumaz (Lei n° 13.711/2011): BRASIL. Tribunal de Justiça do Estado do Rio Grande do Sul. Tribunal Pleno. Incidente de Arguição de Inconstitucionalidade n° 70048229124. Relator: Des. Arno Werlang. Julgamento em 08/07/2012. D.J.e. de 25/09/2012. Também o Tribunal de Justiça do Estado de São Paulo consignou que "os atos restritivos impostos pelo Regime Especial ensejam apenas a alteração da forma de lançamento e apuração dos impostos, evitando o aumento do saldo devedor e a permanência de práticas de inadimplência": BRASIL. Tribunal de Justiça do Estado de São Paulo. Décima Terceira Câmara de Direito Público. Apelação Cível n° 1020495-31.2018.8.26.0224. Relator: Des. Isabel Cogan. Julgamento em 06/04/2020. D.J.e. de 06/04/2020; BRASIL. Tribunal de Justiça do Estado de São Paulo. Sétima Câmara de Direito Público. Apelação Cível n° 1010072-20.2017.8.26.0071. Relator: Des. Luiz Sergio Fernandes de Souza. Julgamento em 21/05/2018. D.J.e. de 22/05/2018; e BRASIL. Tribunal de Justiça do Estado de Goiás. Quarta Câmara Cível. Mandado de segurança n° 5213284.87.2017.8.19.0000. Relator: Kisleu Dias Maciel Filho. Julgamento em 08/03/2018. D.J.e. de 19/03/2018.

⁴²⁶ Conforme consulta realizada em 16/02/2021, a ADI n° 4.854/RS permaneceu sem movimentação relevante por aproximadamente cinco anos, de 03/08/2015 a 05/11/2020, quando, em razão da aposentadoria do Min. Celso de Mello, a Relatoria foi atribuída ao Min. Nunes Marques.

⁴²⁷ BRASIL. Superior Tribunal de Justiça: Segunda Turma. Recurso Ordinário em Mandado de Segurança n° 57.784/GO. Relator: Min. Herman Benjamin. Julgamento em 05/11/2019. D.J.e. de 18/11/2019; Primeira Turma. Recurso Especial n° 1.236.622/MG. Relator: Min. Benedito Gonçalves. Julgamento em 13/03/2012. D.J.e. de 16/03/2012; Segunda Turma. Recurso Ordinário em Mandado de Segurança n° 27.458/CE. Relatora: Min. Eliana Calmon. Julgamento em 15/12/2009. D.J.e. de 18/12/2009; e Segunda Turma. Recurso Especial n° 1.032.515/SP. Relatora: Min. Eliana Calmon. Julgamento em 02/04/2009. D.J.e. de 29/04/2009.

O Tribunal consignou, no julgamento do RMS nº 57.784/GO, que a disciplina do regime "não constitui medida alternativa ou excludente à cobrança judicial do crédito tributário vencido e não pago, mas sim consiste em medida preventiva, destinada a acompanhar o quotidiano da empresa que possua histórico de inadimplência contumaz".[428]

Recentemente, a Corte desproveu recurso especial em que o recorrente, classificado como devedor contumaz e submetido a regime especial de fiscalização pelo Estado do Rio Grande do Sul, questionava o condicionamento do direito ao crédito de ICMS à comprovação da arrecadação do imposto, por entender violado o art. 20 da Lei Complementar nº 87/1996.[429] Na ocasião, o STJ destacou a relevância da identificação do destinatário do regime gaúcho com o devedor contumaz e afastou, em razão disso, a inconstitucionalidade da medida.

É preciso assinalar, contudo, que, diante de situações em que medidas restritivas impostas pelo Fisco implicam indevida restrição à atividade empresarial, o STJ não hesita em reconhecer a invalidade do respectivo ato normativo, *ainda que em jogo a contumácia*. Isso ocorreu, *v.g.*, no julgamento do RMS nº 51.523/CE. Discutia-se obrigação imposta pelo Fisco do Estado do Ceará consistente no pagamento antecipado do ICMS durante o transporte de mercadorias por ocasião da passagem nos postos fiscais nas rodovias. A Corte, na oportunidade, considerou ser inconstitucional não o regime de antecipação em si, mas a majoração da base de cálculo do imposto por meio do aumento da margem de valor agregado, imposição esta equiparável a uma sanção política, por dificultar o exercício da atividade econômica mediante aumento indireto da carga tributária.[430]

---

[428] Recurso Ordinário em Mandado de Segurança nº 57.784/GO, *op. cit.*, p. 5 do acórdão.

[429] A medida representaria, de acordo com o Min. Relator, a não concessão de um prêmio ao devedor contumaz, autorizando "que o Fisco se acautele contra uma prática que transformava a nota fiscal em um artifício de captação de dinheiro nas operações com débito de ICMS a ser gerado, lesando interesses da coletividade". BRASIL. Superior Tribunal de Justiça. Segunda Turma. Agravo em Recurso Especial nº 1.241.527/RS. Relator: Min. Francisco Falcão. Julgamento em 19/03/2019. D.J.e. de 26/03/2019.

[430] Na oportunidade, todavia, ressalvou o Min. Relator que "o Regime Especial de Fiscalização não é, por si, inconstitucional, sendo legítima a inclusão nele de contribuintes habituados a infrações tributárias, razão pela qual a concessão da ordem não deve determinar a exclusão da impetrante do respectivo cadastro, visto que a Certidão Negativa de Débitos, por si, não serve de prova para atestar a inexistência de eventuais práticas irregulares quanto ao cumprimento das obrigações tributárias". RMS 51.523/CE, Rel. Ministro Gurgel de Faria, Primeira Turma, j. em 08/06/2017, p. em 07/08/2017, p. 9 do acórdão.

4.1.4.3 Orientação da doutrina sobre o tema

A mesma divergência retratada na jurisprudência pode ser verificada em sede doutrinária. É possível vislumbrar duas correntes principais: para a primeira, os regimes especiais de fiscalização, mesmo dirigidos ao devedor contumaz, são sempre inconstitucionais; para a segunda, a aferição da constitucionalidade das medidas impostas pelo Fisco deve ser realizada caso a caso, com fundamento no princípio da proporcionalidade.

4.1.4.3.1 Primeira corrente

Para uma primeira corrente,[431] de um lado, regimes especiais de fiscalização possuem natureza de sanção política ou indireta.[432] Ressalte-se que sanções impróprias, indiretas e atípicas adquirem outros significados no direito comparado, a exemplo dos ordenamentos espanhol e italiano, não guardando sentido idêntico ao de sanções políticas.[433] Para os fins deste trabalho, identifica-se sanção política

---

[431] Nesse sentido: NOGUEIRA, Ruy Barbosa, 1989, p. 207-209; MACHADO, Hugo de Brito, 1998, p. 46-47; COÊLHO, Sacha Calmon Navarro. *Teoria e prática das multas tributárias*. Rio de Janeiro: Forense, 1998, p. 51-52; MASINA, Gustavo, *op. cit.*, 2016, p. 88; CHIESA, Clélio. Fiscalização tributária – limites à instituição de deveres tributários e à imposição de sanções pelo não-pagamento de tributo e não-cumprimento de deveres instrumentais. *In*: *Grandes questões atuais do direito tributário*. v. 10. ROCHA, Valdir de Oliveira (coord.). São Paulo: Dialética, 2006, p. 39-61; SILVA, Paulo Roberto Coimbra, *op. cit.*, p. 219-222 e 311-312; MORETI, Daniel, *op. cit.*, p. 90 e 99; e BOLAN, Ricardo Ferreira. *Regimes Especiais* – IPI e ICMS. São Paulo: Quartier Latin, 2014, p. 186-196, entre outros.

[432] Eduardo Fortunato Bim critica o uso da expressão sanções políticas, reputando-a desprovida de conteúdo semântico significativo. Adota o autor, no lugar dessa, a expressão "sanções indiretas", que se refere a sanções apenas em um sentido impróprio, considerando que, a rigor, "são meios oblíquos de cobrança tributária, cerceadores de direitos fundamentais do cidadão-contribuinte". BIM, Eduardo Fortunato. A inconstitucionalidade das sanções políticas tributárias no Estado de Direito: violação ao 'substantive due process of law' (Princípios da razoabilidade e da proporcionalidade). *In*: *Grandes questões atuais do direito tributário*. ROCHA, Valdir de Oliveira (coord.). v. 8. São Paulo: Dialética, 2004, p. 67-68. Por sua vez, Marcos Bueno Brandão da Penha afirma não corresponderem as sanções não pecuniárias a meios indiretos de cobrança do crédito, mas, ao contrário, a sanções diretas, aplicadas diretamente ao infrator em razão da ilicitude cometida. Ressalta, ainda, inexistir no texto constitucional a exigência de que as sanções tributárias assumam tão somente natureza pecuniária; ao contrário, a própria Constituição estabelece hipótese de sanção não pecuniária (art. 195, §3º). PENHA, Marcos Bueno Brandão, *op. cit.*, p. 90-91, 133-140 e 147.

[433] Nesses casos, as sanções impróprias, além de impedirem o devido processo legal, são utilizadas pelo Fisco para alterar a norma de incidência tributária, produzindo efeitos no valor do tributo a pagar, a exemplo da vedação a deduções no IR e no IVA em razão da violação a obrigações tributárias ou do registro de faturas vencidas, respectivamente. Para aprofundamento do tema, ver ALTAMIRANO, Alejandro C. Las sanciones tributarias

com "restrições ou proibições impostas ao contribuinte, como forma indireta de obrigá-lo ao pagamento do tributo".[434]

Desse modo, para tal corrente, os regimes especiais de fiscalização atuam como forma de cobrança indireta de tributos por meio da restrição a direitos fundamentais dos sujeitos passivos. A resposta do Estado à inadimplência, ainda que contumaz, deve ocorrer por meio do lançamento e do ajuizamento de execução fiscal, jamais com a imposição de limitações à livre iniciativa econômica, as quais ignorariam, a um só tempo, o entendimento consolidado do STF sobre as sanções indiretas e o papel da fiscalização tributária no Estado Democrático de Direito.[435]

O julgamento da AC nº 1.657/RJ e do RE nº 550.769/RJ em nada teria alterado essa lógica, uma vez que, para essa corrente, (i) as particularidades do setor de cigarros e a função extrafiscal exercida pelo IPI deram o tom da conclusão do Tribunal[436] e (ii) não integra a competência da Administração Tributária a repressão da inadimplência com fundamento na proteção à livre concorrência, função atribuída pela Constituição e pela legislação ao CADE.[437]

4.1.4.3.2 Segunda corrente

Para uma segunda corrente,[438] a desproporcionalidade ou excessiva restrição a direitos fundamentais não seria uma característica intrínseca

---

anómalas. In: *Grandes temas do direito tributário sancionador*. COIMBRA SILVA, Paulo Roberto (coord.). São Paulo: Quartier Latin, 2010, p. 31. No mesmo sentido: DEL FEDERICO, Lorenzo. *Le sanzioni improprie nel sistema tributario*. Disponível em: https://unich-it.academia.edu/LorenzodelFederico. Acesso em: 18 maio 2020.

[434] MACHADO, Hugo de Brito, 1998, p. 46.
[435] PONTES, Helenilson Cunha. *O princípio da proporcionalidade e o direito tributário*. São Paulo, Dialética, 2000, p. 141-143.
[436] MACHADO SEGUNDO, Hugo de Brito. MACHADO, Raquel Cavalcanti Ramos, 2018. p. 87-108.
[437] PADILHA, Maria Ângela Lopes Paulino, *op. cit.*, p. 178-179; MORETI, Daniel, *op. cit.*, p. 177-210; e SCHOUERI, Luís Eduardo; GALDINO, Guilherme, *op. cit.*, p. 763-774.
[438] COSTA, Regina Helena, 2020, p. 322; TORRES, Heleno Taveira, 2006, p. 168-175; MIGUEL, Carolina Romanini, *op. cit.*, p. 158-161; SEIXAS FILHO, Aurélio Pitanga. Sanções penais tributárias. In: *Sanções penais tributárias*. MACHADO, Hugo de Brito (coord.). São Paulo e Fortaleza: Dialética e Instituto Cearense de Estudos Tributários, 2005, p. 130; PENHA, Marcos Bueno Brandão da, *op. cit.*, p. 90-91 e 133-140; OLIVEIRA, Maria das Graças Patrocínio. *Sanções tributárias e os princípios da proporcionalidade e da razoabilidade*. São Paulo: Almedina, 2020, p. 98-99; CASTRO, Eduardo Moreira Lima Rodrigues de, *op. cit.*, p. 127 e 149-153; e GOMES, Eduardo de Paiva. O conceito de sanção política delineado pela jurisprudência do STF: uma análise crítica do instituto da averbação pré-executória previsto no artigo 20-B da Lei 10.522/2002. In: *Inovação na cobrança do crédito tributário*. ARAUJO, Juliana Furtado Costa. CONRADO, Paulo Cesar (coord.). São Paulo: Thomson Reuters Brasil, 2019, p. 54-59.

ao conceito de sanções tributárias não pecuniárias. Para se chegar a um juízo de inconstitucionalidade, exigem-se a identificação dos princípios e interesses constitucionais conflitantes e o exame da medida restritiva à luz do princípio ou postulado da proporcionalidade.

Seguindo esse raciocínio, para a referida corrente, no julgamento da AC n° 1.657/RJ e do RE n° 550.769/RJ o STF considerou constitucional a aplicação de sanção não pecuniária no combate ao deliberado e temerário desrespeito à legislação tributária, fruto da inadimplência sistemática, após a aplicação do princípio da proporcionalidade, por intermédio dos subprincípios da adequação, necessidade e proporcionalidade em sentido estrito.

Dessa forma, medidas restritivas impostas em razão do inadimplemento substancial, reiterado e injustificado da obrigação tributária principal devem se submeter ao princípio da proporcionalidade, especialmente em situações nas quais a livre concorrência se encontre gravemente desequilibrada pela atuação do inadimplente contumaz.[439]

4.2 A vedação à fruição de benefícios fiscais

Ao lado dos regimes especiais de fiscalização, outra medida restritiva usualmente aplicável ao devedor contumaz é a vedação à fruição de benefícios e incentivos fiscais,[440] tais como isenção, redução de base de cálculo, anistia e remissão.

O Poder Público possui a faculdade, no exercício de sua competência tributária, de instituir por lei (art. 150, §6°, da Constituição) benefícios fiscais, desde que observadas as condições gerais e específicas estabelecidas na Constituição e em lei complementar, a exemplo dos requisitos constantes da Lei Complementar n° 101/2000 e da prévia deliberação dos Estados e Distrito Federal no âmbito do CONFAZ,

---

[439] BATISTA JÚNIOR, Onofre Alves, 2001, p. 460.
[440] A título exemplificativo, citamos o art. 111-B, §1°, I, da Lei n° 3.938/66 do Estado de Santa Catarina ("§1° O contribuinte que for declarado devedor contumaz ficará sujeito, isolada ou cumulativamente, às seguintes medidas: I – Regime Especial de Fiscalização, na forma prevista em regulamento; II – impedimento à utilização de benefícios ou incentivos fiscais relativos ao ICMS, na forma prevista em regulamento (...)"); e o art. 9°, IV, da Lei n° 10.497/2019 do Estado do Rio Grande do Norte ("Art. 9° O contribuinte que não se enquadre nas disposições do art. 2° desta Lei e apresente situação de irregularidade fiscal na forma prevista no art. 55 da Lei Estadual n° 6.968, de 30 de dezembro de 1996, bem como aquele que for considerado devedor contumaz, sem prejuízo do regime especial de que trata o art. 56 da Lei Estadual n° 6.968, de 1996, ficará sujeito, isolada ou cumulativamente, às seguintes medidas: (...) IV – impedimento à utilização de benefícios ou incentivos fiscais relativamente ao ICMS");

no caso de benefícios relacionados ao ICMS (art. 155, §2°, XII, "g", da Constituição e Lei Complementar n° 24/1975).

O legislador não pode, contudo, criar distinções infundadas[441] ou dirigidas a sujeitos passivos individualizados,[442] sob pena de violação ao princípio da igualdade tributária. Eventuais discriminações, portanto, além de dotadas de generalidade e abstração, devem ser legítimas, como ocorre no caso do devedor contumaz.[443]

O STF teve a oportunidade de validar restrições a benefícios fiscais em razão da ausência de regularidade fiscal no julgamento do RE n° 403.205/RS.[444] No caso, determinada empresa do setor farmacêutico contestou decisão do Estado do Rio Grande do Sul que indeferira a concessão de crédito presumido de ICMS em razão de sua condição de inadimplente. Defendeu a empresa ter o Fisco violado o princípio da igualdade ao atribuir tratamento diferenciado baseado no inadimplemento de obrigação tributária. Na ocasião, o STF julgou legítima a discriminação baseada na situação fiscal da empresa.

Ao comentar a referida decisão, Marciano Seabra de Godoi[445] afirma que o fato de estar em jogo a concessão de benefício fiscal, matéria inserida no espaço de conformação do legislador, e não os aspectos necessários ao normal desenvolvimento da atividade empresarial do contribuinte, afasta a jurisprudência tradicional do STF sobre sanções políticas.

Relembre-se que posição semelhante foi adotada pelo STF no julgamento do RE n° 627.543/RS em relação à fruição de regime tributário diferenciado e favorecido (Simples Nacional) por sujeitos passivos

---

[441] Como ocorreu no caso da Lei Complementar n° 141/1996 do Estado do Rio Grande do Norte, que, entre outros pontos, concedia isenção de custas judiciais aos membros do Ministério Público. Por entender arbitrário o discrímen eleito pelo legislador estadual, o STF declarou a inconstitucionalidade da norma. BRASIL. Supremo Tribunal Federal. Tribunal Pleno. Ação Direta de Inconstitucionalidade n° 3.260/RN. Relator: Min. Eros Grau. Julgamento em 29/03/2007. D.J.e. de 29/06/2007.

[442] O STF já declarou inconstitucional, por violação aos princípios da igualdade e da impessoalidade, lei estadual que singularizava de tal modo os beneficiários de incentivo fiscal que apenas uma única pessoa se beneficiaria com mais de 75% dos valores destinados ao programa. BRASIL. Supremo Tribunal Federal. Tribunal Pleno. Ação Direta de Inconstitucionalidade n° 4.259/PB. Relator: Min. Edson Fachin. Julgamento em 03/03/2016. D.J.e. de 16/03/2016.

[443] Sobre o ponto, ver o item 2.2 deste texto.

[444] BRASIL. Supremo Tribunal Federal. Segunda Turma. Recurso Extraordinário n° 403.205/RS. Relatora: Min. Ellen Gracie. Julgamento em 28/03/2006. D.J.e. de 19/05/2006.

[445] GODOI, Marciano de Seabra de, 2011, p. 77-78.

inadimplentes. Do mesmo modo, o STJ já reputou válida restrição ao gozo de benefício fiscal por sujeito passivo titular de débitos tributários.[446] Frise-se que inúmeras leis discriminam o acesso a benefícios fiscais também em razão da prática de infrações de outra natureza, a exemplo da lei antitruste (Lei nº 12.529/2011), que, em seu art. 38, IV, "b", elenca como medida administrativa aplicável ao infrator a recomendação pelo CADE aos órgãos públicos competentes para que "não seja concedido ao infrator parcelamento de tributos federais por ele devidos ou para que sejam cancelados, no todo ou em parte, incentivos fiscais ou subsídios públicos". No mesmo sentido, a lei de improbidade administrativa (Lei nº 8.429/1992) impõe como uma das sanções aplicáveis a proibição de recebimento de benefícios ou incentivos fiscais (art. 12).

Sendo assim, a contumácia é só mais um dos critérios adotados pelo legislador para restringir a fruição a benefícios fiscais, e um muito mais cauteloso do que a mera irregularidade fiscal, hipótese validada tanto pelo STF quanto pelo STJ.

É necessário, entretanto, que a medida seja aplicada de forma proporcional e, diante de seu possível impacto para a atividade do sujeito passivo, que seja precedida de medidas mais brandas, como será visto no item 4.4.1.

4.3 A cassação do registro especial e do cadastro fiscal do sujeito passivo

Outras medidas normalmente impostas ao devedor contumaz pela legislação dos entes correspondem (i) à cassação de registros especiais e (ii) à cassação de cadastros fiscais do sujeito passivo.

Há, hoje, setores econômicos submetidos a registros especiais impostos pelo Poder Público de sorte a permitir um maior controle da atividade e a resguardar interesses constitucionais, como a proteção à saúde dos consumidores. Muitos desses regimes introduzem a regularidade fiscal como condição da concessão e da manutenção de registro especial para o exercício da atividade pelo sujeito passivo. Como exemplo, é possível citar o setor de bebidas, submetido a registro

---

[446] Por exemplo: BRASIL. Superior Tribunal de Justiça. Segunda Turma. Recurso Especial nº 1.761.544/SP. Relator: Min. Herman Benjamin. Julgamento em 08/11/2018. D.J.e. de 23/11/2018.

especial pela Receita Federal do Brasil (IN nº 1.432/2013),[447] e o setor de cigarros, regulamentado por meio do Decreto-Lei nº 1.593/1977.[448-449] Em tais casos, o STF já se manifestou no sentido de que "a previsão normativa de cancelamento da inscrição do Registro Especial por descumprimento de obrigação tributária principal ou acessória, antes de ser sanção estrita, é prenúncio desta".[450] A Corte afastou o caráter sancionatório do cancelamento do registro especial uma vez que, descumpridas as condições legais para a manutenção deste, cessa, para a empresa inadimplente, o caráter lícito do exercício da atividade empresarial, que passa a ser não permitida ou proibida.

A origem da referida orientação pode ser buscada na teoria geral do Direito Administrativo sancionador. Fábio Medina Osório

---

[447] Art. 8º O registro especial poderá ser cancelado, a qualquer tempo, pela autoridade concedente se, posteriormente à concessão, ocorrer qualquer um dos seguintes fatos: I – desatendimento dos requisitos que condicionaram a concessão do registro; II – não cumprimento de obrigação tributária principal ou acessória, relativa a tributo administrado pela RFB; e III – prática de conluio ou fraude, como definidos na Lei nº 4.502, de 30 de novembro de 1964, ou de crime contra a ordem tributária previsto na Lei nº 8.137, de 27 de dezembro de 1990, ou de crime de falsificação de selos de controle previsto no art. 293 do Decreto-Lei nº 2.848, de 7 de dezembro de 1940 – Código Penal, ou de qualquer outra infração cuja tipificação decorra do descumprimento de normas reguladoras da produção, importação e comercialização dos produtos de que trata esta Instrução Normativa, depois da decisão transitada em julgado. §1º Para fins de aplicação do disposto no inciso II do *caput*, deverão ser consideradas as seguintes práticas reiteradas por parte da pessoa jurídica detentora do registro especial: I – comercialização de produtos sem a emissão de nota fiscal; II – não recolhimento ou recolhimento de tributos em valor menor que o devido; III – omissão ou erro nas declarações de informações exigidas pela RFB.

[448] Art. 1º A fabricação de cigarros classificados no código 2402.20.00 da Tabela de Incidência do Imposto sobre Produtos Industrializados – TIPI, aprovada pelo Decreto nº 2.092, de 10 de dezembro de 1996, será exercida exclusivamente pelas empresas que, dispondo de instalações industriais adequadas, mantiverem registro especial na Secretaria da Receita Federal do Ministério da Fazenda (...) §2º A concessão do registro especial dar-se-á por estabelecimento industrial e estará, também, na hipótese de produção, condicionada à instalação de contadores automáticos da quantidade produzida e, nos termos e condições a serem estabelecidos pela Secretaria da Receita Federal, à comprovação da regularidade fiscal por parte: I – da pessoa jurídica requerente ou detentora do registro especial; II – de seus sócios, pessoas físicas, diretores, gerentes, administradores e procuradores; III – das pessoas jurídicas controladoras da pessoa jurídica referida no inciso I, bem assim de seus respectivos sócios, diretores, gerentes, administradores e procuradores.

[449] Encontra-se pendente a declaração do resultado da ADI nº 3.952/DF, ajuizada contra o art. 2º do Decreto-Lei 1.593/77, que discute a possibilidade de cassação do registro de empresas de cigarros no caso de inadimplência de tributos. Após a conclusão dos votos, o julgamento foi suspenso para proclamação do resultado em assentada posterior. BRASIL. Supremo Tribunal Federal. Tribunal Pleno. Ação Direta de Inconstitucionalidade nº 3.952/DF. Relator: Min. Joaquim Barbosa. Julgamento em 05/09/2018. D.J.e. de 11/09/2018.

[450] BRASIL. Supremo Tribunal Federal. Tribunal Pleno. Medida Cautelar em Ação Cautelar nº 1.657/RJ. Relator: Min. Joaquim Barbosa. Relator para acórdão: Min. Cezar Peluso. Julgamento em 27/06/2007. D.J.e. 31/08/2007, p. 280-281. Referido julgamento foi objeto de análise mais detida no item 2.3.3.5, em conjunto com o Recurso Extraordinário nº 550.769/RJ.

ressalta, sobre o ponto, que "quando o Estado veda ao indivíduo um exercício de um direito para o qual não estava habilitado, não há falar-se propriamente em sanção administrativa".[451] Prossegue o autor ao ressaltar que o fechamento ou interdição de uma atividade exercida sem autorização pelo Poder Público é medida necessária para restabelecer a legalidade, como poder legítimo da Administração.[452]

Em outros casos, a atividade econômica não pressupõe, ante a ausência de peculiaridades que assim a justifiquem – como a proteção à saúde no setor de cigarros –[453] a regularidade fiscal para manutenção do registro especial. Nada obstante, a condição de sujeito passivo impõe-lhe a inscrição e a manutenção de cadastro fiscal.[454]

Tendo em vista se tratar de dever instrumental destinado a gerar maior eficiência arrecadatória, a legislação tributária estabelece, via de regra, consequências negativas para irregularidades cadastrais, a exemplo da proibição de emissão de nota fiscal eletrônica por contribuintes do ICMS não inscritos em cadastro estadual.[455]

Por sua vez, também a prática de infrações tributárias não diretamente conectadas à inscrição do sujeito passivo pode implicar reflexos no cadastro. É esse o caso da cassação da inscrição fiscal do sujeito passivo como consequência possível da inadimplência contumaz, sanção prevista pela legislação tributária de diversos entes, de forma setorial ou geral. São exemplos de disciplina geral a Lei nº 7.799/2002 do Estado do Maranhão[456] e o Decreto nº 4.852/1997 do Estado de

---

[451] OSÓRIO, Fábio Medina. *Direito administrativo sancionador*. 5. ed. São Paulo: Editora Revista dos Tribunais, 2015, p. 109.

[452] *Ibidem*, p. 109.

[453] Sobre o ponto, Rodrigo Senne Capone e Marcos Aurélio Pereira Valadão registram que "a atividade de produzir cigarros é atividade nociva, meramente tolerada pelo Estado, que reclama uma maior atenção, tanto é que um registro especial deve ser obtido pela empresa que deseja atuar no setor e a sua obtenção é condicionada ao cumprimento de requisitos específicos e não aplicáveis a outros ramos econômicos". CAPONE, Rodrigo Senne. VALADÃO, Marcos Aurélio Pereira. Contribuições do eminente Ministro Ayres Britto ao desenvolvimento do campo tributário brasileiro: o caso American Virginia. *In*: LEAL, Saul Tourinho; GREGÓRIO JÚNIOR, Eduardo Lourenço. *A Constituição Cidadã e o direito tributário*. 1. ed. Belo Horizonte: Fórum, 2019, p. 422. Disponível em: https://www.forumconhecimento.com.br/livro/3961. Acesso em: 20 dez. 2020.

[454] Tal dever instrumental, no entanto, também pode abarcar pessoas que, apesar de não figurarem como sujeitos passivos do ICMS, exercem atividades relacionadas às operações objeto do imposto, a exemplo da empresa de armazém (art. 16, I, da Lei estadual nº 6.374/1989, de São Paulo). Nesse sentido: MOREIRA, Cassiano Luiz Souza. *A cassação da inscrição estadual de contribuinte de ICMS no Estado de São Paulo*. Dissertação (Mestrado em Direito) – Escola de Direito, Faculdade Getulio Vargas, São Paulo, 2020, p. 16-17.

[455] *Ibidem*, p. 11-15.

[456] Art. 168-B. O Regime Especial de Fiscalização – REF, aplicado ao contribuinte considerado devedor contumaz, nos termos do art. 168-A, consiste na aplicação, isolada ou

Goiás.⁴⁵⁷ Também o Projeto de Lei federal nº 1.646/2019 prevê como uma das restrições aplicáveis ao devedor contumaz o "cancelamento do cadastro fiscal do contribuinte pessoa jurídica ou equivalente" (art. 3º, I). Na hipótese de disciplinas setoriais, normalmente o legislador elege segmentos mais suscetíveis a práticas de sonegação e inadimplência contumaz, a exemplo da Lei nº 17.617/2013 do Estado do Paraná, que regulamenta, entre outros pontos, o cancelamento da inscrição no Cadastro do ICMS de empresas do setor de combustíveis.⁴⁵⁸

Nessas hipóteses de cassação do cadastro, a medida adquirirá nítida natureza sancionatória, o que, para parcela da doutrina, inviabiliza sua aplicação, independentemente de considerações casuísticas sobre a proporcionalidade da medida.⁴⁵⁹

O STF, contudo, sinalizou recentemente, no julgamento do AgRg na STP nº 102/RJ,⁴⁶⁰ que, em hipóteses dotadas de gravidade suficiente, a cassação da inscrição do sujeito passivo junto à Fazenda pode ser válida. No caso apreciado pela Corte, a Fazenda do Estado de São Paulo indeferira pedido de renovação da inscrição estadual de substituto tributário de empresa atuante no setor de combustíveis, com base na Portaria CAT 02/11, que dispõe sobre a concessão, alteração, renovação e cassação de inscrição no Cadastro de Contribuintes do ICMS de estabelecimento do respectivo setor. A empresa era titular de débito de R$ 3,4 bilhões apenas contra o Estado de São Paulo, na condição de substituta tributária.

---

cumulativamente, das seguintes regras específicas: §2º O REF não dispensa o contribuinte do cumprimento das demais obrigações acessórias e não elide a aplicação de outras medidas que visem garantir o recebimento dos créditos tributários, como: IV – cancelamento da inscrição no CAD/ICMS.

⁴⁵⁷ Art. 463-E. A implementação do sistema especial de controle, fiscalização e arrecadação não dispensa o sujeito passivo do cumprimento das demais obrigações, inclusive acessórias, não abrangidas pelo regime, nem elide a aplicação de outras medidas que visem garantir o recebimento dos créditos tributários, tais como: IV – cassação da inscrição do devedor contumaz no Cadastro de Contribuintes do Estado – CCE –, na forma da legislação tributária.

⁴⁵⁸ Eduardo Moreira Lima Rodrigues de Castro, ao analisar referida Lei estadual, ressalta que "é totalmente justo que se trate de maneira mais rígida uma empresa distribuidora de combustíveis, capaz de sonegar em um único mês milhões de reais a título de ICMS, do que se trata um pequeno supermercado ou mesmo uma padaria. Da mesma forma que se justifica um tratamento mais brando às pequenas e microempresas, justifica-se uma maior rigidez para empresas atuantes no setor de combustíveis". CASTRO, Eduardo Moreira Lima Rodrigues de, *op. cit.*, p. 194.

⁴⁵⁹ BOMFIM, Diego, *op. cit.*, p. 263; e SANTIAGO, Igor Mauler, *op. cit.*, p. 257.

⁴⁶⁰ BRASIL. Supremo Tribunal Federal. Tribunal Pleno. Agravo Regimental na Suspensão de Tutela Provisória nº 102/RJ. Relator: Min. Dias Toffoli. Julgamento em 27/03/2020. D.J.e. de 17/04/2020.

Apesar das limitações atinentes à via processual eleita pelo Estado de São Paulo, o caso demonstra a linha seguida pela Corte de analisar a proporcionalidade das medidas à luz da situação particular em jogo. Nesse sentido, reputou-se relevante a reiteração de comportamento protelatório pela empresa no sentido de informar à "Fazenda Pública do Estado de São Paulo o valor apurado de ICMS-ST em suas operações, porém recusar o repasse do numerário retido ao respectivo ente estatal, requerendo a compensação de seu débito com créditos inscritos em nome de terceiros". Apurou-se, ainda, que a empresa seria titular de valor ínfimo em precatórios, inclusive já liberados para compensação, configurando opção do sujeito passivo o não exaurimento do respectivo processo. E, por fim, ressaltou-se que a cassação do registro de substituta tributária junto ao Estado de São Paulo não impediria o prosseguimento da atividade, mas apenas atrairia deveres mais complexos, em especial o recolhimento do ICMS retido por ocasião da saída da mercadoria do estabelecimento.

A cassação de inscrição, porém, ainda que não impeça, em determinadas situações, a continuidade da atividade, causa restrições graves para a empresa e, por consequência, deve ser sempre a última *ratio* empregada pelo Fisco, limitando-se a casos dotados de suficiente e notória gravidade, como aquele acima analisado, sob pena de configurar medida desproporcional, a ser enquadrada no que a doutrina e jurisprudência denominam "sanção política" (Súmula n° 70 do STF,[461] *mutatis mutandis*). Essa lógica se estende à cassação de registro especial em decorrência de inadimplemento contumaz, conforme orientação firmada pelo STF na AC n° 1.657/RJ, no RE n° 550.769/RJ e na ADI n° 3.952/DF.

4.4 Parâmetros para aplicação das medidas restritivas para o devedor contumaz

Para os fins deste trabalho, considera-se que medidas sancionadoras restritivas são válidas, mas devem respeitar alguns parâmetros mínimos, expostos a seguir.

---

[461] Súmula n° 70: "É inadmissível a interdição de estabelecimento como meio coercitivo para cobrança de tributo".

4.4.1 O necessário juízo de proporcionalidade

A Constituição, ao erigir a fiscalização à condição de corolário do princípio da capacidade contributiva, nos termos do art. 145, §1º, fê-lo sob o manto de proteção dos direitos fundamentais do sujeito passivo, componentes do estatuto constitucional do contribuinte. Assiste razão a Clélio Chiesa ao afirmar a necessidade de "equilíbrio entre as prerrogativas outorgadas à Administração para a imposição de medidas destinadas a controlar a atuação dos contribuintes e os direitos a eles assegurados".[462]

É necessário assinalar, porém, que as liberdades do contribuinte, tais como o livre exercício de atividades econômicas (art. 170, *caput* e parágrafo único, da Constituição) e o livre exercício da atividade profissional (art. 5º, XIII), bens jurídicos protegidos pelo princípio da livre iniciativa, não são marcadas por uma natureza absoluta,[463] embora não possam sofrer restrições que lhes retirem um mínimo de eficácia.[464] Nessa perspectiva, medidas que restrinjam essas liberdades se submetem ao crivo da proporcionalidade.[465]

A proporcionalidade, no campo sancionatório, atua em dois momentos diversos: evita, em abstrato, a instituição de sanções

---

[462] CHIESA, Clélio, *op. cit.*, p. 40.

[463] Adota-se para os fins deste trabalho a teoria externa dos direitos fundamentais, segundo a qual inexistem direitos absolutos e a realização de um princípio pode ser restringida por princípios colidentes. Conforme ressalta Virgílio Afonso da Silva, "o direito definitivo não é – ao contrário do que defende a teoria interna – algo definido internamente e *a priori*. Somente nos casos concretos, após sopesamento ou, se for o caso, aplicação da regra da proporcionalidade, é possível definir o que definitivamente vale". SILVA, Virgílio Afonso da. *Direitos fundamentais*: conteúdo essencial, restrições e eficácia. 2. ed. São Paulo: Malheiros, 2014, p. 140.

[464] Como ressalta Humberto Ávila, "(...) o poder de tributar não pode conduzir ao aniquilamento da livre iniciativa". Trata-se da aplicação do postulado da proibição de excesso, segundo o qual nenhuma medida pode restringir excessivamente um direito fundamental. Referido limite independe da análise da adequação, necessidade e proporcionalidade em sentido estrito, uma vez que o postulado da proporcionalidade pressupõe a preservação do núcleo essencial do direito fundamental. ÁVILA, Humberto. *Teoria dos princípios*: da definição à aplicação dos princípios jurídicos. 19. ed. rev. e atual. São Paulo: Malheiros, 2019, p. 188-192.

[465] É importante acentuar que a natureza principiológica da proporcionalidade não é ponto unânime na doutrina. Para Virgílio Afonso da Silva, por exemplo, a proporcionalidade opera como regra, sob a lógica do "tudo ou nada" e, para Humberto Ávila, atua como postulado aplicativo, servindo para regular a aplicação de outras normas constitucionais. Na visão de Daniel Sarmento e Cláudio Pereira de Souza Neto, a natureza principiológica é afirmada pelo conteúdo material da proporcionalidade, ligado à contenção racional do poder estatal e à necessidade de se calibrar sua aplicação com outros princípios constitucionais. Sobre o ponto: SARMENTO, Daniel; SOUZA NETO, Cláudio Pereira de. *Direito constitucional*. Belo Horizonte: Fórum, 2014. Disponível em: https://www.forumconhecimento.com.br/livro/1183. Acesso em: 9 jun. 2020, p. 471.

desproporcionais às correlatas infrações e impede, em concreto, que as sanções abstratamente prescritas sejam aplicadas de forma desproporcional às condutas perpetradas pelo sujeito passivo.[466] Devem ser analisados, para tanto: (i) se a eficácia da sanção é hábil a atingir a finalidade proposta pelo legislador (repressão e prevenção da prática da inadimplência contumaz); (ii) a necessidade do meio escolhido, ou seja, se há um meio que promova a finalidade com igual intensidade e seja menos restritivo aos direitos fundamentais; e (iii) se os efeitos positivos resultantes da aplicação da sanção são socialmente menos relevantes do que as restrições promovidas aos direitos fundamentais.[467]

Reputa-se, para os fins deste trabalho, que não é a natureza jurídica, mas sim a proporcionalidade o fator determinante para afirmar a validade ou invalidade de medida de cunho restritivo, a ser aferida com base em uma relação *meio-fim*. A classificação de uma medida como "sanção política" deve ser feita, portanto, ao final do juízo de proporcionalidade, acaso se conclua pela restrição indevida a direitos fundamentais.

As medidas interventivas dirigidas a inadimplentes *contumazes* atuam como forma de *prevenção* e *repressão* de atos de evasão fiscal, protegendo bens jurídicos como a livre concorrência e a garantia plena da capacidade contributiva, viabilizada por meio da concretização isonômica da imposição tributária.

Nesse viés, em alguns casos, a exemplo da inadimplência contumaz, outros princípios colidentes podem justificar restrições à liberdade do sujeito passivo. A solução dessa colisão de princípios deve levar em conta as circunstâncias do caso concreto. Estabelece-se entre eles, assim, uma relação de precedência *condicionada*, e não de precedência absoluta.[468] A depender dos elementos do caso, as liberdades do sujeito

---

[466] MASINA, Gustavo, *op. cit.*, p. 259-268.

[467] Segundo ensina Humberto Ávila: (i) a adequação impõe que, ao editar atos normativos, o Poder Público escolha medida adequada, de forma abstrata e geral, a servir de instrumento para a promoção do fim, assim como que, no caso de atos meramente individuais, a medida seja adequada, de maneira concreta e individual, para promover o fim visado; (ii) a necessidade demanda o exame da existência de meios igualmente adequados para atingir o fim e que restrinjam menos intensamente os direitos fundamentais em jogo; e (iii) o juízo de proporcionalidade em sentido estrito exige que o grau de importância da promoção do fim justifique o grau de restrição gerada aos direitos fundamentais. ÁVILA, Humberto, 2019, p. 210-221.

[468] ALEXY, Robert. *Teoría de los derechos fundamentales*. Tradução: Carlos Bernal Pulido. 2. ed. Madrid: Centro de Estudios Políticos y Constitucionales, 2014, p. 73-77.

passivo podem assumir um peso maior ou menor quando contrastadas com os interesses justificadores da medida adotada pelo Fisco.

A conclusão acima referida não implica a negação de *standards* para a ponderação de princípios em casos semelhantes. No julgamento do RE nº 550.769/RJ, o STF submeteu ao crivo da proporcionalidade o ato de cassação do registro especial do sujeito passivo, ponderando, de um lado, o direito fundamental ao exercício de atividade econômica lícita e a garantia de acesso à jurisdição e, de outro, o princípio da livre concorrência. Para muitos autores,[469] a posição adotada pela Corte decorreu exclusivamente das peculiaridades do setor de cigarros e da função extrafiscal do IPI e, portanto, não poderia se replicar a outros casos. Apesar de a elevada carga tributária constituir, inegavelmente, fator relevante para o julgamento, um olhar mais atento nos leva à conclusão de que o STF extraiu *parâmetros* para a análise de restrições motivadas pelo deliberado desrespeito à legislação tributária:[470] (i) a capacidade deste de impactar substancialmente a livre concorrência; (ii) a natureza sistemática e injustificada do inadimplemento; e (iii) a manutenção do devido processo legal por meio do controle (iii.1) do ato de aplicação da penalidade e (iii.2) da validade dos créditos tributários. Pesou para a solução final o caráter protelatório da tese defendida pela empresa – a compensação de créditos tributários com títulos estatais.

Desse modo, a apriorística identificação de medidas restritivas com sanções políticas vai de encontro à lógica do postulado da proporcionalidade, que nos conduz, inexoravelmente, à análise da validade da norma à luz das noções de adequação, necessidade e proporcionalidade em sentido estrito.

4.4.2 O devido processo legal sob dois ângulos e propostas de aperfeiçoamento

Além disso, a validade de medidas restritivas dirigidas ao devedor contumaz depende da observância do devido processo legal (art. 5º, LIV, da Constituição) em dois momentos: no curso do processo administrativo de qualificação do sujeito passivo como devedor contumaz e na oportunidade de discussão dos débitos tributários posteriores a tal qualificação.

---

[469] Conforme visto no Capítulo 2, item 2.3.3.5.1.
[470] Da mesma forma, assim se posicionaram os Min. Joaquim Barbosa, Cármen Lúcia, Rosa Weber e Celso de Mello no julgamento da ADI 3.952/DF.

Essa questão foi abordada pelo STF no julgamento do RE nº 550.769/RJ, como visto. Na ocasião, destacou a Corte que as restrições aplicáveis ao sujeito passivo podem comprometer a própria existência da empresa e, com isso, dar margem a um fim abrupto ao processo administrativo ou judicial de controle da validade da própria restrição, além de serem hábeis a desestimular o controle da validade da constituição de créditos tributários.

Assentou o Tribunal dois importantes parâmetros para a análise da constitucionalidade de medidas restritivas à luz do devido processo legal, consistentes na preservação dessa garantia (i) no ato de aplicação da penalidade e (ii) em relação à validade dos créditos cujo não pagamento implica a medida restritiva.[471]

4.4.2.1 O devido processo legal e o ato de aplicação da penalidade

Os regimes especiais destinados a devedores contumazes hoje existentes não observam integralmente a diretiva fixada pelo STF quanto ao devido processo legal. Em inúmeros casos, o ato normativo instituidor do regime não assegura o exercício do contraditório anteriormente ao enquadramento do sujeito passivo como devedor contumaz, viabilizando a este um único comportamento prévio possível: a regularização do passivo.

É impositiva a oitiva do infrator previamente à sujeição ao regime especial de fiscalização, de modo a possibilitar que ele informe ao Fisco eventual óbice à sua caracterização como devedor contumaz, a exemplo da demonstração de causa suspensiva de exigibilidade do crédito desconhecida pela Fazenda,[472] e, além disso, que influencie concretamente o próprio processo decisório. A teleologia do pedido de

---

[471] BRASIL. Supremo Tribunal Federal. Tribunal Pleno. Recurso Extraordinário nº 550.769/RJ. Relator: Min. Joaquim Barbosa. Julgamento em 22/05/2013. D.J.e. de 03/04/2014, p. 23 do voto do Min. Relator.

[472] Esse cuidado foi registrado no voto do Min. Luis Roberto Barroso na ADI 5.135/DF, ocasião na qual o STF afirmou a constitucionalidade do protesto de Certidões de Dívida Ativa. Na oportunidade, o Relator destacou: "É dizer: embora o protesto de CDA seja constitucional em abstrato, é possível que sua aplicação em concreto gere situações de inconstitucionalidade (*e.g.*, protesto de créditos cuja invalidade tenha sido assentada em julgados de Cortes Superiores por meio das sistemáticas da repercussão geral e de recursos repetitivos) ou de ilegalidade (*e.g.*, créditos prescritos, decaídos, em excesso, cobrados em duplicidade). A declaração de constitucionalidade do protesto de certidões de dívida ativa pela Administração Tributária traz como contrapartida o dever de utilizá-lo de forma responsável e consentânea com os ditames constitucionais". BRASIL. Supremo Tribunal Federal. Tribunal Pleno. Ação Direta

revisão da dívida inscrita (PRDI), previsto na Portaria PGFN n° 33/2018, pode servir de guia para o legislador. Por meio de tal instrumento, o referido órgão fazendário permitiu ao devedor infirmar a liquidez, certeza e exigibilidade do débito inscrito em dívida ativa da União sem a necessidade de recurso ao Judiciário, trasmudando a natureza do controle de legalidade de unilateral a dialético.[473]

No ponto, o Projeto de Lei federal n° 1.646/2019 foi concebido de forma a respeitar o contraditório no procedimento administrativo de caracterização e aplicação de medidas restritivas ao devedor contumaz. Isso se verifica por intermédio: (i) da concessão de prazo para o exercício do direito de defesa pelo interessado, respeitando o contraditório como "direito de *defender-se provando*";[474] (ii) da exigência de fundamentação das decisões, em observância do direito de *influência* do sujeito passivo na decisão do Fisco, que exige do julgador o enfrentamento, ainda que de forma sucinta, das alegações apresentadas; (iii) do direito a recurso com efeito suspensivo; e (iv) da possibilidade de reavaliação das medidas adotadas, por meio de pedido fundamentado do interessado que comprove a cessação dos motivos que as justificaram (art. 4°).

A oitiva do administrado anteriormente à decisão administrativa e, para além disso, sua possibilidade de influenciar a decisão administrativa representam relevantes garantias[475] das quais não podem o legislador e o Fisco se distanciar.

---

de Inconstitucionalidade n° 5.135/DF. Relator: Min. Luis Roberto Barroso. Julgamento em 09/11/2016, D.J.e. de 07/02/2018, p. 26-27 do acórdão.

[473] CONRADO, Paulo Cesar. O pedido de revisão de dívida inscrita (Portaria PGFN 33/2018) e a suspensão da exigibilidade do crédito tributário: discussões que envolvem a efetividade da cobrança do crédito tributário. In: *Inovações na cobrança do crédito tributário*. ARAUJO, Juliana Furtado Costa; CONRADO, Paulo Cesar (Coord.). São Paulo: RT Thomson Reuters, 2019, p. 31.

[474] Sobre os diversos aspectos do princípio do contraditório: GRECO, Leonardo. Contraditório efetivo. *Revista Eletrônica de Direito Processual – REDP*, ano 9, v. 15, jan./jun. 2015, p. 301.

[475] Também nesse sentido: CASTRO, Eduardo Moreira Lima Rodrigues de, *op. cit.*, p. 145-146. Destaca o autor, ao tratar do cancelamento do cadastro da pessoa jurídica contribuinte, que, antes da aplicação da mencionada sanção, "a Administração Pública deve notificá-la para que apresente manifestação e, sendo o caso, demonstre o não preenchimento dos requisitos legais porventura exigidos para a paralisação de atividades, algo semelhante ao que ocorre no âmbito do Conselho Administrativo de Defesa Econômica – CADE antes da aplicação das sanções por infrações à ordem econômica (Lei 12.529/11, art. 48 e ss.)".

4.4.2.2 O devido processo legal e a discussão dos créditos tributários

Relembre-se, como visto no Capítulo 3, que o enquadramento do sujeito passivo como devedor contumaz desconsidera os créditos com exigibilidade suspensa e também, em determinados entes federativos, as hipóteses de garantia à execução – sendo este último o caminho mais consentâneo com o devido processo legal. Essa ressalva, entretanto, limita-se aos créditos consolidados antes da instauração do processo administrativo. Uma vez enquadrado como devedor contumaz, o sujeito passivo sofre restrições de tal ordem que podem inviabilizar a garantia do devido processo legal.

Conforme observa Paulo Cesar Conrado, em certas situações o incômodo causado por medidas sancionatórias "é, por vezes, de tal monta que, no plano da facticidade, pouco sobraria ao sujeito passivo, senão curvar-se à intenção da Fazenda". Esse estado de coisas pode inviabilizar o direito do administrado de impugnar a obrigação, "remetendo-o ao vetusto *solve et repete*", que conduz a um disfarçado estado de absolutismo tributário.[476]

Tal observação é fundamental e remete à possibilidade de o sujeito passivo discutir também a validade dos créditos tributários posteriores à submissão ao regime especial de fiscalização. Nesse viés, quanto ao crédito tributário "corrente", as medidas restritivas aplicadas pelo Fisco não podem aniquilar o devido processo legal para o sujeito passivo, o que ocorreria, por exemplo, mediante a criação de restrições ao creditamento pela não comprovação do pagamento do ICMS cuja validade é – *ou pode ser* – objeto de discussão legítima pelo sujeito passivo perante os tribunais administrativos ou o Poder Judiciário.[477]

Portanto, não pode a Fazenda Pública repreender o contribuinte que, enquadrado em regime especial, opte por discutir a validade do crédito tributário, tampouco impedir, por via indireta, sua impugnação, quando legítima.

---

[476] CONRADO, Paulo Cesar, 2019, p. 28-29.

[477] Sobre o ponto, assinalam Geraldo Ataliba e Cleber Giardino que o condicionamento do direito de crédito do comprador à prova de pagamento do tributo exigido por certos regimes especiais acaba "(a) por inovar, inconstitucionalmente, o regime dos créditos desse tributo e (b) por excepcionar, inconstitucionalmente, a situação subjetiva do vendedor, no caso, a consulente". ATALIBA, Geraldo; GIARDINO, Cleber. Regime especial: estabelecido *ex officio* pela Fazenda Pública a contribuintes em débito – restrições a direitos individuais. *Revista de Direito Tributário*. n° 51, ano 14, jan./mar. 1990, p. 176.

De todo modo, acredita-se que o Fisco deve prever uma gradação entre as sanções impostas ao sujeito passivo: aquelas mais rígidas, com maior risco de interferir na discussão de créditos "correntes", como a cassação de habilitações ou regimes especiais, só devem ser aplicadas após o descumprimento injustificado de medidas menos rígidas.

4.4.3 Aplicação gradativa de medidas restritivas

A maior parte dos regimes especiais dirigidos ao devedor contumaz estabelece em lei as sanções abstratamente admitidas e relegam à autoridade tributária sua aplicação no caso concreto, isolada ou cumulativamente. No entanto, há sanções que restringem de forma mais intensa a esfera jurídica do sujeito passivo, tal como o cancelamento da inscrição fiscal, em comparação a outras, como a alteração da sistemática de pagamento de tributos.

À Administração Tributária deve ser atribuída alguma margem de escolha das sanções aplicáveis, considerando as peculiaridades fáticas e jurídicas que influem na dosimetria das sanções tributárias, tais como o princípio da proporcionalidade, a individualização das penas (art. 5º, XLVI, da Constituição), a equidade (art. 108, IV, do CTN) e a regra do art. 112 do CTN, que trata da interpretação benéfica ao acusado no campo das infrações e penalidades.[478]

Porém, a estipulação de uma escala mínima de sanções no âmbito da norma legal sancionadora limitaria em parte a discricionariedade do Fisco, hoje amplíssima, e garantiria maior isonomia em sua aplicação. Sanções mais rígidas devem ser aplicadas em casos mais graves, devidamente justificados, ou após a comprovação da ineficácia de outras medidas restritivas na reversão do padrão comportamental adotado pelo devedor contumaz. Conforme destaca Pérez Royo, a lei deve "restringir dentro de limites reduzidos a discricionariedade – termo empregado em sentido não técnico – da autoridade na progressão das sanções".[479]

Além disso, a fraude pode desempenhar um papel relevante na escala de sanções. Conforme visto no Capítulo 3, a fraude não representa, hoje, elemento essencial do conceito de devedor contumaz na maior

---

[478] PADILHA, Maria Ângela Lopes Paulino, *op. cit.*, p. 84.
[479] Tradução livre. No original, destaca o autor ao falar da tipicidade no campo das sanções tributárias que a lei deve "(...) restringir dentro de límites reducidos la discrecionalidad (empleamos este término en sentido no técnico) de la autoridad en la graduación de las sanciones". PEREZ ROYO, Fernando. *Derecho financiero y tributario*. Parte general. 24. ed. Navarra: Editorial Civitas S.A, 2014, p 428.

parte dos atos normativos estaduais, embora o Projeto de Lei federal nº 1.646/2019 associe as duas figuras, correlacionando o devedor contumaz com a prática de atos fraudulentos. Ainda que, em regra, as disciplinas estaduais sobre o tema dispensem o elemento, isso não significa que a fraude não possa exercer função importante na qualificação das sanções aplicáveis ao devedor contumaz, especialmente como circunstância agravante, alterando a consequência a ele imposta.

4.5 A lógica da repressão é suficiente?

Os regimes especiais voltados para devedores contumazes empregam, via de regra, medidas restritivas como forma de estimular o retorno do sujeito passivo à conformidade fiscal. É possível, contudo, cogitar outros meios de incentivo à regularização fiscal alheios à restrição de direitos.

Há uma longa discussão na teoria clássica do direito sobre o papel da coação e da sanção. Para Kelsen,[480] uma conduta apenas é considerada juridicamente prescrita na medida em que a conduta oposta atrai sanção em sentido estrito, *i.e.*, um mal aplicado ao destinatário, mesmo contra a sua vontade. Bobbio,[481] por outro lado, afirma que o Estado, por meio do Direito, também desenvolve função de estímulo, antítese da função protetivo-repressiva. Para o autor, a diferença entre a técnica do incentivo ou do prêmio e a técnica da sanção negativa está no fato de, naquela, o comportamento que gera consequências jurídicas corresponder à observância da regra prescrita, e não à sua inobservância. Para os fins deste trabalho, por razões de corte metodológico, não se analisará a discussão sobre a inserção dos prêmios no conceito de sanção,[482] adotando-se a premissa de que ao Estado cabe manejar técnicas de incentivo ao cumprimento da lei – punitivas ou não.

---

[480] KELSEN, Hans, *op. cit.*, p. 17-25.
[481] BOBBIO, Norberto, 2008, p. 100-101.
[482] Para tanto, ver SILVA, Paulo Roberto Coimbra, *op. cit.*, p. 72-75. O autor sintetiza as justificativas para a exclusão do prêmio do conceito de sanção: (i) o caráter coercitivo das sanções, não verificado no primeiro, pois não se pode obrigar o beneficiário a usufruir de um prêmio; (ii) a previsão eventual do prêmio, que é dispensável como forma de estímulo a normas impositivas, ao contrário da sanção; e (iii) o pressuposto fático do prêmio, que é um fato moralmente irrepreensível, ao contrário do que ocorre com a sanção. Para o autor, a consideração do prêmio como sanção é equivocada ou, no mínimo, inconveniente, não contribuindo para uma melhor sistematização do estudo da sanção. Também nesse sentido: MACHADO, Hugo de Brito. A denominada sanção premial no âmbito do direito tributário. *Interesse Público – IP*, Belo Horizonte, ano 12, nº 63, p. 213-231, nov./dez. 2010. Contra esse posicionamento, aceitando o prêmio como uma faceta da sanção: CARVALHO, Cristiano.

Marco Aurélio Greco[483] observa que as possibilidades do Direito para impedir ou obter condutas não se esgotam na técnica de proibi-las ou permiti-las. É cabível ao legislador, para coibir condutas, (i) torná-las *impossíveis* na prática, criando tamanhas dificuldades que, embora possível em tese, a conduta não seja concretamente realizável, (ii) torná-las *difíceis*, cercando-as de exigências que possam desestimular o interessado a realizá-la e (iii) torná-las *desvantajosas*, impondo certo ônus para o destinatário. Por seu turno, para a obtenção de condutas desejáveis, é possível torná-las mais *fáceis* ou mais *vantajosas* por intermédio da definição de um regime como referencial e, a partir daí, da criação de outro alternativo, mais fácil ou vantajoso. O autor refere-se, ainda, ao supercumprimento da norma, caso em que o ordenamento atribui uma consequência premial em razão da observância desta.

A repressão, portanto, não é a única forma de estímulo ao cumprimento da lei, embora seja talvez a de mais fácil visualização, por estar presente em um maior número nos ordenamentos jurídicos. Frederick Schauer[484] atribui o pouco uso de prêmios no estímulo ao cumprimento da lei por sujeitos desviantes à ilusória ausência de custos dos mecanismos repressivos, ao passo que soluções premiais demandam *imediatos* custos de implementação e modificações no aparato estatal. Nessa perspectiva, medidas restritivas nada mais são do que tentativas do Estado de motivar a obediência à lei,[485] função que também pode ser atingida de outras formas, como pela facilitação de condutas e previsão de sanções premiais[486] ou pela conjugação das duas formas de incentivo à conformidade fiscal – coerção e persuasão.[487]

Os regimes especiais de fiscalização destinados a devedores contumazes atuam para *dificultar* as atividades do sujeito passivo. Com isso, pretende o legislador recompor o cenário de cumprimento das

---

Sanções tributárias. In: *Direito tributário contemporâneo*: estudos em homenagem a Geraldo Ataliba. BARRETO, Aires Fernandino (coord.). São Paulo: Malheiros, 2011, p. 162-182; e MELO FILHO, Alves. Direito premial e a coercitividade jurídica. *Revista Forense*, v. 269, jan-mar/1980, Rio de Janeiro, Forense, p. 71-78.

[483] GRECO, Marco Aurélio, *op. cit.*, p. 107-113.
[484] SCHAUER, Frederick, 2015, p. 116-118.
[485] *Ibidem*, p. 133.
[486] Uma forma de incentivo premial adotada pelo IRS norte-americano consiste no pagamento de prêmios a *whistleblowers*, terceiros que denunciam atos evasivos. O prêmio varia, em regra, de 15% a 30% sobre o valor recuperado pelo Fisco (IRC 7623-b). Disponível em: https://www.irs.gov/compliance/internal-revenue-code-irc-7623b. Acesso em: 26 maio 2020.
[487] ATALIBA, Geraldo, 1974, p. 31-32. Como observou o autor, "tanto mais prudente é o rei que combina, ao reinar, a coerção com a persuasão".

obrigações tributárias e prevenir novas infrações, além de reprimir o inadimplemento sistemático, reafirmando, como resultado, a autoridade estatal frente ao infrator. Em determinados casos, porém, o efeito a ser atingido pelo Fisco pode postular meios de outra natureza. A condição de devedor contumaz não impõe, a princípio, um óbice intransponível ao emprego de métodos consensuais de resolução de conflitos, tais como a transação tributária e o negócio jurídico processual, desde que funcionem como mecanismos de incentivo ao retorno do sujeito passivo à conformidade, finalidade principal almejada pelo Fisco. Juliana Bonacorsi de Palma, analisando a conexão entre sanção e acordo, assevera que ambos são mecanismos à disposição da Administração para a consecução da eficiência administrativa, sem que entre eles exista uma relação de preferência abstrata.[488]

Ao lado de métodos consensuais, é possível vislumbrar modelos eficientes de desestímulo à inadimplência contumaz por meio da *facilitação* das obrigações de sujeitos passivos que atuam em conformidade. A tributação deve exigir o mínimo necessário para que cada um promova o máximo de bem comum, por meio de deveres simples e fáceis, despidos de ônus excessivos ou sobreposições desnecessárias, como demanda o princípio da capacidade colaborativa.[489]

Nessa lógica, a Administração pode simplificar obrigações e criar benefícios a serem usufruídos pelos sujeitos passivos de acordo com seu histórico de conformidade. É esse o raciocínio por detrás do programa "Nos Conformes", editado pelo Estado de São Paulo. A Lei Complementar nº 1.320/2018, que institui referido programa, promoveu a segmentação dos contribuintes de acordo com seu perfil de risco, com base (i) na existência de obrigações pecuniárias vencidas e não pagas relativas ao ICMS e (ii) na aderência entre a escrituração ou declaração e os documentos fiscais emitidos ou recebidos pelo contribuinte (art. 2º do Decreto estadual nº 64.453/2019). A depender da categoria em que

---

[488] Destaca a autora que "sanção administrativa e acordo administrativo são, ambos, instrumentos de ação administrativa fungíveis e com efeitos específicos que podem ser preferidos em determinado caso. Não há que se afirmar o acordo administrativo como um mecanismo alternativo à atuação típica, e nem como a forma preferencial de satisfação das competências pela Administração no limiar do século XXI, em detrimento da atuação imperativa. São, indistintamente, instrumentos à disposição da Administração Pública quando do cumprimento de suas competências, que predicam a análise racional concreta, considerando todos os elementos que compõem o contexto no qual se inserem". PALMA, Juliana Bonacorsi de. *Sanção e acordo na Administração Pública*. São Paulo: Malheiros Editores, 2015, p. 129.

[489] PAULSEN, Leandro. *Capacidade colaborativa*: princípio de direito tributário para obrigações acessórias e de terceiros. Porto Alegre: Livraria do Advogado Editora, 2014, p. 41-44.

enquadrado o contribuinte, poderão ser adotadas obrigações acessórias simplificadas, com redução dos custos de conformidade, tais como a "autorização para apropriação de crédito acumulado, observando-se procedimentos simplificados" e a "renovação de regimes especiais concedidos com fundamento no art. 71 da Lei nº 6.374, de 1º de março de 1989, observando-se procedimentos simplificados" (art. 16, I, "b" e "f", da Lei Complementar nº 1.320/2018).

A União adotou passos concretos para a criação de programa semelhante no âmbito da Receita Federal do Brasil, por meio da edição da Portaria RFB nº 28, de 15 de abril de 2021. Referido ato normativo instituiu o Comitê Gestor responsável pela definição das diretrizes do Programa de Conformidade Cooperativa Fiscal (Confia), que visa a fomentar a conformidade cooperativa.[490] Anteriormente à edição de tal ato normativo, o ente federal já havia sinalizado a concepção de programas com propósitos afins, a exemplo do Programa de Estímulo à Conformidade Tributária (Pró-Conformidade),[491] no âmbito da Receita Federal do Brasil, e do Cadastro Fiscal Positivo,[492] na esfera da Procuradoria-Geral da Fazenda Nacional. Ambas as propostas pretendiam classificar os sujeitos passivos de acordo com o perfil de risco, de modo a proporcionar prioridade na análise de demandas perante a Receita Federal, inclusive em relação ao recebimento de restituições e ao atendimento presencial prioritário, além da criação do Certificado de Conformidade Tributária, entre outras medidas ("Pró-Conformidade"), bem como a, no âmbito da Procuradoria-Geral da Fazenda Nacional, viabilizar a oferta de garantias diferenciadas, canais de atendimento mais céleres e variação dos momentos de aplicação das medidas de protesto extrajudicial da certidão de dívida ativa para devedores com menor risco, entre outros ("Cadastro Fiscal Positivo").

O presente espaço não possibilita o aprofundamento do tema. Apesar disso, é importante constatar que o desestímulo à inadimplência contumaz pode ocorrer por diversos meios, *v.g.*, a aplicação de medidas restritivas, o emprego de medidas facilitadoras para sujeitos passivos regulares e a adoção de métodos consensuais destinados a alterar o

---

[490] O art. 1º, §1º, da Portaria RFB nº 28/2021 conceitua conformidade cooperativa como "o relacionamento aprimorado entre a administração tributária e os contribuintes, caracterizado pela cooperação, pela prestação de serviços para prevenção de inconformidades e pela transparência em troca de segurança jurídica".

[491] Fonte: http://www.receita.economia.gov.br/sobre/consultas-publicas-e-editoriais/consulta-publica/arquivos-e-imagens/consulta-publica-rfb-no-04-2018.pdf. Acesso em: 20 jul. 2020.

[492] Fonte: http://www.pgfn.fazenda.gov.br/acesso-a-informacao/consultas-publicas/edital_consulta-publica_cadastro-fiscal-positivo-da-pgfn.pdf. Acesso em: 20 jul. 2020.

comportamento do devedor contumaz, como a transação e o negócio jurídico processual.

Com base na premissa de complementaridade dos meios disponíveis para sanar o cenário de distúrbios causados pela inadimplência contumaz, a seguir serão formuladas propostas voltadas para (i) a conjugação de meios consensuais de resolução de conflitos com outros restritivos e (ii) a releitura da Súmula nº 430 do STJ.

4.6 Propostas de medidas consensuais

4.6.1 O negócio jurídico processual e o devedor contumaz

4.6.1.1 Negócio jurídico processual: generalidades e a normatização pela PGFN[493]

O CPC/15 buscou prestigiar a autonomia da vontade dos litigantes e ampliar o campo de adequação das normas processuais às necessidades do direito material. Caminhando nessa direção, o Código franqueou às partes, de maneira inédita, a celebração de negócios jurídicos processuais atípicos para alteração de regras do procedimento, de modo a conformá-lo às peculiaridades da causa, e para ajustes sobre seus ônus, poderes, faculdades e deveres processuais (art. 190). Além disso, introduziu espécies de negócios jurídicos processuais típicos, como a calendarização processual (art. 191) e o acordo sobre saneamento e organização do feito (art. 357, §2º).

Os negócios processuais são independentes dos negócios jurídicos de direito material, *i.e.*, têm por objeto situações jurídicas subjetivas tipicamente processuais,[494] diferenciando-se, nesse ponto, da transação.

Há campos profícuos para a aplicação dos negócios jurídicos processuais entre Administração Tributária e sujeitos passivos, como conflitos envolvendo garantias e perícias, abundantes na rotina de quem lida com ações tributárias.

Em âmbito federal, a Fazenda Nacional, buscando perfilhar um comportamento processual mais cooperativo e adequado ao direito material em discussão, adotou a iniciativa de regulamentar a celebração

---

[493] Sobre o tema: CARNEIRO, Júlia Silva Araújo. Possibilidade de negócio jurídico processual em matéria tributária: uma leitura da Portaria PGFN 360/18. In: *Inovações na cobrança do crédito tributário*. ARAUJO, Juliana Furtado Costa; CONRADO, Paulo Cesar (Coord.). São Paulo: RT Thomson Reuters, 2019, p. 201-212.

[494] NOGUEIRA, Pedro Henrique. *Negócios jurídicos processuais*. Salvador: JusPodivm, 2016. p. 159.

de negócios jurídicos processuais, com a edição das Portarias nº 33 (art. 38), 360, 515 e, mais recentemente, 742, todas de 2018.

Inicialmente, ao editar a Portaria nº 33/2018, a PGFN havia sinalizado abertura para celebrar acordos processuais com sujeitos passivos com vistas à recuperação dos créditos em tempo razoável ou à obtenção de garantias em dinheiro, inclusive mediante penhora de faturamento.[495]

A Portaria nº 360/2018, editada posteriormente e complementada pela Portaria nº 515/2018, admitiu o negócio jurídico processual sobre os seguintes pontos: fixação de calendário para a prática de atos processuais; cumprimento de decisões judiciais; confecção ou conferência de cálculos; recursos, inclusive sua desistência; forma de inclusão do crédito fiscal e FGTS em quadro geral de credores; e celebração de acordos sobre prazos processuais e sobre a ordem de realização dos atos processuais, inclusive em relação à produção de provas (art. 1º).

A Portaria PGFN nº 742/2018, por sua vez, definiu critérios para celebração de negócio jurídico processual para fins de equacionamento de débitos inscritos em dívida ativa, admitindo a calendarização da execução fiscal, o plano de amortização do débito fiscal e acordos acerca de garantias e do modo de constrição ou alienação de bens.

Apesar de disciplinar o instituto apenas em âmbito federal, referidos atos normativos representam um norte para a atuação da Fazenda de outros entes. A definição dos negócios jurídicos processuais cabíveis insere-se na competência de cada ente para a cobrança dos respectivos créditos tributários. A regulamentação não é necessária, embora seja de todo recomendável a fim de assegurar a aplicação isonômica do instituto entre os devedores.

Duas hipóteses apresentam maior relevância no caso do devedor contumaz: o negócio jurídico processual envolvendo (i) plano de amortização do débito e (ii) apresentação de garantias.

---

[495] Artigo 38 da Portaria 33/18 – O Procurador da Fazenda Nacional poderá celebrar Negócio Jurídico Processual visando a recuperação dos débitos em tempo razoável ou obtenção de garantias em dinheiro, isoladamente ou em conjunto com bens idôneos a serem substituídos em prazo determinado, inclusive mediante penhora de faturamento, observado o procedimento disposto no regulamento expedido pela Procuradoria-Geral da Fazenda Nacional.

4.6.1.2 Negócio jurídico processual e devedor contumaz: possibilidades

Como visto, o negócio jurídico processual entre Fazenda e sujeito passivo pode envolver, entre outras hipóteses, a fixação de plano de amortização do débito fiscal e a aceitação, avaliação, substituição ou liberação de garantias.

O devedor contumaz, conforme analisado ao longo do trabalho, apresenta-se como alguém resistente a adimplir débitos tributários incontroversos. Esses débitos são inscritos em dívida ativa e, em sequência, são objeto de execução fiscal ou meios extrajudiciais de cobrança, mecanismos muitas vezes ineficazes para alcançar o resultado pretendido pela Fazenda Pública.

Caso surja disposição de retorno à conformidade tributária por parte do sujeito passivo, ainda que de forma não espontânea, *i.e.*, motivada por sanções ou pela ameaça de imputação criminal, o negócio jurídico processual pode assumir importante protagonismo, já que permite ao órgão fazendário instituir, à luz do caso concreto, formas diferenciadas de oferta de garantias e plano de amortização do débito, mediante contrapartidas específicas.

A título ilustrativo, no campo das garantias é possível pensar em inúmeros exemplos de acordos processuais úteis ao devedor contumaz:[496] (i) substituição de garantias por outras de menor liquidez, acompanhada do compromisso de pagamento mensal de percentual sobre o faturamento ou de parcelamento do crédito; (ii) tonar disponíveis garantias fornecidas pelos sócios-administradores da empresa; (iii) liberação de garantias à medida da satisfação parcial do crédito; e (iv) oferecimento de garantias antes do ajuizamento da execução fiscal.

Já o plano de amortização traz a possibilidade de equacionamento do passivo fiscal em prazo determinado, facultando pagamentos que não necessariamente correspondam a parcelas iguais, mensais e sucessivas, em consideração às peculiaridades do caso e às condições de pagamento do sujeito passivo.[497]

---

[496] Sobre a importância dos negócios jurídicos processuais atípicos na execução, ver: DIDIER JR. Fredie; CABRAL, Antonio do Passo. Negócios jurídicos processuais atípicos e execução. *Revista de Processo.* vol. 275. ano 43. p. 193-228. São Paulo: Ed. RT, jan. 2018, p. 212-213.

[497] ROSENBLATT, Paulo; MELO, Rodrigo Tenório Tavares de. O negócio jurídico processual como estratégia para a recuperação do crédito inscrito em dívida ativa: o plano de amortização de débitos fiscais. *Revista Jurídica da Advocacia-Geral do Estado de Minas Gerais*, v. 15, n° 1, jan./dez. 2018, p. 268.

Logo, negócios processuais são úteis para assistir a volta do devedor contumaz à regularidade fiscal e evitar sua absoluta asfixia financeira.

Nesse cenário, é oportuno ressalvar que, em nível federal, apesar de a Lei nº 13.988/2020 ter expressamente vedado a celebração de transação com o devedor contumaz, a Portaria PGFN nº 9.917/2020, que a regulamentou, ressalvou, em seu art. 14, *caput*, "a possibilidade de celebração de Negócio Jurídico Processual para equacionamento de débitos inscritos em dívida ativa da União", reconhecendo a viabilidade de celebração de negócio jurídico processual com o devedor contumaz.

Há, entretanto, uma questão a ser enfrentada: a Lei nº 13.988/2020 enquadra "o oferecimento, a substituição ou a alienação de garantias e de constrições" como um dos benefícios possíveis da transação na cobrança de créditos inscritos em dívida ativa (art. 11, III), ao mesmo tempo em a Portaria PGFN nº 742/2018 arrola "a aceitação, avaliação, substituição e liberação de garantias" como um dos conteúdos do negócio jurídico processual (art. 1º, §2º, III). Existe, desse modo, uma zona de intersecção entre os referidos atos normativos, que tratam a mesma espécie de acordo entre sujeito passivo e Fisco ora como sendo objeto de transação, ora de negócio jurídico processual.

A relevância da matéria reside no seguinte ponto: o acesso à transação com a União é vedado ao devedor contumaz (art. 5º, III, da Lei nº 13.988/2020), não obstante a eficácia do dispositivo dependa da regulamentação da figura pelo ente, ao passo que a celebração de negócio jurídico processual lhe é consentida, caso exista interesse do órgão fazendário. Dessa forma, a controvertida questão,[498] longe de

---

[498] Na doutrina, há duas posições distintas sobre o tema. De um lado, Betina Treiger Grupenmacher defende que tanto o plano de amortização quanto a oferta de garantias "não são essencialmente hipóteses de negociação quanto a atos processuais, senão quanto ao crédito em si, o que insere tal discussão no campo da transação, e não do NPJ". GRUPENMACHER, Betina Treiger. Transação, arbitragem e negócio jurídico processual na área tributária. *Consultor Jurídico*. 24 mar. 2020. Disponível em: https://www.conjur.com.br/2020-mar-24/betina-grupenmachertransacao-arbitragem-negocio-processual-fiscais. Acesso em: 27 maio 2020. De outro lado, Tathiane Piscitelli defende que a inserção das garantias no âmbito da transação adquire uma única interpretação possível: "diante da concessão de desconto e/ou pagamento diferido do crédito tributário, a transação seria condicionada ao oferecimento de uma garantia", considerando que a transação não pode versar apenas sobre a garantia a ser ofertada como condição do debate de mérito. PISCITELLI, Tathiane. Transação ou negócio jurídico processual? Interpretações da MP 899. *Valor Econômico*. 24 out. 2019. Disponível em: https://valor.globo.com/legislacao/fio-da-meada/post/2019/10/transacao-ou-negocio-juridico-processual-interpretacoes-da-mp-899.ghtml. Acesso em: 27 maio 2020. Também assumindo a natureza processual do plano de amortização: ROSENBLATT, Paulo; MELO, Rodrigo Tenório Tavares de, *op. cit.*, p. 267.

despicienda, é essencial para o devedor contumaz: caso o acordo sobre garantias e o plano de amortização se insiram dentro do campo da transação, exclui-se do seu âmbito subjetivo de incidência o devedor contumaz.

As garantias, aí incluída a penhora,[499] configuram "meios jurídicos assecuratórios que cercam o direito subjetivo do Estado de receber a prestação do tributo".[500] Araken de Assis alude expressamente ao caráter instrumental da penhora,[501] cuja principal função é determinar o bem sobre o qual se realizará a expropriação e fixar sua sujeição à execução.

Assim, a princípio, um acordo que verse somente sobre garantias ostenta natureza processual. Nada obstante, não há óbice a que o legislador elenque as garantias no rol de conteúdos possíveis da transação, desde que envolva também o crédito tributário e que, ao final, o resultado seja o fim do litígio,[502] de forma a preservar os aspectos essenciais da transação tributária, nos termos do art. 171 do CTN.

Sendo assim, assume-se a premissa de que permanece possível a celebração de negócio jurídico processual com o devedor contumaz envolvendo garantias e plano de amortização de débitos em todos os planos federativos, inclusive o federal, salvo quando o acordo envolver "a aceitação, avaliação, substituição e liberação de garantias" como instrumento para a transação do crédito tributário, conforme dispõe a Lei nº 13.988/2020.

4.6.1.3 Cautelas necessárias

Por se tratar de conduta que atrai um alto grau de reprovabilidade, determinadas cautelas são necessárias para a celebração do negócio jurídico processual com o devedor contumaz. Alguns preceitos da Portaria PGFN nº 742/2018 podem ser úteis no ponto, apesar de produzirem efeitos vinculantes apenas no âmbito da União.

Inicialmente, cabe ao órgão fazendário a análise do histórico fiscal do devedor, principalmente a fim de constatar hipóteses de fraude destinada a frustrar a recuperação dos créditos tributários, tal como previsto no art. 6º, V, do referido ato normativo. Eventual celebração de

---

[499] A penhora constitui espécie do gênero garantia, junto ao depósito, à fiança e ao seguro garantia. CONRADO, Paulo Cesar, 2017, p. 198.
[500] CARVALHO, Paulo de Barros, 2019, p. 571.
[501] ASSIS, Araken de. *Manual da execução*. 18. ed. rev., atual. e ampl. São Paulo: Ed. RT, 2016, p. 910.
[502] PISCITELLI, Tathiane, 2019.

acordo com o devedor que se utiliza de meios fraudulentos para fugir da satisfação do crédito tributário deve ser revestida de maiores cuidados, como contrapartidas mais rígidas para o caso de descumprimento de seus termos, a exemplo da fixação de multa e da proibição de adesão a novo parcelamento ou plano de amortização em determinado período de tempo.

Além disso, a previsão de condições para a celebração de negócio jurídico processual que objetive estabelecer plano de amortização do débito fiscal deve ser mais rígida em comparação a devedores ordinários. São exemplos de exigências aplicáveis à inadimplência contumaz a apresentação de garantia fidejussória pelos reais administradores da pessoa jurídica devedora e o reconhecimento da existência de grupo econômico de fato, se for o caso.

Sob outro viés, enquanto vigentes os efeitos do negócio jurídico processual, não pode o sujeito passivo ser submetido a regime especial de fiscalização de ofício, caso tal sujeição não conste dos termos do acordo. Essa observação é indispensável em razão da ausência do efeito suspensivo da exigibilidade do crédito pela celebração do negócio jurídico processual (art. 151 do CTN). Apesar de não suspender a exigibilidade do crédito, a celebração de acordo processual com a Fazenda sinaliza a boa-fé do sujeito passivo, consubstanciada na intenção de regularização do passivo tributário, a qual deve ser ponderada pelo aplicador da norma ao analisar o enquadramento do sujeito passivo como devedor contumaz.

Em suma, inexiste óbice em abstrato para a celebração de negócio jurídico processual com devedores contumazes em execuções fiscais ou demandas antiexacionais, embora tais casos recomendem a imposição de condições mais rígidas e acompanhamento mais cauteloso do cumprimento dos termos do acordo.

4.6.2 A transação e o devedor contumaz

4.6.2.1 A opção do legislador federal: a Lei nº 13.988/2020

A transação, segundo o art. 171 do CTN, é forma de resolução consensual de litígios entre sujeito passivo e Fisco mediante a qual as partes realizam concessões recíprocas, permitindo, ao final do cumprimento das obrigações impostas, a extinção do crédito tributário.[503]

---

[503] Há algumas posições na doutrina sobre o ponto. Paulo de Barros Carvalho, *v.g.*, ressalva que a extinção da obrigação se dá apenas por força do pagamento. CARVALHO, Paulo de

A Lei federal nº 13.988/2020 traz hipóteses de transação por adesão e por iniciativa individual, cuja diferença reside na possibilidade ou não de customização. A transação pode abarcar a cobrança da dívida ativa da União, a ser proposta de forma individual ou por adesão, ou englobar o contencioso tributário, caso em que será sempre por adesão.[504]

Quanto à inadimplência reiterada e injustificada, a Lei nº 13.988/2020 introduziu, ao contrário da direção seguida pela MP nº 899/2019, a vedação de celebração de transação com devedores contumazes, assim definidos em lei específica (art. 5º, III).[505]

A inserção do art. 5º, III, da Lei nº 13.988/2020 decorreu do acolhimento parcial de emendas parlamentares, embora a maior parte delas não se referisse à necessidade de edição de lei específica, e sim à vedação da transação quando constatada "a inadimplência substancial e reiterada de tributos".[506] A introdução da redação atual do dispositivo ocorreu com a aprovação do parecer da Comissão Mista do Congresso Nacional, no qual se ressaltou inexistir definição legal do que seja devedor contumaz, reputando-se o tema complexo para ser revolvido em exíguo período.[507]

Apesar de a eficácia do dispositivo depender da regulamentação do conceito de devedor contumaz, é possível fazer algumas observações.

Como visto no Capítulo 3, o Projeto de Lei nº 1.646/2019, que objetiva regulamentar o devedor contumaz na esfera federal, prevê

Barros, 2019, p. 474-475. Por outro lado, Luís Eduardo Schoueri posiciona-se pela inclusão da transação como forma extintiva de obrigações, ao defender que sua celebração implica novação, fazendo surgir em seu lugar um novo crédito. SCHOUERI, Luís Eduardo, 2019, p. 696. Hugo de Brito Machado adota posição intermediária, posicionando-se pela extinção imediata do crédito em relação à parcela sobre a qual a Fazenda imediatamente abre mão. MACHADO, Hugo de Brito. Transação e arbitragem no âmbito tributário. *Revista Fórum de Direito Tributário*, ano 5, nº 28, jul./ago. 2007. Belo Horizonte: Fórum, 2003. Disponível em: https://www.forumconhecimento.com.br/periodico/142. Acesso em: 19 jun. 2020, p. 4-5 (versão digital). A Lei nº 13.988/2020 adotou a primeira posição ao dispor, em seus arts. 3º, §3º, e 12, §3º, que "os créditos abrangidos pela transação somente serão extintos quando integralmente cumpridas as condições previstas no respectivo termo" e que "a proposta de transação aceita não implica novação dos créditos por ela abrangidos".

[504] Sobre a transação tributária à luz da Lei nº 13.988/2020, ver CONRADO, Paulo Cesar; ARAUJO, Juliana Furtado Costa (Coord.). *Transação tributária na prática da Lei 13.988/2020*. São Paulo: Revista dos Tribunais, 2020.

[505] Sobre o tema: CARNEIRO, Júlia Silva Araújo. A transação tributária na Lei nº 13.988/20: repercussões sobre a livre concorrência e o papel do devedor contumaz. In: *Transação tributária na prática da Lei 13.988/2020*. CONRADO, Paulo Cesar; ARAUJO, Juliana Furtado Costa (Coord.). São Paulo: Revista dos Tribunais, 2020, p. 105-128.

[506] É o caso das Emendas parlamentares nº 57, 59, 109, 112, 114 e 149.

[507] Disponível em: https://www.congressonacional.leg.br/materias/medidas-provisorias/-/mpv/139427. Acesso em: 18 abr. 2020.

como elemento nuclear do conceito a frustração da satisfação do crédito tributário por intermédio de *atos fraudulentos*.

Por sua vez, a Lei nº 13.988/2020, em seu art. 4º, II, prevê como causa de rescisão da transação "a constatação, pelo credor, de ato tendente ao esvaziamento patrimonial do devedor como forma de fraudar o cumprimento da transação, ainda que realizado anteriormente à sua celebração". Também elenca a lei, como hipótese rescisória, no inciso V do art. 4º, "a ocorrência de dolo, de fraude, de simulação ou de erro essencial quanto à pessoa ou quanto ao objeto do conflito".

Referidas previsões se conectam com o Projeto de Lei nº 1.646/2019 da seguinte forma: alguns dos comportamentos que o legislador quis desestimular por meio desse projeto já se encontram afastados do âmbito de incidência da transação nos dispositivos que direta ou indiretamente se referem à fraude. É o caso da participação de pessoa jurídica em organização constituída com o propósito de burlar mecanismos de cobrança de débitos fiscais ou da ocultação deliberada de bens por pessoa física (art. 2º, III e IV, do Projeto de Lei nº 1.646/2019), enquadradas no art. 4º, II, da Lei nº 13.988/2020. Também a constituição de pessoa jurídica por interpostas pessoas (art. 2º, II, do Projeto de Lei nº 1.646/2019) é tratada na Lei nº 13.988/2020, ao afastar a transação celebrada em fraude quanto à pessoa do devedor (art. 4º, V).

Dessa forma, há diversas semelhanças entre o Projeto de Lei nº 1.646/2019 e as vedações contidas na Lei nº 13.988/2020, o que aproxima referidos atos normativos, gerando um espaço de interseção: a fraude, que será, segundo o Projeto de Lei, um elemento para caracterizar o inadimplente como contumaz, já é hoje, à luz do art. 4º, II e V, da Lei nº 13.988/2020, um óbice em vigor para a manutenção do acordo de transação.

Visto isso, é possível concluir que o legislador optou por um caminho claro, embora por meio de remissão a ato normativo eventual e futuro: o afastamento do devedor contumaz do âmbito subjetivo de incidência da transação. Considerou-se, dessa maneira, a reprovabilidade da conduta perpetrada pelo sujeito passivo, tão grave a ponto de justificar a vedação à celebração de acordo de transação com a União. Atribuiu-se, portanto, tratamento mais rígido aos devedores contumazes, impedindo-os de acessar medidas facilitadoras.

4.6.2.2 A transação e o devedor contumaz: um caminho para o Fisco?

É possível perceber, nesse ponto, que há três caminhos disponíveis em relação à transação envolvendo devedores contumazes.

O primeiro, adotado pelo legislador federal, consiste em vedar a celebração de transação com o devedor contumaz mediante recurso a conceito previsto em outra norma.

O segundo corresponde a definir, desde logo, o devedor contumaz, vedando a celebração de transação com sujeitos passivos enquadrados como tal. Ressalte-se, no entanto, que a lei de transação pode não ser o local adequado para definir tão importante conceito, que gera reflexos em outros campos do Direito Tributário, como a fixação de sanções não pecuniárias, e também na esfera criminal, após o julgamento pelo STF sobre o tipo penal do art. 2°, II, da Lei n° 8.137/1990, como já referido neste trabalho. Alternativa para impedir a repercussão do conceito em outras searas foi seguida pelo Estado de São Paulo: o legislador estadual vedou a celebração de transação com sujeitos passivos que, conquanto não classificados *expressamente* como devedores contumazes, trilham padrão comportamental indesejado pelo Fisco. Nessa linha, a Lei estadual n° 17.293/2020 vedou a transação envolvendo devedor do ICMS "que, nos últimos 5 (cinco) anos, apresente inadimplemento de 50% (cinquenta por cento) ou mais de suas obrigações vencidas" (art. 47, IV).

O terceiro caminho, refutado pelo legislador federal, consiste em não vedar a celebração de transação com devedores contumazes, embora, nesse caso, deva o Fisco se cercar de maiores cautelas.

Uma conduta comum a todos os devedores contumazes consiste no acúmulo de débitos tributários inscritos em valores substanciais, desacompanhado de razões legítimas para sua não satisfação. Ao mesmo tempo, quanto aos débitos correntes, adotam postura relativamente uniforme: não apresentam impugnação administrativa, no caso de lançamento de ofício, ou declaram o crédito e não o satisfazem, no caso de lançamento por homologação.

Partindo dessa premissa, a transação dos débitos inscritos em dívida ativa poderia ser um caminho para sanear o passivo tributário relacionado ao devedor contumaz que *não opere por meio de fraude*.

Porém, eventual regra nesse sentido só seria viável se: (i) precedida de investigação, pelos órgãos fazendários, da inexistência de fraude contra o Fisco destinada a ocultar patrimônio e a burlar a satisfação do crédito tributário, preferencialmente com a cooperação de outros órgãos; e (ii) aliada a compromisso de regularização das obrigações correntes pelo devedor, ainda que por período de tempo determinado.

Fonte de inspiração para a celebração de acordos com devedores contumazes é a modalidade de transação por recuperação tributária prevista no Projeto de Lei Geral de Transação (PL nº 5.082/2009, art. 37, X). Apesar de voltada para devedores em situação de crise econômica, a lógica do instituto pode ser aplicada a devedores contumazes: nela, o devedor se comprometeria, para fazer jus à transação, a manter a atividade empresarial, preservar ou aumentar a empregabilidade e assegurar a regularidade fiscal junto à União por ao menos três anos, além de assumir a responsabilidade solidária dos sócios-administradores.

Em linha semelhante à assunção de compromisso direto pelos sócios-administradores, há aspectos da Portaria PGFN nº 742/2018 que poderiam ser empregados na transação com o devedor contumaz, especialmente a previsão de revelação do patrimônio da pessoa jurídica e seus administradores (art. 4º, II a IV), quando o caso assim demandar, à luz de um juízo de proporcionalidade, bem como do compromisso de apresentação de garantia pelos administradores (art. 3º, VIII). Tais ônus se revelam importantes para demonstrar o engajamento do devedor na busca de solução voltada à regularização fiscal e especialmente para evitar que, posteriormente, a administração da pessoa jurídica seja transferida para terceiros "laranjas", inviabilizando a constrição do patrimônio dos responsáveis tributários no caso de dissolução irregular.

Adotadas determinadas cautelas, portanto, a transação pode se apresentar como forma de mitigar o acúmulo de débitos e restabelecer a conformidade em relação ao inadimplente contumaz, desde que não haja indícios de atuação fraudulenta.

4.6.3 O papel da autorregularização

A possibilidade de o contribuinte se autorregularizar não é novidade em nosso sistema. A denominada denúncia espontânea da infração encontra-se prevista no art. 138 do CTN e leva à exclusão das multas legais. Sua lógica é incentivar o contribuinte, de maneira voluntária, a se redimir em relação à infração antes de iniciada a fiscalização.[508] Alguns fatores, entretanto, atuaram para esvaziar essa regra ao longo do tempo, como as restrições interpretativas impostas pelo STJ ao âmbito de incidência da norma. No cenário pensado pelo legislador, há duas possibilidades estáticas para o contribuinte no caso do descumprimento da obrigação tributária: adiantar-se à ação do Fisco e promover o pagamento do tributo, excluída a aplicação de multa, ou aguardar eventual fiscalização e a autuação daí resultante.

Abordagens mais modernas da autorregularização, todavia, têm sido recentemente adotadas pelo Fisco,[509] buscando estimular o saneamento amigável de pendências tributárias, previamente a qualquer ação fiscal, ao permitir que o contribuinte adira à orientação do Fisco ou preste esclarecimentos, caso adote entendimento divergente.

É o caso, por exemplo, dos programas "Fisco Fácil" e "Aviso Amigável", regulamentados pelo Estado do Rio de Janeiro por meio das Resoluções SEFAZ nº 180/2017 e 265/2018, bem como da Análise Informatizada de Dados (AID) e da Análise Fiscal Prévia (AFP), regulamentadas pela Lei Complementar nº 1.320/2018 do Estado de São Paulo, consistentes no cruzamento eletrônico de informações fiscais e na realização de trabalhos analíticos ou de campo por agente fiscal, sem objetivo de lavratura de auto de infração e imposição de multa.

O acesso à autorregularização pode exercer um papel importante quanto ao sujeito passivo: estimular a conformidade e contribuir para a segmentação entre devedores eventuais e contumazes, anteriormente ao enquadramento em regime especial de fiscalização.

Ainda que o sujeito passivo preencha os critérios objetivamente fixados em lei para sua caracterização como devedor contumaz, assegurar-lhe a autorregularização como forma de sanear seus débitos, além de demonstrar a predisposição do Fisco em adotar soluções amigáveis para o restabelecimento da conformidade, pode *afastar* ou, ao contrário, *reforçar* a necessidade de aplicação de medidas restritivas, auxiliando a Administração Tributária a segregar os sujeitos passivos que devem ser, de fato, destinatários das normas sancionadoras.

---

[508] SCHOUERI, Luís Eduardo, 2019, p. 878.
[509] Tais como as diretrizes propostas pelo Centro Interamericano de Administração Tributária (CIAT) e adotadas no âmbito do *Tax Administration Diagnostic Assessment Tool* (TADAT).

4.7 A responsabilização judicial dos sócios-administradores

A quarta proposta diz respeito à necessidade de releitura, pela jurisprudência, da lógica da Súmula nº 430 do STJ, diferenciando o mero inadimplemento da inadimplência contumaz.

O STJ consolidou, por meio da referida súmula, a orientação de que "o inadimplemento da obrigação tributária pela sociedade não gera, *por si só*, a responsabilidade solidária do sócio-gerente". A lógica por detrás da Súmula é a de que o inadimplemento configura infração da pessoa jurídica, e não obrigação do sócio-administrador, e, por isso, não justifica o redirecionamento de eventual execução fiscal pendente com base no art. 135, III, do CTN.

A inadimplência contumaz, entretanto, não se confunde com o descumprimento eventual de obrigações tributárias, fruto de crise financeira ou outros fatores circunstanciais, como destacado anteriormente. Ao contrário, é aquela inadimplência sistemática e injustificada que impõe a adoção de medidas ordenadoras pelo Fisco restritivas à esfera de liberdade do sujeito passivo, como ressaltado pelo STF no julgamento do RE nº 550.769/RJ.

A aplicação também a tais casos da Súmula nº 430 do STJ, pensada para o devedor eventual ("*o inadimplemento, por si só* [...]"), oferece estímulo para reiteração da contumácia ao blindar o patrimônio dos sócios-administradores que empregam o inadimplemento reiterado de obrigações tributárias como estratégia negocial.[510]

Há, contudo, uma premissa que deve ser considerada: a ocultação de patrimônio ocorre, em regra, por meio da prática de atos fraudulentos, como, por exemplo, a criação de diversas pessoas jurídicas para o exercício da mesma atividade, acompanhada do esvaziamento patrimonial da empresa que acumulou débitos junto ao Fisco. Nesse caso, será a prática de fraude, e não o inadimplemento, que dará margem à responsabilização dos sócios-administradores, nos termos do art. 135, III, do CTN.

Desse modo, no caso do devedor contumaz é possível vislumbrar verdadeira infração à lei (art. 135, III, do CTN), configurada por meio (i) da prática de atos fraudulentos, (ii) da violação à livre concorrência

---

[510] Nesse sentido: CAVALCANTI, Eduardo Muniz Machado; OLIVEIRA, Luciana Marques Vieira da Silva, *op. cit.*, p. 3 (versão digital). Os autores ressaltam a prática de devedores contumazes que, ciente da impossibilidade de constrição do patrimônio dos sócios-administradores, esvaziam o patrimônio da empresa devedora, frustrando a execução fiscal.

ou (iii) do abuso de direito, componentes que não integram o conceito de *mero* inadimplemento de obrigação tributária.

Em linha semelhante, assim já decidiu o Tribunal de Justiça do Estado do Rio Grande do Sul em sede de agravo de instrumento,[511] ao redirecionar execução fiscal para os sócios-administradores de pessoa jurídica enquadrada como devedora contumaz. Na ocasião, consignou a Corte que a conduta do sujeito passivo "afronta à isonomia, porquanto as demais empresas estão pagando o ICMS declarado, deixando de auferir o mesmo lucro ora realizado pela agravada, não podendo, seja a Administração Fazendária, seja o Poder Judiciário, compactuar com tal ato", e, portanto, não se trataria de simples inadimplemento, mas de verdadeira infração à lei, a atrair a incidência do art. 135, III, do CTN.

Assim, o racional da Súmula nº 430 do STJ pode sofrer leitura mais atenta pela jurisprudência, especialmente diante do julgamento, pelo STF, do RHC nº 163.334/SC.

---

[511] Tribunal de Justiça do Estado do Rio Grande do Sul. 22ª Câmara Cível. Agravo de instrumento nº 0150412-06.2018.8.21.7000. Relator: Des. Luiz Felipe Silveira Difini. Julgamento em 19/09/2018. D.J.e. de 25/09/2018.

CAPÍTULO 5

CONCLUSÃO

A prevenção e o combate à evasão ilícita, na atualidade, conectam-se com a percepção de que nem todos os contribuintes agem de forma idêntica, movidos pelos mesmos fatores. Como corolário lógico, tampouco devem ser idênticas as medidas de estímulo à conformidade tributária, impondo-se à Administração Tributária que adapte sua atuação ao perfil comportamental dos sujeitos passivos. É justamente nesse contexto de superação da régua inflexível de tratamento pelo Fisco que se enquadra o estudo do devedor contumaz.

O devedor contumaz, ao atuar no campo da evasão omissiva, adquire singularidade em relação ao grande devedor ou ao sujeito ativo do crime de sonegação fiscal, conquanto possível, em determinados casos, a sobreposição de tais figuras. Além disso, não se deve confundir o devedor contumaz com o agente do crime de apropriação indébita tributária. A tese firmada pelo STF no julgamento do RHC nº 163.334/SC fez desabrochar uma zona de penumbra entre as figuras, que casuisticamente podem, sim, sobrepor-se, mas não necessariamente o farão.

A expansão da prática do inadimplemento contumaz, estimulada em grande parte pela morosidade e pela incapacidade de atuação da execução fiscal na efetiva expropriação do patrimônio do devedor, levou ao desenvolvimento, pelos entes, de medidas restritivas com o escopo de coibir tal comportamento e atuar de forma preventiva à formação de dívidas impagáveis. São exemplos disso os regimes especiais de fiscalização impostos pelos Estados a devedores contumazes.

A formulação de medidas diferenciadas para devedores contumazes deve respeitar o princípio da igualdade, que atua como fator de calibragem de discriminações realizadas no campo dos deveres instrumentais, da cobrança de tributos e da aplicação de sanções decorrentes de infrações tributárias. Supondo a correlação lógica entre o fator erigido como critério de discrímen e a desequiparação efetuada pelo legislador, o princípio da igualdade suscita a comparação entre dois ou mais sujeitos, sempre com o objetivo de atingir uma específica finalidade.

No caso do devedor contumaz, essa finalidade passa: (i) pelo combate a práticas danosas à ordem jurídica tributária; (ii) pela cobrança eficiente de créditos tributários pelo Fisco; e (iii) pela valorização da concorrência leal entre os *players* do mercado. Por sua vez, a medida de comparação eleita para diferenciar o devedor contumaz dos demais sujeitos passivos consiste no grau de aderência às obrigações tributárias, aferido por critérios *gerais* e *específicos*.

A igualdade, levada em conta a diferenciação em tese de devedores contumazes com base na aderência às obrigações tributárias, é respeitada pela criação de regimes diferenciados pelo Fisco. Cabe, dessa forma, dirigir especial atenção para as leis estaduais que regulamentam o tema, mormente quanto às divergências de critérios nelas encontradas, despertando, ademais, uma sensível preocupação sobre a necessidade de homogeneização.

O art. 146-A da Constituição positiva o princípio da neutralidade no campo tributário ao prever a edição de lei complementar para prevenir distúrbios concorrenciais originados da tributação. Diversas regras tributárias interferem no ambiente concorrencial, mas somente em alguns casos essa intervenção se inserirá na margem de atuação do legislador complementar, a exemplo da sonegação fiscal e da inadimplência contumaz.

O devedor contumaz, assim designado o sujeito passivo que descumpre, sistemática e injustificadamente, suas obrigações tributárias, apresenta traço distintivo que, em comparação aos sujeitos passivos regulares, permite-lhe obter vantagens artificiais no mercado. A existência dessa zona de interseção entre contumácia e livre concorrência direciona à indagação sobre o papel da lei complementar do art. 146-A na prevenção à inadimplência contumaz, tópico objeto de intensa discussão doutrinária.

Na jurisprudência, o amadurecimento da relação entre inadimplência contumaz e livre concorrência ocorreu aos poucos, encontrando seu ápice no julgamento da AC n° 1.657/RJ e do RE n° 550.769/RJ, oportunidade na qual o STF adotou a proteção à livre concorrência como elemento legitimador da medida de cassação do registro de empresa do setor tabagista, classificada pela Corte como devedora contumaz.

A lei complementar do art. 146-A da Constituição pode atuar como norma geral seja para a fixação de deveres instrumentais setoriais com vistas a prevenir a sonegação e o inadimplemento contumaz, seja para a formulação do conceito e do regime jurídico do devedor contumaz nos casos em que a livre concorrência é afetada, ainda que potencialmente, pela inadimplência sistemática, injustificada e substancial. Até o advento do referido ato normativo, Estados e Municípios podem disciplinar a matéria com base no art. 24, §§2º e 3º, da Constituição, dentro dos limites de suas respectivas competências tributárias.

Além disso, o espaço de conformação do legislador na edição da lei complementar do art. 146-A da Constituição não agride a competência do CADE para exame de possíveis abusos do poder econômico advindos da inadimplência contumaz. Nesse caso, a investigação assume caráter repressivo e é efetivada casuisticamente, por intermédio dos elementos fornecidos pela Lei nº 12.529/2011, tal como a aferição do mercado relevante e do *market share* detido pelo sujeito passivo. Isso não desfigura ou minimiza o papel atribuído pelo constituinte ao legislador tributário para a fixação de critérios especiais com o intuito de prevenir distúrbios concorrenciais, permanecendo a análise individualizada da infração tributária à luz da lei antitruste no âmbito de competência do CADE.

Portanto, o art. 146-A pode exercer relevante papel na uniformização do conceito e regime jurídico relacionados à inadimplência contumaz, desde que voltado para a prevenção de distúrbios concorrenciais.

Surge, diante disso, a necessidade de enfrentamento do conceito de devedor contumaz no Direito Tributário. Atualmente, tal conceito se encontra positivado em esparsos atos normativos estaduais, existindo, ademais, propostas em trâmite no Congresso Nacional com vistas à regulamentação do tema na esfera federal e em plano nacional.

O conceito de devedor contumaz é hábil a abranger os fenômenos da sujeição passiva direta e indireta. Apesar das diferenças existentes entre contribuinte, responsável e substituto tributário, há uma zona de identidade entre essas figuras quanto ao comportamento a que se submetem perante o Fisco: o adimplemento da obrigação tributária. Em tese, portanto, o contribuinte e o responsável tributário *lato sensu* podem ser qualificados como devedores contumazes, devendo o legislador indicar, expressamente e de forma técnica, se o enunciado normativo abrange apenas a sujeição passiva direta ou se, ao contrário, também se refere à indireta.

Ainda sobre a semântica conceitual, o vocábulo "devedor" não identifica inexoravelmente o fenômeno do inadimplemento. Por tal razão, o termo "devedor contumaz" corresponde, em seu sentido técnico, a "inadimplente contumaz", embora, neste texto, tenha-se optado pelo uso cambiável das duas expressões.

A legislação tributária estadual adota como critérios para a classificação do devedor como contumaz o lapso temporal da inadimplência e o valor do débito. Em âmbito federal, o Projeto de Lei nº 1.646/2019 acrescenta o emprego de fraude na fuga da satisfação do débito como atributo necessário para que o sujeito passivo atraia o rótulo de devedor contumaz.

Investigação mais atenta a referidos elementos denuncia uma ilusória uniformidade, ante a expressiva variação entre os períodos e valores reputados relevantes pelos Estados para a configuração da contumácia. Conclusão similar pode ser atingida pela comparação dos fatores que tornam justificado o inadimplemento pelo sujeito passivo à luz da legislação estadual.

O regramento materialmente mais distante deflui do Projeto de Lei Complementar nº 284/2017, proposto com a finalidade de regulamentar o art. 146-A da Constituição. No modelo apresentado, diferenciam-se três classes de devedores: o eventual, o reiterado e o contumaz. O sujeito passivo que, por circunstâncias do negócio ou planejamento financeiro, deixa sistematicamente de pagar tributos não é considerado devedor contumaz, e sim reiterado, por não praticar ato fraudulento voltado a impedir a satisfação do crédito tributário. Evidencia o equívoco dessa abordagem o fato de que: (i) o financiamento da atividade empresarial de forma sistemática por meio do não pagamento de tributos configura, via de regra, conduta dotada de significativa reprovabilidade, a caracterizar a inadimplência contumaz; (ii) o devedor reiterado e o contumaz são aptos, de igual modo, a causar distúrbios concorrenciais quando o inadimplemento for, além de sistemático, vultoso e injustificado; e (iii) a fraude não configura fator de discrímen infalivelmente correlacionado com a concorrência.

Três são os elementos centrais do conceito de devedor contumaz: a inadimplência sistemática, injustificada e substancial. A distinção entre devedor contumaz e devedor eventual é de suma importância, considerando que este último se encontra irregular por razões circunstanciais, sem causar danos significativos à livre concorrência a ponto de justificar maior interferência do Fisco na rotina empresarial. O devedor contumaz, por sua vez, adota padrão comportamental alicerçado no não pagamento de tributos. Separá-los constitui um imperativo do princípio da igualdade, hoje inobservado pela legislação tributária, que deixa amplo espaço para aperfeiçoamentos.

Devem atuar como novos critérios de aprimoramento da definição de devedor contumaz: (i) a investigação da evolução patrimonial do devedor, de modo a mitigar as chances de enquadramento do devedor que sofra grave crise financeira como contumaz; (ii) a análise do histórico de inadimplemento do sujeito passivo, não só nos doze meses anteriores, mas também nos anos pretéritos, como forma de se extrair um padrão comportamental; (iii) a conjugação dos critérios de tempo e de valor do inadimplemento, excluindo o devedor que possui um ou poucos débitos em aberto, embora em valor substancial; (iv) a uniformização das causas de justificação do inadimplemento, com a exclusão do devedor em recuperação judicial, exceto se constatada manobra fraudulenta, e a inclusão da garantia integral do débito ao lado das causas de suspensão de exigibilidade previstas no art. 151 do CTN; e (v) a necessidade de prévia inscrição em dívida ativa mesmo para os débitos declarados pelo sujeito passivo.

Em acréscimo, algumas reflexões devem ser dirigidas a quem se proponha a aprofundar o tema do devedor contumaz. São elas: (i) a possibilidade de os débitos motivadores da inclusão do sujeito passivo como devedor contumaz se originarem de impostos diretos; (ii) a necessidade de uma disciplina setorial para o devedor contumaz; e (iii) a essencialidade ou não da fraude para a caracterização do sujeito passivo como devedor contumaz.

Em paralelo à legislação tributária, é importante pontuar que, recentemente, o tema adquiriu importância ímpar também na esfera criminal, uma vez que a contumácia foi alçada a elemento do tipo do crime de apropriação indébita tributária. Segundo tese definida pelo STF no julgamento do RHC nº 163.334/SC, "o contribuinte que, de forma contumaz e com dolo de apropriação, deixa de recolher ICMS cobrado do adquirente da mercadoria ou serviço, incide no tipo penal do art. 2º, II, da Lei 8.137/1990".

De forma semelhante à conclusão alcançada pelo STJ no HC nº 399.109/SC, o STF concluiu pela tipicidade da conduta de declarar o ICMS próprio e cobrar o valor do contribuinte de fato, sem o repasse do montante devido ao Fisco. Porém, a Corte introduziu elemento inédito ao tema, assentando que o destinatário do tipo penal do art. 2º, II, da Lei nº 8.137/1990 é o devedor contumaz do ICMS.

O voto do Ministro Relator conduz a possíveis sobreposições entre a caracterização da contumácia e o dolo de apropriação. Ademais, ainda se desconhece se a verificação da contumácia seguirá parâmetros normativos prévios ou se será avaliada pelo julgador caso a caso. A primeira solução oferece maior proteção para o devedor em termos de isonomia e segurança jurídica, embora esbarre na nítida dificuldade representada pelo emaranhado legislativo hoje existente quanto às definições de devedor contumaz.

Definir o devedor contumaz não é tarefa simples, especialmente diante da partilha de competência tributária entre os diversos entes pela Constituição, que lhes atribui, por decorrência de sua capacidade tributária ativa, certa liberdade para legislar sobre o tema. Subsistem muitos caminhos a serem trilhados na matéria, como a busca pela uniformização da definição conceitual, o aperfeiçoamento da distinção entre o devedor eventual e o contumaz e a oferta de parâmetros seguros para o exame do tipo penal do art. 2º, II, da Lei nº 8.137/1990.

Caminhando para os reflexos do enquadramento do sujeito passivo como devedor contumaz, a legislação tributária, em regra, sobretudo em nível estadual, prevê três grupos de medidas restritivas destinadas a coibir a perpetuação da contumácia e a prevenir os danos dela decorrentes: (i) a sujeição do sujeito passivo a regime especial de fiscalização; (ii) o impedimento à fruição de benefícios fiscais; e (iii) a cassação de registros especiais ou cadastros fiscais do sujeito passivo.

Os regimes especiais de fiscalização impositivos, muito comuns no âmbito do ICMS, representam um pacote legal de providências à disposição do Fisco para coibir condutas indesejáveis, a exemplo da inadimplência contumaz, por intermédio da alteração do sistema de apuração de tributos e da imposição de deveres instrumentais mais rígidos.

Essas medidas aproximam-se da categoria dos deveres instrumentais quanto ao seu conteúdo, mas ostentam verdadeira natureza sancionatória e podem ser agrupadas em três principais grupos: (i) restrições referentes à sistemática de creditamento; (ii) restrições referentes a pagamento e emissão de documentos; e (iii) sujeição à vigilância constante e prestação periódica de informações.

A investigação da validade de medidas restritivas incidentes sobre o devedor contumaz deve seguir parâmetros. O primeiro deles é a inafastável submissão ao postulado da proporcionalidade. A restrição a direitos fundamentais do sujeito passivo, como a livre iniciativa e o livre exercício da atividade profissional, deve ser ponderada com os valores e princípios constitucionais que a justificam, tais como os princípios da livre concorrência e da capacidade contributiva. Dessa forma, a classificação de uma medida restritiva como sanção política não pode ser realizada de forma apriorística, mas como resultado de um juízo de adequação, necessidade e proporcionalidade em sentido estrito.

Além disso, a preservação do devido processo legal é de suma importância para a validade de medidas restritivas e deve ocorrer sob dois aspectos: de um lado, no curso do processo administrativo de qualificação do sujeito passivo como devedor contumaz e, de outro, viabilizando-se a discussão dos débitos tributários a ele imputados pelo Fisco durante a vigência de regimes restritivos.

Em adição, recomenda-se a previsão em lei de uma escala de sanções a serem aplicadas ao devedor contumaz, de sorte a limitar o âmbito de discricionariedade do Fisco.

Conquanto significativo o aparato de medidas restritivas aplicáveis ao devedor contumaz, é necessário observar que a conformidade tributária não é alcançada somente com a restrição de direitos, mas também com a indução de comportamentos desejados pelo legislador mediante concessão de vantagens. O acesso a meios consensuais de composição ou resolução de conflitos pode servir de incentivo a mudanças comportamentais por parte dos sujeitos passivos, atuando, nesse sentido, os negócios jurídicos processuais e a transação tributária como formas de equacionamento do débito tributário do devedor contumaz, desde que acompanhados do compromisso de alteração do padrão comportamental por este adotado.

O negócio jurídico processual permite à Fazenda Pública a instituição, à luz do caso concreto, de formas diferenciadas de oferta de garantias e planos de amortização do débito, mediante contrapartidas específicas por parte do devedor. As condições para a celebração de negócio jurídico processual com o devedor contumaz devem ser mais rígidas em comparação a devedores eventuais, exigindo-se, no mínimo, compromisso de recondução à conformidade tributária, com a satisfação dos débitos tributários correntes.

Por sua vez, a transação também pode, em tese, representar um caminho para que o devedor contumaz regularize seu passivo tributário, embora tal via não tenha sido adotada pela União na Lei nº 13.988/2020. Recomenda-se, nesse caso, a investigação prévia, pelos órgãos fazendários, da inexistência de fraude destinada a ocultar patrimônio e a burlar a satisfação do crédito tributário. Indica-se, assim como na hipótese de celebração de negócio jurídico processual, a pactuação do compromisso de manutenção da regularidade fiscal.

Na mesma linha de soluções consensuais que reconduzam o devedor contumaz à conformidade, o acesso à autorregularização pode auxiliar o Fisco a segregar os sujeitos passivos que devem ser, de fato, destinatários de normas sancionadoras.

Por fim, sugere-se uma releitura da Súmula nº 430 do STJ de sorte a excluir de seu âmbito de incidência o devedor contumaz e permitir, assim, a responsabilização tributária dos sócios, já que, em tais casos, vislumbra-se verdadeira infração à lei (art. 135, III, CTN), perpetrada por meio (i) da prática de atos fraudulentos, (ii) da violação à livre concorrência ou (iii) do abuso de direito, componentes que não integram o conceito de mero inadimplemento de obrigação tributária.

REFERÊNCIAS

ALEXY, Robert. *Teoría de los derechos fundamentales*. Tradução: Carlos Bernal Pulido. 2. ed. Madrid: Centro de Estudios Políticos y Constitucionales, 2014.

ALLINGHAM, Michael G., SANDMO, Agnar. Income tax evasion: a theoretical analysis. *Journal of Public Economics*. 1972;1-323-338. Disponível em: http://www3.nccu.edu.tw/~klueng/tax%20paper/1.pdf. Acesso em: 3 fev. 2019.

ALM, James, 2012. Measuring, Explaining, and Controlling Tax Evasion: Lessons from Theory, Experiments, and Field Studies. Working Papers 1213. *Tulane University, Department of Economics*. Disponível em: https://ideas.repec.org/e/pal49.html. Acesso em: 3 fev. 2019.

ALTAMIRANO, Alejandro C. Las sanciones tributarias anómalas. *In: Grandes temas do direito tributário sancionador*. COIMBRA SILVA, Paulo Roberto (coord.). São Paulo: Quartier Latin, 2010.

ANDRADE FILHO, Edmar Oliveira. *Infrações e sanções tributárias*. São Paulo: Dialética, 2003.

ARAUJO, Juliana Furtado Costa. A efetividade da cobrança do crédito tributário federal como fundamento legitimador da Portaria PGFN 33/18. *In: Inovações na cobrança do crédito tributário*. ARAUJO, Juliana Furtado Costa e CONRADO, Paulo Cesar (coord.). São Paulo: Thomson Reuters Brasil, 2019.

ASSIS, Araken de. *Manual da execução*. 18. ed. rev., atual. e ampl. São Paulo: Ed. RT, 2016.

ASSOCIAÇÃO DOS JUÍZES FEDERAIS DO BRASIL (AJUFE). Arrazoado Técnico. *Devedor contumaz*: apontamentos acerca do Projeto de Lei nº 1.646/2019. Disponível em: http://ajufe.org.br/images/pdf/AJUFE_ARRAZOADO_TECNICO_DEVEDOR_CONTUMAZ.pdf. Acesso em: 15 dez. 2019.

ATALIBA, Geraldo. Classificação científica dos tributos – Regime jurídico das espécies tributárias. *In: Elementos de direito tributário*: notas taquigráficas do III Curso de Especialização em Direito Tributário realizado na Pontifícia Universidade Católica de São Paulo. ATALIBA, Geraldo (coord.). São Paulo: Ed. Revista dos Tribunais, 1978.

ATALIBA, Geraldo. Hermenêutica e sistema constitucional tributário. *Interpretação no direito tributário. In*: MORAES, Bernardo Ribeiro de [e outros]. São Paulo: Saraiva, EDUC, 1975.

ATALIBA, Geraldo. Normas gerais de direito financeiro. *Revista de Direito Administrativo*. V. 82, 1965.

ATALIBA, Geraldo. GIARDINO, Cleber. Regime Especial: Estabelecido *ex officio* pela Fazenda Pública a contribuintes em débito – restrições a direitos individuais. *Revista de Direito Tributário*, nº 51, ano 14, jan./mar. 1990.

AVI-YONAH, Reuven S. The Three Goals of Taxation. *Tax L. Rev.* 60, nº 1 (2006): 1-28. Disponível em: https://repository.law.umich.edu/articles/40/. Acesso em: 29 abr. 2020.

ÁVILA, Humberto. *Competências tributárias*: um ensaio sobre a sua compatibilidade com as noções de tipo e conceito. São Paulo: Malheiros, 2018.

ÁVILA, Humberto. Comportamento anticoncorrencial e direito tributário. *In*: *Princípios e limites da tributação 2* – os princípios da ordem econômica e a tributação. FERRAZ, Roberto Catalano Botelho (coord). São Paulo: Quartier Latin, 2009.

ÁVILA, Humberto. *Teoria da igualdade tributária*. 3. ed. São Paulo: Ed. Malheiros, 2015.

ÁVILA, Humberto. *Teoria dos princípios*: da definição à aplicação dos princípios jurídicos. 19. ed. rev. e atual. São Paulo: Malheiros, 2019.

BALEEIRO, Aliomar. *Limitações constitucionais ao poder de tributar*. 8. ed. Atualizado por Misabel Abreu Machado Derzi. Rio de Janeiro: Forense, 2010.

BARRETO, Paulo Ayres. *Elisão tributária*: limites normativos. Tese apresentada ao concurso à livre docência na área de Direito Tributário da Faculdade de Direito da Universidade de São Paulo: USP, 2008.

BARROSO, Luís Roberto. A ordem econômica constitucional e os limites à atuação estatal no controle de preços. *Revista de Direito Administrativo*. Rio de Janeiro, v. 226, out/dez. 2001.

BARROSO, Luís Roberto. *Curso de direito constitucional contemporâneo*: os conceitos fundamentais e a construção do novo modelo. 8. ed. São Paulo: Saraiva Educação, 2019.

BASTOS, Celso Ribeiro. *Direito econômico brasileiro*. São Paulo: IBDC, 2000.

BASTOS, Celso Ribeiro. O princípio da livre concorrência na Constituição Federal. *Revista Tributária e de Finanças Públicas*, vol. 10, (p. 190-204), jan-mar/1995.

BATISTA JÚNIOR, Onofre Alves. As sanções administrativo-fiscais heterodoxas e sua cuidadosa possibilidade de aplicação no direito tributário. *In*: *Grandes temas do direito tributário sancionador*. COIMBRA SILVA, Paulo Roberto (coord.). São Paulo: Quartier Latin, 2001.

BATISTA JÚNIOR, Onofre Alves. *O poder de polícia fiscal*. Belo Horizonte: Mandamentos, 2001.

BECKER, Alfredo Augusto. *Teoria geral do direito tributário*. São Paulo: Saraiva, 1972.

BECKER, Gary S. Crime and Punishment: An economic approach. *Journal of Political Economy*. University of Chicago Press, vol. 76, 1968. Disponível em: https://www.nber.org/chapters/c3625.pdf. Acesso em: 3 fev. 2019.

BEVILACQUA, Lucas. *Incentivos fiscais de ICMS e desenvolvimento regional* – Série Doutrina Tributária Vol. IX. São Paulo: Quartier Latin, 2013.

BIM, Eduardo Fortunato. A inconstitucionalidade das sanções políticas tributárias no Estado de Direito: violação ao 'substantive due process of law' (Princípios da razoabilidade e da proporcionalidade). *In*: *Grandes questões atuais do direito tributário*. ROCHA, Valdir de Oliveira (coord.). v. 8. São Paulo: Dialética, 2004.

BITENCOURT, Cezar Roberto. *Tratado de direito penal*: parte geral. 24. ed. São Paulo: Saraiva Educação, 2018.

BITENCOURT, Cezar Roberto. MONTEIRO, Luciana de Oliveira. *Crimes conta a ordem tributária*. São Paulo: Saraiva, 2013.

BOBBIO, Norberto. *Da estrutura à função*: novos estudos de teoria do direito. Traduzido por Daniela Beccaccia Versiani. Barueri: Manole, 2008.

BOBBIO, Norberto. *Teoria geral do direito*. Traduzido por Denise Agostinetti. 2. ed. São Paulo: Martins Fontes, 2008 – (Justiça e direito).

BOBBIO, Norberto. *Teoria do ordenamento jurídico*. Trad. Por Maria Celeste C. J. Santos. 6. ed. Brasília: Editora Universidade de Brasília, 1995.

BOLAN, Ricardo Ferreira. *Regimes especiais* – IPI e ICMS. São Paulo: Quartier Latin, 2014.

BOMFIM, Diego. *Tributação e livre concorrência*. São Paulo: Saraiva, 2011.

BORGES, José Souto Maior. *Lei complementar tributária*. São Paulo: Revista dos Tribunais, EDUC, 1975.

BRAZUNA, José Luis Ribeiro. *Defesa da concorrência e tributação* – à luz do Artigo 146-A da Constituição. Série Doutrina Tributária, vol. II. São Paulo: Quartier Latin, 2009.

BUISSA, Leonardo; BEVILACQUA, Lucas. Neutralidade tributária no ICMS e criminalização do devedor contumaz: imposto declarado e não pago. *Revista Direito Tributário Atual*, p. 263-280, nº 39, 2018.

BUONICORE, Bruno Tadeu et. al. Reflexões sobre a criminalização do não recolhimento de ICMS declarado. *Revista Brasileira de Ciências Criminais*, vol. 167/2020, p. 129-147, Maio / 2020.

CALIENDO, Paulo. Princípio da livre concorrência em matéria tributária – Para uma superação do conceito de neutralidade fiscal. *Revista Interesse Público*. Belo Horizonte, ano 13, nº 67, p. 205-227, maio/jun. 2011.

CALVO ORTEGA, Rafael; CALVO VÉRGEZ, Juan. *Curso de derecho financiero*. 18. ed. Navarra: Civitas/Thomson Reuters, 2014.

CANTO, Gilberto de Ulhôa. *In*: *Elisão e evasão fiscal*. MARTINS, Ives Gandra da Silva (coord.). Cadernos de pesquisas tributárias, v. 13, São Paulo: Editora Resenha Tributária (Centro de Estudos de Extensão Universitária), 1988.

CANTO, Gilberto de Ulhôa. CARVALHO, Luiz Felipe Gonçalves. *In*: *Crimes contra a ordem tributária*. MARTINS, Ives Gandra da Silva (coord.). 3. ed. atual. São Paulo: Editora Revista dos Tribunais: Centro de Extensão Universitária, 1998 – (Pesquisas tributárias. Nova série; nº 1).

CAPONE, Rodrigo Senne. VALADÃO, Marcos Aurélio Pereira. Contribuições do eminente Ministro Ayres Britto ao desenvolvimento do campo tributário brasileiro: o caso American Virginia. *In*: LEAL, Saul Tourinho; GREGÓRIO JÚNIOR, Eduardo Lourenço. *A Constituição cidadã e o direito tributário*. 1. ed. Belo Horizonte: Fórum, 2019.

CARNEIRO, Júlia Silva Araújo. Possibilidade de negócio jurídico processual em matéria tributária: uma leitura da Portaria PGFN 360/18. *In*: *Inovações na cobrança do crédito tributário*. ARAUJO, Juliana Furtado Costa; CONRADO, Paulo Cesar (Coord.). São Paulo: RT Thomson Reuters, 2019.

CARNEIRO, Júlia Silva Araújo. A transação tributária na Lei nº 13.988/20: repercussões sobre a livre concorrência e o papel do devedor contumaz. *In*: *Transação tributária na prática da Lei 13.988/2020*. CONRADO, Paulo Cesar; ARAUJO, Juliana Furtado Costa (Coord.). São Paulo: Revista dos Tribunais, 2020.

CARRAZZA, Roque Antonio. *ICMS*. 18. ed., rev. e ampl., São Paulo: Malheiros Editores, 2020.

CARVALHO, Cristiano. Sanções tributárias. *In*: *Direito tributário contemporâneo*: Estudos em homenagem a Geraldo Ataliba. BARRETO, Aires Fernandino (coord.). São Paulo: Malheiros, 2011.

CARVALHO, Paulo de Barros. *Curso de direito tributário*. 30. ed. São Paulo: Saraiva, 2019.

CARVALHO, Paulo de Barros. *Direito tributário*: fundamentos jurídicos da incidência. 9. ed. São Paulo: Saraiva, 2012 (ebook).

CARVALHO, Paulo de Barros. O ICMS e os "regimes especiais". *Revista Dialética de Direito Tributário*, nº 8, maio/1996.

CARVALHO, Victor Aguiar de. *Cartéis em Licitações*. Rio de Janeiro: Lumen Juris, 2018.

CARVALHO, Vinicius Marques de; MATTIUZZO, Marcela; PROL, Flávio Marques; e LANGANKE, Amanda Lopes. *Concorrência e tributação*. São Paulo: Ed. Cedes, 2019.

CASTRO, Eduardo Moreira Lima Rodrigues de. *Tributação e fazenda pública*: meios alternativos de cobrança de tributos como instrumentos de justiça fiscal. Curitiba: Juruá, 2016.

CAVALCANTI, Eduardo Muniz Machado. OLIVEIRA, Luciana Marques Vieira da Silva. Devedor contumaz, uma realidade no direito tributário brasileiro. *Revista dos Tribunais*, v. 105, nº 974, p. 417-430, dez. 2016. Disponível em: https://revistadostribunais.com.br/. Acesso em: 18 nov. 2019.

CHIESA, Clélio. Fiscalização tributária – limites à instituição de deveres tributários e à imposição de sanções pelo não-pagamento de tributo e não-cumprimento de deveres instrumentais. *In*: *Grandes questões atuais do direito tributário*. v. 10. ROCHA, Valdir de Oliveira (coord.). São Paulo: Dialética, 2006.

COÊLHO, Sacha Calmon Navarro. *Evasão e elisão fiscal*. O parágrafo único do art. 116, CTN, e o direito comparado. Rio de Janeiro: Forense, 2006.

COÊLHO, Sacha Calmon Navarro. Infração tributária e sanção. *In*: *Sanções administrativas tributárias*. MACHADO, Hugo de Brito (coord.). São Paulo e Fortaleza: Dialética e Instituto Cearense de Estudos Tributários (coedição), 2004.

COÊLHO, Sacha Calmon Navarro. Justiça Tributária. *In*: *Justiça fiscal*. DERZI, Misabel Abreu Machado; MELO, João Paulo Fanucchi de Almeida (coords.). Belo Horizonte: Fórum, 2016. Disponível em: https://www.forumconhecimento.com.br/livro/1582. Acesso em: 17 ago. 2020.

COÊLHO, Sacha Calmon Navarro. *Teoria e prática das multas tributárias*. Rio de Janeiro: Forense, 1998.

CONGRESSO NACIONAL. Parecer do Relator Deputado Aliomar Baleeiro ao Projeto de Lei nº 4.834/1954. D.J. de 10 jun. 1959. Disponível em: http://imagem.camara.gov.br/Imagem/d/pdf/DCD10JUN1959.pdf#page=8. Acesso em: 12 maio 2020.

CONRADO, Paulo Cesar. *Execução fiscal*. 3. ed. São Paulo: Noeses, 2017.

CONRADO, Paulo Cesar. O pedido de revisão de dívida inscrita (Portaria PGFN 33/2018) e a suspensão da exigibilidade do crédito tributário: discussões que envolvem a efetividade da cobrança do crédito tributário. *In*: *Inovações na cobrança do crédito tributário*.

ARAUJO, Juliana Furtado Costa; CONRADO, Paulo Cesar (Coord.). São Paulo: RT Thomson Reuters, 2019.

CONRADO, Paulo Cesar; ARAUJO, Juliana Furtado Costa (Coord.). *Transação tributária na prática da Lei 13.988/2020*. São Paulo: Revista dos Tribunais, 2020.

COSTA, Regina Helena. *Curso de direito tributário*: Constituição e Código Tributário Nacional. 10. ed. São Paulo: Saraiva Educação, 2020.

COSTA, Regina Helena. *Princípio da capacidade contributiva*. São Paulo, Malheiros, 1993.

CRISTOFARO, Pedro Paulo Salles. O aumento arbitrário de lucros na lei de defesa da concorrência. *Revista do IBRAC*, vol. 25/2014, jan-jul 2014.

DANIEL NETO, Carlos Augusto. A assimetria conceitual entre as sanções administrativas e penais na tributação federal. *Revista Direito Tributário Atual*, n° 46, 2020.

DECOMAIN, Pedro Roberto. *Crimes contra a ordem tributária*. 5. ed. rev. atual. e ampl. Belo Horizonte: Fórum, 2010.

DEL FEDERICO, Lorenzo. *Le sanzioni improprie nel sistema tributario*. Disponível em: https://unich-it.academia.edu/LorenzodelFederico. Acesso em: 18 maio 2020.

DERZI, Misabel Abreu Machado. Não-cumulatividade, neutralidade, PIS e Cofins e a Emenda Constitucional n° 42/03. In: *Grandes questões atuais do direito tributário*, v. 8, ROCHA, Valdir de Oliveira (coord.). São Paulo: Dialética, 2004.

DERZI, Misabel Abreu Machado. *Direito tributário, direito penal e tipo*. 3. ed. rev., ampl. e atual. Belo Horizonte: Fórum, 2018. Disponível em: https://www.forumconhecimento. com.br/livro/1768. Acesso em: 19 maio 2020.

DERZI, Misabel Abreu Machado. BREYNER, Frederico Menezes. Princípio da legalidade e os custos de conformidade na instituição de deveres instrumentais. *Instituto Brasileiro de Estudos Tributários (IBET)*. Disponível em: https://www.ibet.com.br/wp-content/uploads/2018/06/Misabel-Derzi.pdf. Acesso em: 6 jun. 2020.

DIDIER JR. Fredie, CABRAL, Antonio do Passo. Negócios jurídicos processuais atípicos e execução. *Revista de Processo*. vol. 275. ano 43. p. 193-228. São Paulo: Ed. RT, jan. 2018.

DINAMARCO, Cândido Rangel. *Instituições de direito processual civil*: volume IV, 4. ed., rev. e atual. Segundo o Código de Processo Civil/2015, de acordo com a Lei 13.256, de 4.2.2016 e a Lei 13.363, de 25.11.2016. São Paulo: Malheiros, 2019.

DÓRIA, Antônio Roberto Sampaio. *Elisão e evasão fiscal*. São Paulo: Livraria dos Advogados Editora Ltda., 1971.

EISELE, Andreas. *Crimes contra a ordem tributária*. 2. ed. São Paulo: Dialética, 2002.

ELALI, André; LUCENA JR., Fernando. Visão crítica sobre as teorias da neutralidade e não discriminação da tributação. *Revista Direito Tributário Atual*. São Paulo: Dialética, v. 26, 2011.

ENGLISCH, Joachim. Infracciones y sanciones tributarias administrativas y sus implicaciones constitucionales em Alemania. In: *Grandes temas do direito tributário sancionador*. COIMBRA SILVA, Paulo Roberto (coord.). São Paulo: Quartier Latin, 2010.

FARIA, Ernesto (org). *Dicionário escolar latim-português*. 3. ed. Campanha Nacional de Material de Ensino. 1962.

FARO, Maurício Pereira; ROCHA, Sérgio André. Neutralidade tributária para consolidar concorrência. *Consultor jurídico*, 2012. Disponível em: https://www.conjur.com.br/2012-ago-21/neutralidade-tributaria-fator-fundamental-livre-concorrencia. Acesso em: 22 dez. 2019.

FERRAZ JUNIOR, Tercio Sampaio. Obrigação tributária acessória e limites de imposição: razoabilidade e neutralidade concorrencial do Estado. *In: Princípios e limites da tributação*. FERRAZ, Roberto Catalano Botelho (coord). São Paulo: Quartier Latin, 2005.

FERRAZ JUNIOR, Tercio Sampaio. Práticas tributárias e abuso de poder econômico. *Revista de Direito da Concorrência*, nº 9. Jan-mar, 2006. Disponível em: http://www.cade.gov.br/acesso-a-informacao/publicacoes-institucionais/acesso-a-informacao/publicacoes-institucionais/Revista_de-Defesa-da-Concorrencia/capa-interna/publicacoes-anteriores-da-revista-de-defesa-da-concorrencias. Acesso em: 15 jun. 2020.

FORGIONI, Paula A. *Os fundamentos do antitruste*. 9. ed., rev., atual. e ampl. São Paulo: Editora Revista dos Tribunais, 2016.

FREIRE, Rodrigo Veiga Freire e. *Livre concorrência tributária*: limites legais e institucionais do CADE para prevenir e reprimir condutas anticompetitivas baseadas nos efeitos das normas tributárias. Dissertação (Mestrado em Direito) – Escola de Direito, Faculdade Getúlio Vargas, São Paulo, 2017.

GIULIANI FONROUGE, Carlos M. *Derecho financiero*. Vol. I e II. 5. ed. Buenos Aires: Depalma, 1993.

GODOI, Marciano Seabra de. *Crítica à jurisprudência atual do STF em matéria tributária*. São Paulo: Dialética, 2011.

GODOI, Marciano Seabra de. O que está em jogo com a afirmação de que o pagamento de tributos é um dever fundamental? *In: O dever fundamental de pagar impostos*: o que realmente significa e como vem influenciando nossa jurisprudência? GODOI, Marciano Seabra; ROCHA, Sérgio André (org.). Belo Horizonte: Editora D'Plácido, 2017. Disponível em: http://www.sarocha.com.br/pt/project/dever-fundamental-de-pagar-impostos/. Acesso em: 13 maio 2020.

GOMES, Eduardo de Paiva. O conceito de sanção política delineado pela jurisprudência do STF: uma análise crítica do instituto da averbação pré-executória previsto no artigo 20-B da Lei 10.522/2002. *In: Inovação na cobrança do crédito tributário*. ARAUJO, Juliana Furtado Costa; CONRADO, Paulo Cesar (coord.). São Paulo: Thomson Reuters Brasil, 2019.

GOMES, Eduardo de Paiva *et al*. O que é o "dolo de apropriação" e "devedor contumaz" na apropriação indébita fiscal? *Consultor jurídico*. 04 de fevereiro de 2020. Disponível em: https://www.conjur.com.br/2020-fev-04/opiniao-dolo-devedor-contumaz-apropriacao-indebita-fiscal. Acesso em: 24 mar. 2020.

GRAU, Eros Roberto. *A ordem econômica na Constituição de 1988*: (interpretação e crítica). 19. ed. atual. São Paulo: Malheiros, 2018.

GRECO, Leonardo. Contraditório efetivo. *Revista Eletrônica de Direito Processual – REDP*, ano 9, v. 15, jan./jun. 2015.

GRECO, Marco Aurélio. *Planejamento tributário*. 4. ed. São Paulo: Quartier Latin, 2019.

GRUPENMACHER, Betina Treiger. Interesse público, moralidade e capacidade contributiva. *Revista Interesse Público* – IP, Belo Horizonte, ano 19, n° 105, p. 169-183, set./out. 2017.

GRUPENMACHER, Betina Treiger. Transação, arbitragem e negócio jurídico processual na área tributária. *Consultor jurídico*. 24 mar. 2020. Disponível em: https://www.conjur.com.br/2020-mar-24/betina-grupenmachertransacao-arbitragem-negocio-processual-fiscais. Acesso em: 27 maio 2020.

GRUPENMACHER, Betina Treiger. Tributação e direitos fundamentais. In: *Tributos e direitos fundamentais*. FISCHER, Octavio Campos (coord.). São Paulo: Dialética, 2004.

GUASTINI, Riccardo. *Filosofia del diritto positivo*. Lezioni, a cura di Vito Velluzzi. Torino: Ed. Giappichelli, 2017.

GUASTINI, Riccardo. *Interpretar e argumentar*. Belo Horizonte: Editora D'Plácido, 2020.

HERRERA MOLINA, Pedro Manuel. *Capacidad economica y sistema fiscal*. Madrid: Marcial Pons, 1998.

INSTITUTO BRASILEIRO DE ÉTICA CONCORRENCIAL. *A luta contra o devedor contumaz de tributos*, 2015. Disponível em: https://www.etco.org.br/projetos/a-luta-contra-o-devedor-contumaz-de-tributos/. Acesso em: 5 jul. 2020.

INSTITUTO BRASILEIRO DE ÉTICA CONCORRENCIAL. *Cerveja paga até a última gota*. 21 out. 2005. Disponível em: https://www.etco.org.br/etco-na-midia/cerveja-paga-imposto-ate-ultima-gota/. Acesso em: 12 jul. 2020.

JARACH, Dino. *O fato imponível*: teoria geral do direito tributário substantivo. Tradução de Dejalma de Campos. São Paulo: Editora Revista dos Tribunais, 1989.

KAHAN, Dan M. The logic of reciprocity: trust, collective action, and law, 2002, *John M. Olin Center for studies in law, economics, and public policy working papers*. Paper 281. Disponível em: http://digitalcommons.law.yale.edu/lepp_papers/281. Acesso em: 14 jan. 2019.

KELSEN, Hans. *Teoria pura do direito*. Tradução: João Baptista Machado. São Paulo: Martins Fontes, 1999.

LEJEUNE VALCÁRCEL, Ernesto. O princípio da igualdade. In: *Princípios e limites da tributação 2 – os princípios da ordem econômica e a tributação*. FERRAZ, Roberto Catalano Botelho (coord.). São Paulo: Quartier Latin, 2009.

LIMA, Ricardo Seibel de Freitas. *Livre concorrência e o dever de neutralidade tributária*. Dissertação (Mestrado em Direito). Faculdade de Direito, Universidade Federal do Rio Grande do Sul. Porto Alegre, 2005.

MACCORMICK, Neil. *Rhetoric and the rule of law*: a theory of legal reasoning. Oxford: Oxford University Press, 2005.

MACHADO, Hugo de Brito. *Crimes contra a ordem tributária*. 4. ed. São Paulo: Atlas, 2015.

MACHADO, Hugo de Brito. A denominada sanção premial no âmbito do direito tributário. *Interesse Público* – IP, Belo Horizonte, ano 12, n° 63.

MACHADO, Hugo de Brito. Transação e arbitragem no âmbito tributário. *Revista Fórum de Direito Tributário*, ano 5, n° 28, jul./ago. 2007. Belo Horizonte: Fórum, 2003. Disponível em: https://www.forumconhecimento.com.br/periodico/142. Acesso em: 19 jun. 2020.

MACHADO, Hugo de Brito. Sanções políticas no direito tributário. *Revista Dialética de Direito Tributário*, nº 30, mar./1998.

MACHADO SEGUNDO, Hugo de Brito. Tributação e livre concorrência. In: *Princípios e limites da tributação 2* – os princípios da ordem econômica e a tributação. FERRAZ, Roberto Catalano Botelho (coord). São Paulo: Quartier Latin, 2009.

MACHADO SEGUNDO, Hugo de Brito. MACHADO, Raquel Cavalcanti Ramos. Regimes especiais de fiscalização e devedores contumazes: revisando o tema das sanções políticas em matéria tributária. *Revista Direito Econ. Socioambiental*, Curitiba, v. 9, nº 2, p. 86-108, maio/ago. 2018.

MARTINS, Gustavo do Amaral. Mercado e tributação: os tributos, suas relações com a ordem econômica e a necessidade de considerá-la na interpretação e aplicação do sistema tributário. In: *Direito tributário e políticas públicas*. DOMINGUES, José Marcos (coord.). São Paulo, MP Ed., 2008.

MARTINS, Ives Gandra da Silva. Descompetitividade empresarial e lei tributária. In: *Grandes questões atuais do direito tributário*, vol. 9, ROCHA, Valdir de Oliveira (coord.). São Paulo: Dialética, 2005.

MARTINS, Ives Gandra da Silva. *Elisão e evasão fiscal*. Caderno de Pesquisas Tributárias nº 13. MARTINS, Ives Gandra da Silva (coord.). São Paulo: Editora Resenha Tributária, Centro de Extensão Universitária, 1988.

MASINA, Gustavo. *Sanções tributárias*: definição e limites. São Paulo: Malheiros, 2016.

MATOS, Thiago Oliveira de. *Interação entre órgãos fiscais do Estado de São Paulo na redução do tax gap*: regime de trocas e aproveitamentos, eficiência tributária e combate à ilicitude fiscal. Dissertação (Mestrado em Direito) – Escola de Direito, Faculdade Getulio Vargas, São Paulo, 2020.

MELLO, Celso Antônio Bandeira de. *O conteúdo jurídico da igualdade*. 3. ed. São Paulo: Ed. Malheiros, 2009.

MELO, José Eduardo Soares de. In: *Crimes contra a ordem tributária*. Ives Gandra da Silva Martins (coord.). 3. ed. Atual. São Paulo: Editora Revista dos Tribunais: Centro de Extensão Universitária, 1998 – (Pesquisas tributárias. Nova série; nº 1).

MELO, José Eduardo Soares de. *ICMS*: teoria e prática. 14. ed., rev. e atual. Porto Alegre: Livraria do Advogado Editora, 2018.

MELO FILHO, Alves. Direito premial e a coercitividade jurídica. *Revista Forense*, v. 269, jan-mar/1980, Rio de Janeiro, Forense.

MIGUEL, Carolina Romanini. *Regimes especiais de ICMS*: natureza jurídica e limites. Tese (Doutorado em Direito) – Faculdade de Direito, Universidade de São Paulo, São Paulo, 2012.

MIRANDA, Pontes de. *Direito das obrigações, obrigações e suas espécies, fontes e espécies das obrigações*. Atualizado por Nelson Nery Jr. e Rosa Maria de Andrade Nery. São Paulo: Editora Revista dos Tribunais, 2012 (coleção tratado de direito privado: parte especial; 22).

MOREIRA, André Mendes. *A não-cumulatividade dos tributos*. 4. ed. rev. e atual. São Paulo: Ed. Noeses, 2020.

MOREIRA, André Mendes. *Neutralidade, valor acrescido e tributação.* Belo Horizonte: Fórum, 2019. Disponível em: https://www.forumconhecimento.com.br/livro/3987. Acesso em: 20 jul. 2020.

MOREIRA, Cassiano Luiz Souza. *A cassação da inscrição estadual de contribuinte de ICMS no Estado de São Paulo.* Dissertação (Mestrado em Direito) – Escola de Direito, Faculdade Getulio Vargas, São Paulo, 2020.

MORETI, Daniel. *Regime especial de controle e fiscalização de tributos e a livre-concorrência.* São Paulo: Noeses, 2017.

MOURA, Frederico Araújo Seabra de. *Lei complementar e normas gerais em matéria tributária.* Dissertação (Mestrado em Direito) – Faculdade de Direito, Pontifícia Universidade Católica de São Paulo, São Paulo, 2007.

NABAIS, José Casalta. *O dever fundamental de pagar impostos*: contributo para a compreensão constitucional do estado fiscal contemporâneo. Coimbra: Almedina, 1998.

NOGUEIRA, Pedro Henrique. *Negócios jurídicos processuais.* Salvador: JusPodivm, 2016.

NOGUEIRA, Ruy Barbosa. *Curso de direito tributário.* 9. ed. atual. São Paulo: Saraiva, 1989.

NOGUEIRA, Ruy Barbosa. *Teoria do lançamento tributário.* São Paulo: Resenha Tributária, 1965.

NOGUEIRA, Vinícius Alberto Rossi. *Direito tributário e livre concorrência*: da interpretação e aplicação do artigo 146-A da Constituição Federal. Dissertação (Mestrado em Direito) – Faculdade de Direito, Universidade de São Paulo, São Paulo, 2014.

NUSDEO, Fábio. *Curso de economia*: introdução ao direito. 8. ed. rev., atual. e ampl. São Paulo: Revista dos Tribunais, 2014.

OLIVEIRA, José Marcos Domingues de. *Direito tributário*: capacidade contributiva. 2. ed. rev. e atual. Rio de Janeiro: Renovar, 1998.

OLIVEIRA, Maria das Graças Patrocínio. *Sanções tributárias e os princípios da proporcionalidade e da razoabilidade.* São Paulo: Almedina, 2020.

OLIVEIRA, Phelippe Toledo Pires de; FIGUEIREDO, Diogo de Andrade. Refletindo sobre o parcelamento de débitos tributários nos 50 anos de CTN. *Revista Fórum de Direito Tributário – RFDT.* Belo Horizonte, ano 14, nº 81, maio/jun. 2016. Disponível em: https://www.forumconhecimento.com.br/periodico/142. Acesso em: 19 jun. 2020.

ORGANISATION FOR ECONOMIC CO-OPERATION AND DEVELOPMENT (OECD). *Compliance risk management*: managing and improving tax compliance. 2004. Disponível em: https://www.oecd.org/tax/administration/33818656.pdf. Acesso em: 25 mar. 2020.

ORGANISATION FOR ECONOMIC CO-OPERATION AND DEVELOPMENT (OECD). *The changing tax compliance environment and the role of audit,* 2017. Disponível em: https://www.oecd.org/ctp/the-changing-tax-compliance-environment-and-the-role-of-audit-9789264282186-en.htm. Acesso em: 28 dez. 2019.

OSÓRIO, Fábio Medina. *Direito administrativo sancionador.* 5. ed. São Paulo: Editora Revista dos Tribunais, 2015.

PADILHA, Maria Ângela Lopes Paulino. *As sanções no direito tributário.* São Paulo: Noeses, 2015.

PALMA, Juliana Bonacorsi de. *Sanção e acordo na administração pública*. São Paulo: Malheiros Editores, 2015.

PASSOS, José Joaquim Calmon de. *Comentários ao Código de Processo Civil, Lei nº 5.869, de 11 de janeiro de 1973*, vol. III, 9. ed., Rio de Janeiro: Forense, 2005.

PAULA, Daniel Giotti de. A Constitucionalização da neutralidade concorrencial dos tributos. *Revista Dialética de Direito Tributário*, nº 153, jun/2008. São Paulo.

PAULSEN, Leandro. *Capacidade colaborativa*: princípio de direito tributário para obrigações acessórias e de terceiros. Porto Alegre: Livraria do Advogado Editora, 2014.

PAULSEN, Leandro. *Crimes federais*. 2. ed. São Paulo: Saraiva Educação, 2018.

PAULSEN, Leandro. *Responsabilidade e substituição tributárias*. 2. ed. Porto Alegre: Livraria do Advogado Editora, 2014.

PENHA, Marcos Bueno Brandão da. *Sanções não pecuniárias no direito tributário*: análise crítica da doutrina e da jurisprudência acerca das denominadas sanções políticas. Rio de Janeiro: Lumen Juris, 2016.

PEREIRA, Luiz Augusto da Cunha. *A tributação, a ordem econômica e o artigo 146-A da Constituição Federal de 1988*. Dissertação (Mestrado em Direito) – Faculdade de Direito Milton Campos, Nova Lima, 2011.

PÉREZ DE AYALA, Jose Luis; GONZALEZ, Eusebio. *Curso de derecho tributario*. Tomo I. 2. ed. Madrid: Editoriales de Derecho Reunidas S/A, 1978.

PEREZ ROYO, Fernando. *Derecho financiero y tributario*. Parte general. 24. ed. Madrid: Editorial Civitas S.A, 2014.

PIRES, Thiago Magalhães. *As competências legislativas na constituição de 1988*: uma releitura de sua interpretação e da solução de conflitos à luz do direito constitucional contemporâneo. Belo Horizonte: Fórum, 2015.

PISCITELLI, Tathiane dos Santos. Transação ou negócio jurídico processual? Interpretações da MP 899. *Valor Econômico*. 24 out. 2019. Disponível em: https://valor.globo.com/legislacao/fio-da-meada/post/2019/10/transacao-ou-negocio-juridico-processual-interpretacoes-da-mp-899.ghtml. Acesso em: 27 maio 2020.

PLUTARCO, Hugo Mendes. A sonegação e a litigância tributária como forma de financiamento. *Economic Analysis of Law Review*, v. 3, nº 1, p. 122-147, Jan-Jun, 2012.

PONTES, Helenilson Cunha. *O princípio da proporcionalidade e o direito tributário*. São Paulo, Dialética, 2000.

PROCURADORIA GERAL DA FAZENDA NACIONAL (PGFN). *Estudo sobre o endividamento com a União e o FGTS em 2019*. Disponível em: http://www.pgfn.fazenda.gov.br/noticias/arquivos/2019/nota-sei-no-40_2019_pgdau-estudo-2019-1.pdf. Acesso em: 1 jun. 2020.

RACHID, Jorge Antonio Deher. Sanções tributárias federais e análise comparativa com outros países. *Comissão de Finanças e Tributação da Câmara dos Deputados*. Brasília, 2017. Disponível em: http://receita.economia.gov.br/noticias/ascom/2017/dezembro/receita-federal-participa-de-audiencia-sobre-multas-tributarias-na-camara/audiencia-multas-tributarias.pdf. Acesso em: 6 jan. 2020.

REBOUÇAS, Sérgio Bruno Araújo. Supressão fraudulenta de tributo ou inadimplemento fraudulento da obrigação tributária? Sobre a real diferença entre os crimes contra a ordem tributária do artigo 1º e os do artigo 2º da Lei nº 8.137/1990. *Revista de Estudos Criminais*, Porto Alegre, v. 19, n. 76, p. 79-98, 2020.

REIS, Elcio Fonseca. O artigo 146-A da Constituição Federal e o exercício da competência legislativa pelos Estados na defesa da concorrência. *In*: *Competência tributária*. DERZI, Misabel Abreu Machado (coord.). Belo Horizonte: Del Rey, 2011.

RIBEIRO, Maria de Fátima. Reflexos da tributação no desequilíbrio da livre concorrência. *In*: *Novos horizontes da tributação* – um diálogo luso-brasileiro. GRUPENMACHER, Betina Treiger *et. al.* (coord). Coimbra: Almedina, 2012.

ROCHA, Carmen Lucia Antunes. *O princípio constitucional da igualdade*. Belo Horizonte: Editora Jurídicos Lê, 1990.

ROCHA, Sergio André. Reconstruindo a confiança na relação fisco-contribuinte. *Revista Direito Tributário Atual*, nº 39, 2018.

ROSENBLATT, Paulo; MELO, Rodrigo Tenório Tavares de. O negócio jurídico processual como estratégia para a recuperação do crédito inscrito em dívida ativa: o plano de amortização de débitos fiscais. *Revista Jurídica da Advocacia-Geral do Estado de Minas Gerais*, v. 15, nº 1, jan./dez. 2018

ROTHMANN, Gerd Willi. Tributação, sonegação e livre concorrência. *In*: *Princípios e limites da tributação 2* – os princípios da ordem econômica e a tributação. FERRAZ, Roberto Catalano Botelho (coord.). São Paulo: Quartier Latin, 2009.

RUBINSTEIN, Flávio. *Boa-fé objetiva no direito financeiro e tributário* – Série Doutrina Tributária Vol. III. São Paulo: Quartier Latin, 2010.

RUIVO, Marcelo Almeida. Os crimes de sonegação fiscal (arts. 1º e 2º da Lei 8.137/1990): bem jurídico, técnica de tutela e elementos objetivos. *Revista Brasileira de Ciências Criminais*, vol. 160, out./2019.

SANTIAGO, Igor Mauler. Tributação e livre concorrência: alcance do art. 146-A da Constituição Federal e análise dos projetos de lei complementar destinados a regulamentá-lo. *In*: *30 anos da Constituição da República Federativa do Brasil*: virtudes, obstáculos e alternativas. MARTIS, Ives Gandra da Silva. FLORA, Luis Antonio. PRADO, Ney (coords.). São Paulo: Conselho Superior de Direito da Fecomercio-SP. Academia Internacional de Direito e Economia, 2018.

SANTIAGO, Mariana Ribeiro. A lacuna axiológica no âmbito da quantificação da indenização derivada da responsabilidade civil no Direito Civil brasileiro e sua integração pelo princípio da igualdade. *Revista dos Tribunais*. v. 997, nov./2018.

SANTIAGO NINO, Carlos. *Introducción al análisis del derecho*. 2. ed. Buenos Aires: Ed. Astrea, 2012.

SARLET, Ingo Wolfgang; SARLET, Gabrielle Bezerra Sales. Igualdade como proibição de discriminação e direito à (e dever de) inclusão: o acesso ao ensino superior e a regulamentação do Estatuto Brasileiro das Pessoas com Deficiência. *Revista de Direito Público*, v. 14, nº 78, nov-dez/2017.

SARMENTO, Daniel; SOUZA NETO, Cláudio Pereira de. *Direito constitucional*. Belo Horizonte: Fórum, 2014. Disponível em: https://www.forumconhecimento.com.br/livro/1183. Acesso em: 9 jun. 2020.

SCAFF, Fernando Facury. Efeitos da coisa julgada em matéria tributária e livre concorrência. In: *Grandes questões atuais do direito tributário*, v. 9. ROCHA, Valdir de Oliveira (coord.). São Paulo, Dialética, 2005.

SCAFF, Fernando Facury. Tributação, concorrência e a criminalização do devedor contumaz. *Consultor jurídico*, jan/2020. Disponível em: https://www.conjur.com.br/2020-jan-13/tributacao-concorrencia-criminalizacao-devedor-contumaz. Acesso em: 11 jun. 2020.

SCHAUER, Frederick. *Playing by the rules*: a philosophical examination of rule-based decision-making in law and in life. Oxford: Clarendon Press, 2002.

SCHAUER, Frederick. *Profiles, probabilities and stereotypes*. Cambridge, MA: Belknap Press, imprint of Harvard University Press, 2003.

SCHAUER, Frederick. *The force of law*. Cambridge/London: Harvard University Press, 2015.

SCHOUERI, Luís Eduardo. *Direito tributário*. 9. ed. São Paulo: Saraiva Educação, 2019.

SCHOUERI, Luís Eduardo. Livre concorrência e tributação. In: *Grandes questões atuais do direito tributário*. v. 11. ROCHA, Valdir de Oliveira (coord.). São Paulo: Dialética, 2007.

SCHOUERI, Luís Eduardo. *Normas tributárias indutoras e intervenção econômica*. Rio de Janeiro: Ed. Forense, 2005.

SCHOUERI, Luís Eduardo. GALDINO, Guilherme. Considerações sobre o caso *American Virginia*: entre sanção política e infração à ordem econômica. In: *Direito econômico contemporâneo*: estudos em homenagem ao Professor Fábio Nusdeo. PINTO, Alexandre Evaristo; SCAFF, Fernando Facury (coord.). São Paulo: Ed. IASP, 2020.

SEIXAS FILHO, Aurélio Pitanga. Sanções penais tributárias. In: *Sanções penais tributárias*. MACHADO, Hugo de Brito (coord.). São Paulo e Fortaleza: Dialética e Instituto Cearense de Estudos Tributários, 2005.

SILVA, José Afonso da. *Comentário contextual à Constituição*. 8. ed. São Paulo: Malheiros Editores, 2012.

SILVA, Paulo Roberto Coimbra. *Direito tributário sancionador*. São Paulo: Quartier Latin, 2007.

SILVA, Virgílio Afonso da. *Direitos fundamentais*: conteúdo essencial, restrições e eficácia. 2. ed. São Paulo: Malheiros, 2014.

SILVEIRA, Rodrigo Maito da. *Tributação e concorrência* – Série Doutrina Tributária vol. IV. São Paulo: Quartier Latin, 2011.

SILVEIRA NETO, Otacílio dos Santos. O cumprimento da função social da propriedade no novo direito antitruste brasileiro. *Revista de Direito Público da Economia – RDPE*, Belo Horizonte, ano 11, nº 44, out./dez. 2013. Disponível em: http://www.bidforum.com.br/bid/PDI0006.aspx?pdiCntd=98992. Acesso em: 16 abr. 2020.

SINDICATO NACIONAL DOS PROCURADORES DA FAZENDA NACIONAL. *Sonegação no Brasil*: uma estimativa do desvio da arrecadação. Disponível em: http://www.quantocustaobrasil.com.br/artigos/sonegacao-no-brasil-uma-estimativa-do-desvio-da-arrecadacao. Acesso em: 17 jan. 2020.

SOUZA, Danielle Nascimento Nogueira de. *Neurodireito, psicologia e economia comportamental no combate à evasão fiscal*. Rio de Janeiro: Lumen Juris, 2019.

SOUZA, Hamilton Dias. Critérios especiais de tributação para prevenir desequilíbrios da concorrência – Reflexões para a regulação e aplicação do art. 146-A da Constituição Federal. In: *A intervenção do Estado no domínio econômico: condições e limites – Homenagem ao Prof. Ney Prado*. MARTINS FILHO, Ives Gandra da Silva; MEYER-PFLUG, Samantha Ribeiro (coords.). São Paulo: LTr, 2011. Disponível em: https://www.dsa.com.br/destaques/. Acesso em: 15 maio 2020.

SOUZA, Hamilton Dias. Desvios concorrenciais tributários e a função da Constituição. *Consultor jurídico*. 21 set. 2006. Disponível em: https://www.conjur.com.br/2006-set-21/desvios_concorrenciais_tributarios_funcao_constituicao. Acesso em: 26 jun. 2020.

SOUZA, Rubens Gomes de. *Compêndio de legislação tributária*. Coordenação: IBET, obra póstuma. São Paulo: Ed. Resenha Tributária, 1975.

STIGLITZ, Joseph E., ROSENGARD, Jay K. *Economics of the public sector*. 4. ed. New York: W.W. Norton & Company, Inc., 2015.

SUNSTEIN, Cass R. Nudging taxpayers to do the right thing. *Bloomberg*. 15 abr. 2014. Disponível em: https://www.bloomberg.com/opinion/articles/2014-04-15/nudging-taxpayers-to-do-the-right-thing. Acesso em: 18 nov. 2019.

SUNSTEIN, Cass R. THALER, Richard H. *Nudge*: improving decisions about health, wealth, and happiness. New Haven & London: Yale University Press, 2008.

TAKANO, Caio Augusto. Livre concorrência e fiscalização tributária. *Revista Dialética de Direito Tributário*, nº 233. São Paulo: Dialética, 2014.

TEPEDINO, Gustavo. BARBOZA, Heloisa Helena. MORAES, Maria Celina Bodin de. *Código Civil interpretado conforme a Constituição da República*, v. I, 3. ed. rev e atual. Rio de Janeiro: Renovar, 2014.

TIPKE, Klaus. *Moral tributaria del Estado y de los contribuyentes*. Tradução: Pedro M. Herrera Molina. Madrid: Marcial Pons, 2002.

TIPKE, Klaus. LANG, Joachim. *Direito tributário (Steuerrecht)*. Tradução da 18. ed. alemã por Luiz Dória Furquim. Vol. I. Porto Alegre: Sergio Antonio Fabris Editor, 2008.

TIPKE, Klaus. YAMASHITA, Douglas. *Justiça fiscal e princípio da capacidade contributiva*. São Paulo: Malheiros, 2002.

TORRES, Ricardo Lobo. *Planejamento tributário*: elisão abusiva e evasão fiscal. 2. ed. de acordo com as Leis nº 12.715/2012 e nº 12.766/2012. Rio de Janeiro: Elsevier, 2013.

TORRES, Ricardo Lobo. *Normas de interpretação e integração do direito tributário*. 4. ed. rev. e atual. Rio de Janeiro: Renovar, 2006.

TORRES, Ricardo Lobo. *Tratado de direito constitucional financeiro e tributário*. v. II. Rio de Janeiro: Renovar, 2005.

TORRES, Heleno Taveira. Atualização (arts. 145, 146, 146A, 150, 155, 238) – In: *Comentários à Constituição do Brasil*. JJ Gomes Canotilho *et al*. (orgs.). São Paulo: /Saraiva/Almedina, 2013.

TORRES, Heleno Taveira. *Direito tributário e autonomia privada*: negócios jurídicos e atitude elusiva na aplicação das normas tributárias. Tese para o concurso de livre-docência, Universidade de São Paulo, São Paulo, 2002.

TORRES, Heleno Taveira. Pena de perdimento de bens das importações e seus limites constitucionais. In: *Grandes questões atuais do direito tributário*. ROCHA, Valdir de Oliveira (coord.). v. 10. São Paulo: Dialética, 2006.

VELLOSO, Andrei Pitten. *O princípio da isonomia tributária*: da teoria da igualdade ao controle das desigualdades impositivas. Porto Alegre: Livraria do Advogado Editora, 2010.

VILLEGAS, Hector. *Direito penal tributário*. Tradução de Elisabeth Nazar e outros. São Paulo: Resenha Tributária, EDUC, 1974.

WUNDERLICH, Alexandre. RUIVO, Marcelo Almeida. Memorial técnico. *Apropriação indébita tributária*: "Caso do ICMS declarado e não pago", 2019.

XAVIER, Alberto Pinheiro. *Conceito e natureza do lançamento tributário*. São Paulo: Editora Juriscredi Ltda.

XAVIER, Alberto Pinheiro. *Do lançamento*: teoria geral do ato, do procedimento e do processo tributário. 2. ed. Totalmente reformulada e atualizada. Rio de Janeiro: Forense, 1997.